D'ALEMBERT

DISCOURS PRÉLIMINAIRE
DE
L'ENCYCLOPÉDIE

PUBLIÉ INTÉGRALEMENT D'APRÈS L'ÉDITION DE 1763

avec les avertissements de 1759 et 1763, la dédicace de 1751,
des variantes, des notes, une analyse et une introduction.

PAR

F. PICAVET

Agrégé de philosophie, Docteur ès lettres, Professeur au Collège Rollin,
Maître de Conférences à l'École des Hautes-Études.

Armand COLIN & Cie, Éditeurs

5, RUE DE MÉZIÈRES, PARIS

DISCOURS PRÉLIMINAIRE
DE
L'ENCYCLOPÉDIE

COULOMMIERS
Imprimerie PAUL BRODARD.

D'ALEMBERT

DISCOURS PRÉLIMINAIRE

DE

L'ENCYCLOPÉDIE

PUBLIÉ INTÉGRALEMENT D'APRÈS L'ÉDITION DE 1763

avec les avertissements de 1759 et 1763, la dédicace de 1751,
des variantes, des notes, une analyse et une introduction,

PAR

F. PICAVET

Agrégé de philosophie, Docteur ès lettres, Professeur au Collège Rollin,
Maître de Conférences à l'École des Hautes-Études.

PARIS

ARMAND COLIN ET Cⁱᵉ, ÉDITEURS

5, RUE DE MÉZIÈRES

1894

Tous droits réservés.

INTRODUCTION

I. — La vie de d'Alembert.

La vie de d'Alembert est pleine de contrastes qui lui donnent une physionomie toute particulière parmi les grands hommes du xviiie siècle. Le 17 novembre 1717, on relevait, sur les marches de l'église Saint-Jean-Lerond, le baptistère de Notre-Dame de Paris, l'enfant débile et presque mourant du chevalier Destouches, général d'artillerie, et de Mme de Tencin, une chanoinesse dont le frère fut plus tard cardinal et archevêque de Lyon. Baptisé sur la demande d'un commissaire de police, il est élevé avec des soins infinis par Mme Rousseau, « la pauvre vitrière ». Auprès d'elle, il reste jusqu'à 50 ans, dans une petite chambre mal aérée et de laquelle on voit trois aunes de ciel; il y revient au sortir des salons les plus brillants, comme il placera l'éloge des arts mécaniques à côté de celui des beaux-arts et des belles-lettres. Grâce à la famille de son père, il entre au collège des Quatre-Nations : il marque un goût fort vif pour la poésie latine et pour les belles-lettres, puis pour les mathématiques. D'ailleurs, il fait toutes ses études avec un succès tel que le souvenir s'en conserva dans le collège. Personne cependant n'a jugé plus sévèrement cet enseignement qui lui avait fait perdre, disait-il plus tard, les années les plus précieuses de sa jeunesse. Janséniste et cartésien comme ses maîtres, il croit aux idées innées, aux tourbillons et à la prémotion physique; il commente l'Épître de saint Paul aux Romains, et laisse espérer un nouveau Pascal. Mais si, par la suite, il fut toujours, comme ce dernier, l'adversaire des Jésuites, il ménagea moins encore « la canaille janséniste ». Il ne se borna pas aux sectes. Un siècle environ après les *Pensées*, l'*Encyclopédie* affaiblit peut-être plus le catholicisme, que l'Apologie de Pascal ne lui avait rendu de force. Quant à Descartes, d'Alembert l'admira toute sa vie; mais il n'en fut de même ni des idées innées, ni des tourbillons. Seules les mathématiques et les belles-lettres lui furent toujours également chères; c'est ainsi, et non à coup sûr comme l'espéraient ses maîtres, qu'il rappelle Pascal.

Avec les 1200 francs de rente que lui avait

laissés son père, il ne lui était guère possible de vivre sans « un état qui lui assurât plus de fortune ». Ses amis l'engagent à étudier le droit; arrivé à la licence, il s'essaye de lui-même à la médecine, « la plus ridicule chose, écrivait-il plus tard, que les hommes aient inventée, après la théologie et avec la métaphysique ». Mais sa vocation pour les mathématiques l'emporte : il cherche seul les démonstrations et les solutions, trouve même des propositions qu'il croit d'abord nouvelles, et après avoir présenté quelques mémoires à l'Académie des sciences, il y entre comme *adjoint* à vingt-quatre ans. Son *Traité de dynamique* le place l'année suivante parmi les premiers mathématiciens de l'Europe. Trois ans plus tard, il est couronné par l'Académie de Berlin, dont il est élu membre, sans scrutin et par acclamation. Ses travaux sur l'astronomie mathématique préparent la mécanique céleste de Laplace, comme ses recherches antérieures annonçaient la mécanique analytique de Lagrange. Pensionnaire surnuméraire en 1756, lorsqu'il n'y avait pas de place vacante, — ce qui ne s'était fait pour personne, — c'est seulement en 1765, et non sans peine, qu'il devient pensionnaire titulaire et acquiert ainsi tous les droits attachés au titre de membre de l'Académie des sciences.

Mais vers 1749, peut-être sous l'influence de son ami Diderot, « le fils du coutelier de Langres », il revient aux lettres. Le *Discours préliminaire* de l'Encyclopédie révèle un écrivain que l'on place à côté de Voltaire et de Montesquieu, de Fontenelle et de Condillac, de Diderot, de Rousseau et de Buffon. Tandis qu'en France le gouvernement « l'oublie » et même « le persécute » à cause de l'Encyclopédie, Frédéric II lui offre, avec des avantages considérables, la présidence de son Académie. D'Alembert refuse, mais il accepte ensuite une modeste pension de 1200 livres. En 1762, il se rend à Berlin : plus heureux que Voltaire, parce qu'il a su se faire respecter, il remplit, en fait, toute sa vie le rôle de président de l'Académie, et trouve chez Frédéric l'amitié la plus vive, la plus franche et la plus délicate.

L'année où il est pensionné par le roi de Prusse, il entre à l'Académie française, dont il est en 1772 le secrétaire perpétuel. Pendant de longues années, il se fait applaudir d'un public d'élite et il exerce, dans les élections, surtout après la mort de Duclos, une influence très grande, dont il se sert pour faire de l'Académie « l'asile de la philosophie ». En 1756, la reine de Suède lui offre une place d'associé à son Académie, et Louis XV, sur la proposition de d'Argenson, lui donne une pension de 1500 francs sur le trésor royal. Un an auparavant, à la recommandation du pape Benoît XIV, il avait été reçu à l'Institut de Bologne. En 1759, un arrêt du Conseil supprime le privilège accordé pour l'impression de l'Encyclopédie et, par ordre supérieur, les journaux en présentent les auteurs, comme une secte « qui a juré la ruine de toute société, de tout gouvernement et de toute morale ». D'Alembert cesse d'être l'éditeur de l'Encyclopédie : les mutilations que le Breton se permet dans l'œuvre préparée par Diderot, montrent bien qu'il était impossible d'en continuer la publication « en conservant le ton qu'on y avait pris ». C'est au moment où les Encyclopédistes sont le plus mal vus à la cour de France, que Catherine II offre cent mille livres de rente à d'Alembert pour faire l'éducation de son fils. Il refuse de « contribuer au bonheur et même à l'instruction d'un peuple » comme il continue de se refuser à devenir, pour ainsi dire, ministre de l'instruction publique à Berlin.

En relations constantes avec Voltaire, dont il prépare l'apothéose, en lutte avec Rousseau dont il réfute, avec beaucoup de bon sens, les paradoxes sur le rôle corrupteur des sciences et des lettres comme sur les spectacles, plus tard même avec Buffon sur lequel il remporte, en faisant élire Condorcet contre Bailly, une victoire dont il est aussi fier que s'il eût trouvé la quadrature du cercle, d'Alembert dirige le parti philosophique, jusqu'à ce que la querelle des gluckistes et des piccinistes en amène la dislocation. Après avoir vu mourir Voltaire et Mlle de Lespinasse, après avoir longtemps souffert lui-même, il meurt en 1783, laissant Condorcet pour son exécuteur testamentaire. La correspondance de cet homme, dont les écrits n'avaient pas fourni « une seule proposition répréhensible », révéla un sceptique qui n'avait pas plus foi en la métaphysique qu'en la religion ; avec celle de Mlle de Lespinasse, elle nous a appris que le savant livré aux spéculations les plus sublimes, le philosophe hautain qui riait de toutes choses, avait une sensibilité vive comme celle d'un enfant, profonde comme celle d'un poète, avec des « trésors de bonté et de dévouement ». Il n'y a pas d'élégie plus touchante, dit M. Joseph Bertrand, que le cri de douleur adressé par d'Alembert aux mânes de Mlle de Lespinasse.

II. — L'homme.

L'homme explique la vie. Pauvre et fier, d'Alembert aime son indépendance « jusqu'au fanatisme » et il la garde avec tous, avec Frédéric II comme avec Voltaire. Ne devant rien « qu'à lui-même et à la nature », il ignore la bassesse, le manège et l'art de faire sa cour pour arriver à la fortune. Il désespère Mme du Deffand, parce qu'il est « quaker et passe le chapeau sur la tête devant l'Académie et devant ceux qui en font être ». L'enfant abandonné de Destouches et de Mme de Tencin méprise les noms et les titres, les fainéants orgueilleux qui regardent l'ignorance oisive comme l'apanage et presque le titre de leur noblesse, qui s'étonnent, avec l'imbécillité la plus naïve, que la sottise humaine puisse attacher aux talents quelque prix et quelque avantage. Il se moque de celui pour qui la peste est une calamité abominable, pendant laquelle *un gentilhomme n'est pas sûr de sa vie*. Choiseul est pour lui le protégé, plutôt que le protecteur de Voltaire, et Richelieu, avec qui Voltaire est en coquetterie depuis la Régence, mais qui n'en combat pas moins la pensée libre et ses représentants, est appelé par lui Childebrand, Rossinante-Childebrand, puis Mandrin-Childebrand et rapproché de Cartouche-Fréron. Aussi ne met-il pas, dans l'Encyclopédie, la généalogie des grandes maisons, mais celle des sciences, plus précieuse pour qui sait penser.

Il lui coûte peu de se passer de la richesse, parce qu'il est désintéressé et n'a ni besoins ni fantaisies ; mais esclave de sa liberté, il a résolu de ne se mettre jamais au service de personne, de vivre et de mourir libre.

Sa fierté n'est pas de l'orgueil. L'injustice le révolte, il suppose qu'il en est de même pour tous les hommes et explique ainsi l'origine des notions morales (p. 20 sqq.). Aussi il s'abstient soigneusement de tout acte injuste, et il combat l'injustice partout où il la rencontre. Même s'il se jugeait capable de succéder à Fontenelle, il s'y refuserait pour ne pas évincer quelqu'un qui a plus de droit. L'injustice d'autrui ne peut ni provoquer ni justifier la nôtre. Pour rien au monde il n'accepterait, du vivant de Maupertuis, sa survivance, quand même il aurait, malgré sa recommandation, cherché à nuire à l'abbé de Prades. Bien loin d'accepter, à l'Académie de Nancy, la place qu'on veut ôter à Palissot, après la comédie des *Philosophes*, il souhaite qu'il la conserve. Rousseau l'a maltraité et déclarera même qu'il fera « un arlequin » du fils de Catherine II : « Je n'approuve pas, écrit le 9 avril 1761 d'Alembert à Voltaire, que vous vous déclariez publiquement contre J.-J. Rousseau comme vous faites. C'est un malade de beaucoup d'esprit et qui n'a d'esprit que quand il a la fièvre. Il ne faut ni le guérir ni l'outrager. » Aussi s'oppose-t-il énergiquement à ce qu'on refuse son offrande pour l'érection de la statue de Voltaire, parce qu'il ne serait pas *juste* de le mettre avec des hommes décriés et déshonorés comme Fréron et Palissot. « Qu'est-ce, écrit-il encore à Voltaire le 8 septembre 1762, qu'un éloge de Crébillon ou plutôt une satire sous le nom d'éloge qu'on vous attribue? Quoique je pense absolument comme l'auteur de cette brochure sur le mérite de Crébillon, je suis très fâché qu'on ait choisi le moment de sa mort pour jeter des pierres sur son cadavre; il fallait le laisser pourrir de lui-même et cela n'eût pas été long. » Toute sa correspondance avec Frédéric, avec Voltaire serait à citer. Il a les plus grands égards pour le roi victorieux et pour l'écrivain que toute l'Europe admire; mais il se réserve le droit de penser par lui-même, de combattre les jugements qui lui paraissent faux, de défendre ceux qui sont injustement attaqués, de rabaisser ceux qu'ils exaltent sans raison légitime.

D'Alembert ne consulte pas seulement son intelligence pour le règlement de sa vie : le bonheur ou le malheur de ses amis l'intéresse au point qu'il en perd le sommeil et le repos, et qu'il n'y a point de sacrifice qu'il ne leur fasse. Deux lettres de sa jeunesse, émues et pleines d'espérance joyeuse, témoignent qu'il pouvait éprouver « la plus vive, la plus tendre et la plus douce des passions ». Ses relations avec Mlle de Lespinasse nous prouvent que, pour son malheur, les connaissances humaines ne suffisaient pas à remplir son cœur et qu'il « croyait perdu tout le temps qu'il avait passé sans aimer ».

On pourrait dire de d'Alembert, comme de Condorcet, qu'un volcan couve en lui sous la lave : ce qu'il croit vrai et juste, ce qu'il aime, — les deux choses concordent souvent, — il cherche à le faire triompher. Non pas qu'il veuille proclamer pour tous et en toute circonstance la vérité tout entière, car il pense, avec raison, que pour des esprits mal préparés elle est fort nuisible. Mais dès qu'il estime le moment opportun et le succès possible, il se lance dans la lutte : sa réserve hautaine, son amour de la justice ne réussissent pas toujours à le retenir dans les limites qu'il s'était imposées à lui-même; la passion pour la vérité peut le faire paraître, même le rendre injuste, sinon à ses propres yeux, tout au moins pour un spectateur désintéressé et qui a, comme nous, en mains toutes les pièces du procès.

Toutefois c'est par essence un spéculatif; mais pas plus que Voltaire, il n'est un spéculatif pur à la façon de Kant ou de Biran. Ce n'est pas non plus un Leibnitz, qu'attirent également les recherches positives des sciences exactes, les expériences du physicien et du chimiste, les descriptions et les classifications des naturalistes, les documents rassemblés par l'historien, les discussions des théologiens, des jurisconsultes, des politiques et des métaphysiciens. Très énergiquement, il se refuse à être secrétaire perpétuel de l'Académie des sciences, parce qu'il faut beaucoup de connaissances de chimie, d'anatomie, de botanique, qu'il n'a point et qu'*il n'a guère d'empressement d'acquérir*. Passionné pour la vérité, il ne trouve, comme Descartes, de certitude que dans les mathématiques. A la métaphysique et à la théologie, il laisse encore une petite place dans le *Discours préliminaire*. Mais les jésuites et les jansénistes attaquent l'Encyclopédie. Il en vient peu à peu à ne plus guère séparer le fanatisme de la théologie ou de la métaphysique « qui lui est étroitement unie », parce qu'elles s'opposent selon lui aux progrès de la raison. Même la religion révélée dont il proclamait la nécessité, mais qu'il réduisait déjà en 1751 à « quelques vérités à croire et à un petit nombre de préceptes à pratiquer » (p. 34-35), il voudrait la simplifier de plus en plus. « Le christianisme, écrit-il le 30 novembre 1770 à Frédéric II, fut à son origine un pur déisme; Jésus-Christ, une espèce de philosophe... ennemi de la persécution et des prêtres, prêchant aux hommes la bienfaisance et la justice, réduisant la loi à aimer son prochain et à adorer Dieu en esprit et en vérité. S. Paul, les Pères, les conciles ont changé cette religion. On rendrait un grand service au genre humain, en lui faisant oublier les dogmes, en se bornant à prêcher un Dieu rémunérateur et vengeur qui réprouve la superstition, qui déteste l'intolérance et qui n'exige d'autre culte de la part des hommes que celui de s'aimer et de se supporter les uns les autres. » Et Frédéric soutenant contre lui qu'il faut au peuple un autre culte qu'une religion raisonnable, d'Alembert lui écrit le 1ᵉʳ février 1771 : « Si le traité de Westphalie permettait une quatrième religion dans l'empire, je prierais Votre Majesté de faire bâtir à Berlin ou à Potsdam un temple fort simple où Dieu fût honoré d'une manière digne de lui, où l'on ne prêchât que l'humanité et la justice; et si la foule n'allait pas à ce temple au bout de quelques années (car il faut bien accorder quelques années à la raison pour gagner sa cause), Votre Majesté serait pleinement victorieuse. » La Convention, en instituant le culte de l'Être suprême, n'a-t-elle pas voulu réaliser ce que d'Alembert proposait à Frédéric II? Mais elle n'a pu faire une expérience concluante, puisque la raison n'a pas eu les quelques années dont elle avait besoin pour gagner sa cause [1].

D'Alembert, en restreignant de plus en plus le rôle de la religion révélée, a de moins en moins confiance en la métaphysique. C'est ce qu'on voit par les *Éléments de philosophie* (n. 26). Mais c'est ce dont on s'aperçoit mieux encore par la Correspondance : « A foi et à serment, écrit-il à Voltaire le 29 août 1769, je ne trouve dans toutes les ténèbres métaphysiques, de parti raisonnable que le scepticisme ». Même langage avec Frédéric II, qui le force un peu malgré lui à rentrer dans « la lice » métaphysique : « La devise de Montaigne, *que sais-je?* (2 août 1770) me paraît la réponse qu'on doit faire à presque toutes les questions de ce genre ». Aussi n'accepte-t-il pas plus les négations que les affirmations : « Ceux qui nient l'existence d'une intelligence suprême, dit-il du *Système de la nature* de d'Holbach, avancent bien plus qu'ils ne peuvent prouver... l'auteur me paraît trop ferme et trop dogmatique, et je ne vois en cette matière que le scepticisme de raisonnable. »

S'il incline, en s'appuyant sur l'expérience, vers la matérialité de l'âme, vers la croyance à un Dieu matériel, borné et dépendant, il ne se

---

1. Cf. Aulard, *Le culte de la Raison et le culte de l'Être suprême*, Paris, Alcan, 1892.

croit assez assuré, ni dans un cas, ni dans un autre, pour renoncer au scepticisme.

Mais il faut vivre et pour cela une règle. D'Alembert conservera-t-il, comme Locke, la morale chrétienne? Il faudrait la séparer des dogmes et l'on ne sait si la séparation est possible. Acceptera-t-il avec Voltaire, que suivra Kant, une morale liée à l'existence de Dieu et à l'immortalité de l'âme? Mais la métaphysique ne lui dit rien de clair sur ces questions. Enfin se fera-t-il, comme Descartes, une morale provisoire? Il n'a plus, comme lui, l'espoir de rencontrer « le roc inébranlable » sur lequel il élèvera l'édifice destiné à abriter les hommes : il lui faut donc une morale positive et il la lui faut d'autant plus qu'il veut élever, petit à petit, « une maison plus habitable et plus commode, où tout le monde viendra insensiblement habiter » (30 avril 1770). Le spéculatif qui n'est ni théologien, ni métaphysicien, sera donc un moraliste, et même il mettra parfois la morale avant les mathématiques.

Pour les mathématiques et les sciences physico-mathématiques, d'Alembert conserve toujours la même tendresse. Le mot n'est pas trop fort, puisque la géométrie est pour lui une maîtresse, une femme avec laquelle il se remet en ménage, qu'il place sur le même rang que la poésie et qu'il défend contre les beaux esprits, contre Bossuet et contre Frédéric II. De leur certitude, il ne doute pas un instant. Mais la physique expérimentale rejoint presque la théologie et la métaphysique : « Que sais-je ? écrit-il à Voltaire le 14 septembre 1768, à propos des expériences de Needham, reproduites par Buffon, est en physique ma devise générale et continuelle ». Quant à la médecine, il la met — et vraisemblablement avec elle les sciences naturelles — sur le même plan que la métaphysique, et fort peu au-dessus de la théologie. Des sciences morales, d'Alembert ne croit guère à la psychologie, telle que nous l'entendons aujourd'hui : même il la mutile singulièrement et accumule contre elle toutes les objections qui de nos jours lui ont été adressées. Il conçoit, en logique, un art de conjecturer qui s'appliquerait aux matières dans lesquelles la démonstration n'est pas possible ; mais il laisse à d'autres le soin de s'en servir. Il entrevoit ce que doit être l'histoire, il la réhabilite et fait une rapide esquisse de l'histoire des sciences ; mais là encore, il laisse à d'autres le soin de développer ce qu'il a indiqué.

Aux belles-lettres comme à la mathématique, il reste toujours attaché : l'histoire littéraire prend une place de plus en plus grande dans sa vie. Mais que deviendra-t-elle avec un homme qui ne cherche en tout que la vérité, et ne la voit que dans les mathématiques, qui même ne trouve de véritable certitude que dans l'algèbre ?

En résumé d'Alembert, qui aime par-dessus tout la vérité et la justice, mais qui est capable aussi d'affection et d'amour, règle toute sa vie de manière à conserver sa dignité d'homme, de manière aussi à ne pas amoindrir celle d'autrui. Pour cela il renonce à la richesse, il risque plus d'une fois de mécontenter ceux qui l'aiment et auxquels il est lui-même vivement attaché: il refuse d'être le président de l'Académie de Berlin et le précepteur du futur empereur de Russie. Je ne connais rien de plus beau, dans leur sincérité éloquente et leur noble simplicité, que les deux admirables lettres écrites par lui à d'Argens et à Odar pour décliner les offres de Frédéric et de Catherine : à côté d'un philosophe et d'un écrivain éminents, elles montrent un homme, chose assez rare au XVIIIe siècle pour qu'on en fasse une mention spéciale. Quant au penseur, son activité se porta principalement vers les mathématiques, la morale et les belles-lettres, embrassant ainsi celles des connaissances qui, en raison de leur simplicité, ont une certitude absolue et celles que leur complexité rend susceptibles seulement d'une probabilité plus ou moins grande. Pour les relier, il eût fallu l'intermédiaire des sciences naturelles; mais d'Alembert s'en était occupé fort peu et ne les estimait guère. C'est par une curieuse théorie, esthétique bien plus que scientifique ou métaphysique, qu'il a fait disparaître la solution de continuité entre les objets si différents sur lesquels il spécule.

III. — L'œuvre.

Les principaux ouvrages de d'Alembert sont :
1° *Le traité de Dynamique* (1743); 2° *Le traité de l'équilibre et du mouvement des fluides* (1744); 3° *La théorie générale des Vents* (1746), rééditée en 1747 avec dédicace à Frédéric; 4° *Les recherches sur la précession des équinoxes* (1749), et *sur la nutation de l'axe de la terre*; 5° *Discours préliminaire* de l'Encyclopédie (1751) et *Préface* du troisième volume (1753); 6° *Mélanges de littérature, d'histoire et de philosophie* (1752-1759-1763, etc.); 7° *Essai d'une nouvelle théorie sur la résistance des fluides* (1752); 8° *Recherches sur différents points importants du système du monde* (1754-1756); 9° *Réflexions sur l'inoculation* (1761); 10° *Opuscules mathématiques* (1761, 1764, 1767, 1768, 1773 et 1780); 11° *Essai sur les éléments de philosophie ou sur les principes des connaissances humaines* avec les *Éclaircissements* (1759-1770); 12° *De la destruction des jésuites en France par un auteur désintéressé* (1765), avec *Supplément* (1767); 13° *Les Éloges des Académiciens* et *Histoire de l'Académie française*, etc.

L'œuvre de d'Alembert est polémique : il faut, pour édifier, renverser l'ancien ordre de choses. Mais d'Alembert procède avec une certaine modération : il aimerait mieux construire l'édifice nouveau et y attirer ses contemporains, que de détruire ce qui existe, sans savoir comment on le remplacera ou au risque de réunir, contre les novateurs, tous ceux qui tiennent au passé en compromettant sans aucun profit sa tranquillité. Aussi ne faut-il pas faire croire à l'alliance des rois et des prêtres : il est préférable, selon lui, de montrer aux premiers qu'ils sont, eux aussi, intéressés à la diminution, bien plus à la disparition du fanatisme. D'ailleurs il n'attaque guère le premier; mais il se défend, lui et les siens, avec vigueur et avec esprit; il rend alors les coups au centuple. *L'Abus de la critique en matière de religion* a pour objet de « venger les philosophes des reproches d'impiété dont on les charge souvent mal à propos, en leur attribuant des sentiments qu'ils n'ont pas, en donnant à leurs paroles des interprétations forcées, en tirant de leurs principes des conséquences odieuses et fausses qu'ils désavouent, en voulant enfin faire passer pour criminelles et pour dangereuses des opinions que le christianisme n'a jamais défendu de soutenir ». S'il écrit l'*Essai sur la société des gens de lettres et des grands, sur la réputation, sur les Mécènes et les récompenses littéraires*, c'est qu'il croit nécessaire de rappeler aux premiers le souci de leur dignité — le rôle de courtisan étant le plus bas que puisse jouer un homme de lettres — et aussi leur force; de rappeler aux seconds que les autres hommes sont leurs égaux par l'intention de la nature, plusieurs fort au-dessus d'eux par les talents, et qu'ils ne sont tout au plus, aux yeux de la raison, que des vieillards en enfance qui auraient fait autrefois de grandes choses; enfin, que ce qu'il y a de plus honteux, pour les grands et pour la littérature, c'est que des écrivains, qui déshonorent leur état par la satire, trouvent des protecteurs encore plus méprisables qu'eux. C'est pour des raisons analogues qu'il publie la *Destruction des jésuites*. D'Alembert y met une certaine impartialité, en ce sens qu'il est « indifférent aux querelles de cette espèce ». De fait, il parle en bons termes de l'ordre des jésuites et il rend justice à Port-Royal. Mais il condamne les « vaines disputes » qui ont troublé la religion et l'État : le gouvernement et les magistrats n'ont plus qu'à réprimer et avilir également les deux partis. Les jésuites ont attaqué l'Encyclopédie et fait supprimer le premier volume, parce qu'on n'a pas voulu leur confier les articles de théologie : ils ont, sur le conseil du gazetier janséniste, lâché leur proie qui se mourait, pour attaquer des hommes pleins de vigueur qui ne pensaient point à leur nuire. Ils en sont morts. Quant aux jansénistes, — sur l'influence desquels ce livre nous fournit des renseignements fort intéressants, qu'on n'a guère utilisés pour leur histoire, — il les traite plus durement encore, parce que la destruction de leurs adversaires les a déjà rendus insolents et les rendrait dangereux, si la raison ne se pressait de les remettre à leur place. Il faut qu'une *sage tolérance* empêche toutes ces frivoles disputes d'être contraires au repos de l'État et à l'union des citoyens.

Comme mathématicien, la gloire de d'Alembert est incontestable, quoiqu'on ait cherché à l'amoindrir de son temps et du nôtre. Il faudrait une longue étude pour parcourir, sinon pour épuiser le sujet. Qu'il suffise, dans cette rapide esquisse, de rappeler les résultats les plus importants dont la science lui est redevable. Emule de Clairaut, d'Euler et de Daniel Bernouilli, dit Cournot, il donne le premier, après les tentatives infructueuses de Newton, la théorie mathématique de la précession des équinoxes ; il attache son nom à un principe qui fait de toute la dynamique un simple corollaire de la statique ; il a donc incontestablement droit à un rang éminent parmi les génies inventeurs. Avec Clairaut, il a rendu à la France le sceptre des mathématiques, qu'elle avait perdu après Descartes, Fermat et Pascal : il s'est préparé des successeurs dignes de lui, en encourageant Lagrange et Laplace, qui n'ont fait d'ailleurs que le continuer.

Le *Traité de Dynamique* contenait une méthode qui réduisait toutes les lois du mouvement des corps à celle de leur équilibre et permettait de mettre en équation tous les problèmes de dynamique. Pour un système de corps en mouvement, liés entre eux et réagissant les uns sur les autres, les forces produites sont les mêmes dans l'état d'équilibre et dans l'état de mouvement. Or les lois de la statique ou des corps en état d'équilibre sont connues : en étudiant ces forces, on résout, ou pour mieux dire, comme l'a montré M. J. Bertrand, on élude le problème auxiliaire ; en ce sens, on ramène la dynamique à la statique.

Ce principe, d'Alembert l'applique aux *mouvements* des fluides : conduit à des équations qui sortent des méthodes connues, il invente le calcul intégral aux différences partielles. Dans la *Théorie générale des vents*, où il l'emploie d'abord, il se montre grand géomètre, mais refuse de tenir compte de la cause principale et prépondérante, les différences de température. On reconnaît l'homme qui fait peu de cas de la physique expérimentale, quand elle ne se ramène pas à la mathématique. Puis, abordant le problème des cordes vibrantes, déjà étudié par Taylor, il détermine, *a priori* et directement, la courbe que prend à chaque instant une corde vibrante, en supposant seulement que, dans ses plus grands écarts, elle s'écarte peu de l'axe. D'une équation du second ordre, par laquelle il en exprime la nature, il remonte à une équation finie, au moyen de laquelle, connaissant deux des trois variables, l'ordonnée, l'abscisse et le temps, on a la troisième, c'est-à-dire toutes les conditions du mouvement de la corde.

En astronomie, d'Alembert se sert de son principe pour la théorie de la précession des équinoxes. Newton avait cru que la terre, étant aplatie et hétérogène, produit une rotation qui déplace l'axe du monde d'une quantité que l'observation ne saurait apprécier. D'Alembert le démontra mathématiquement, par un *Traité* aussi remarquable dans l'histoire de la mécanique céleste, dit Laplace, que l'écrit de Bradley dans les annales de l'astronomie. Reprenant la théorie de Newton, il établit que, si la lune s'écarte tant soit peu de la forme sphérique, il doit y avoir une cause matérielle de cette libration. Lagrange et Laplace ont continué sur ce point les recherches de d'Alembert. Enfin, dans le *Système du monde*, il perfectionne la solution du problème des perturbations des planètes, qu'il avait exposée déjà auparavant à l'Académie. Ajoutons, avec Cournot, que les articles de d'Alembert à l'Encyclopédie — qui doivent être lus par tous ceux qui s'occupent de ces matières — traitent tous les points importants de la philosophie des mathématiques, ceux qui se rattachent aux notions des quantités négatives, de l'infiniment petit et des forces.

Après le *Discours préliminaire* de l'Encyclopédie, sur lequel nous reviendrons, d'Alembert a donné un *Essai sur les Éléments de philosophie*, qui en suppose tous les principes. L'Encyclopédie contient, dit-il, nos connaissances, nos opinions, nos disputes et nos erreurs. Il conviendrait, pour lui donner une introduction, de prendre, parmi les connaissances réelles qui constituent l'histoire et l'éloge de l'esprit humain, dont le reste n'est que le roman ou la satire, les principes de nos connaissances certaines; de présenter, sous un même point de vue, les vérités fondamentales: de réduire les objets de chaque science particulière à des points principaux et bien distincts.

L'*Essai* n'est pas moins curieux par ce qu'il omet que par ce qu'il développe ou suggère. Les sciences ont pris, depuis le xviie siècle, un essor prodigieux, mais la capacité de l'esprit ne s'est pas accrue. Des Éléments, ayant la même étendue que ceux d'autrefois, comprenant ce qu'il convient d'enseigner, pour parler notre langage, dans la classe de philosophie, doivent donc restreindre la part de chaque matière. Volontiers on donnera la plus grande place aux plus nécessaires ou à celles qui ont fait le plus de progrès et sont les plus certaines. Aussi après avoir, en 36 pages [1], tracé un tableau de l'esprit humain au xviiie siècle, exposé le dessein, l'objet et le plan général de son ouvrage et la méthode à suivre, d'Alembert consacre 8 pages à la logique, 32 à la métaphysique. 66 à la morale, 9 à la grammaire, 68 aux mathématiques, 72 à la physique. La logique est réduite à une seule règle : trouver les intermédiaires qui nous permettent de comparer plu-

---

1. Édition de 1763.

sieurs idées. A la démonstration, par laquelle nous voyons avec évidence la liaison ou l'opposition des deux idées, est joint l'art de conjecturer, qui, fournissant les diverses nuances du vraisemblable dans les sciences où la vérité nous échappe, est traité en 58 pages des *Éclaircissements*. La grammaire, réunie à la logique, occupe 55 pages de ce dernier ouvrage. Quant à la métaphysique, il faudrait, selon d'Alembert, la borner à la question de savoir comment nos sensations produisent nos idées. La spiritualité, l'immortalité de l'âme, l'existence de Dieu sont des vérités qu'il faut affirmer, sans trop considérer les difficultés qu'elles présentent. Aussi, des 36 pages d'*Éclaircissements* qui portent sur la métaphysique, une moitié traite de l'analyse des sens et l'autre expose les difficultés presque insolubles qu'elle soulève. Pour faire une place aux mathématiques, qui occupent en outre 105 pages des *Éclaircissements*, à la physique, à la morale qui prend une importance capitale, — puisque le philosophe demande à la raison et non à la révélation de diriger sa vie, — à l'art de conjecturer et à la grammaire, d'Alembert supprime l'ancienne logique. Il laisse également de côté toutes les questions ontologiques ou métaphysiques sur lesquelles on ne peut arriver à une clarté suffisante, et affirme simplement la spiritualité, l'immortalité de l'âme, l'existence de Dieu. Ainsi la métaphysique est ramenée à peu près à l'idéologie ou à la psychologie. Et d'Alembert ne tient encore compte ni de l'histoire, ni des sciences de la vie, qui prennent dans la seconde moitié du siècle un développement si considérable !

Comme la chaîne des vérités est fort souvent rompue, il faut faire entrer, dans des *Éléments*, celles qui sont à la tête de chaque partie et celles qui se trouvent au point de réunion de plusieurs branches, c'est-à-dire, d'un côté, les faits simples et reconnus qui n'en supposent point d'autres et qu'on ne peut ni expliquer, ni contester. Telles sont, en géométrie, les propriétés sensibles de l'étendue ; en mécanique, l'impénétrabilité d'où sortiront des définitions qui expliquent, non la nature de la chose, mais la manière dont nous la concevons. De l'autre, il faudra prendre des vérités qui résultent des vérités primitives, mais qui ont au-dessous d'elles un grand nombre de vérités secondaires.

Après la logique et la métaphysique, vient la morale, qui comprend 4 divisions : la morale de l'homme, membre de la société générale, celle des législateurs, celle des États, celle du citoyen, auxquelles on peut joindre celle du philosophe. La logique, la métaphysique, la morale sont étroitement unies. De même, la grammaire ne doit être séparée ni de la logique, ni de la métaphysique.

L'étude de la nature commencera par la science des propriétés, de la grandeur en général ; par l'algèbre, à propos de laquelle on développera la métaphysique simple et lumineuse qui a guidé les inventeurs. Puis on passera à la géométrie. Avec les principes de ces deux sciences, le philosophe arrivera à la mécanique, tentera d'en reculer les limites, d'en aplanir l'abord, c'est-à-dire d'en déduire les principes des notions les plus claires et de les étendre en les réduisant. L'astronomie, la plus certaine de toutes les parties de la physique, suit la mécanique. D'après la méthode des inventeurs, on montrera comment on est parti des hypothèses les plus simples pour rendre raison des phénomènes, comment on les a rectifiées par la connaissance plus exacte de ces derniers, et porté ainsi l'astronomie à un haut degré de perfection. On montrera les progrès de l'astronomie physique dans l'explication des phénomènes célestes. Puis on abordera l'optique, où la théorie de la lumière forme un objet presque entièrement mathématique, tandis que la théorie des lois de la vision est encore presque toute à faire ; l'acoustique, ou théorie des sons, qui a l'expérience pour base ; l'hydrostatique et l'hydraulique, la physique générale et la physique expérimentale.

Signalons encore, dans les *Éléments*, un certain nombre d'idées d'une importance considérable. D'Alembert souhaite qu'on fasse un tableau exact, à chaque époque, des révolutions de l'esprit humain ; qu'on compose un catéchisme de morale à l'usage et à la portée des enfants. Cherchant à saisir comment nous passons de nos sensations aux objets extérieurs, et refusant de prendre, comme Condillac, l'homme tel qu'il aurait pu être et non tel qu'il est, il croit que le toucher donne à l'enfant la notion d'impénétrabilité, par suite l'idée des corps et de l'étendue, tout en inclinant à penser cependant que la vue, à elle seule, nous permettrait de distinguer l'étendue qui est nôtre de celle qui est hors de nous. A Malebranche et surtout à Berkeley, il se borne à répondre que, puisque les mêmes effets naissent des mêmes causes, puisqu'en admettant, pour un moment, l'existence des corps, les sensations ne sauraient être ni plus vives, ni plus uniformes, il faut nécessairement supposer que les corps existent (n. 13).

La morale ne doit ni être mise à la fin de la philosophie, ni traitée en quelques lignes. Elle ne suppose pas nécessairement la connaissance de Dieu, puisque, s'il en était ainsi, il n'y aurait aucune vertu chez les païens. Elle part de la liberté ou du sentiment que nous avons de pouvoir faire une chose contraire à celle que nous faisons actuellement. La liberté nous conduit, grâce à la connaissance acquise par les sens, de nos rapports avec nos semblables et de nos besoins réciproques, à définir le mal moral ou l'injuste, ce qui nuit à la société en troublant le bien-être physique de ses membres, et à affirmer la justice des lois qui, sans elle, ne subsisteraient que comme un moyen efficace de conduire les hommes par la crainte (n. 17). Les lois naturelles et écrites sont nécessaires au maintien de la société, celles qui ne sont pas écrites la rendent douce et florissante. La vertu est d'autant plus pure que l'amour de l'humanité est plus grand. Le désintéressement naît de l'amour éclairé de nous-mêmes et forme la première vertu morale. Renoncer, en tout ou en partie, à ce qui ne nous est pas absolument nécessaire, est un devoir pour nous, quand il y a des citoyens qui manquent du nécessaire absolu, et le luxe est un crime contre l'humanité, toutes les fois qu'un seul membre de la société souffre et qu'on ne l'ignore pas. Le législateur doit, par des lois qui protègent et lient également tous les citoyens, établir, non une égalité métaphysique qui est une chimère, mais une égalité morale. Les lois criminelles peuvent permettre d'attaquer la vie de son ennemi pour défendre la sienne, mais jamais d'attaquer la fortune de qui que ce soit. Les lois civiles doivent indiquer quand il faut sacrifier le bien particulier au bien public, établir les impôts d'après des principes justes, distinguer la dépendance civile et la dépendance domestique, modifier cette dernière pour resserrer la première. Elles doivent aussi rendre les conditions du mariage moins onéreuses au sexe le plus faible, attribuer des récompenses personnelles à ceux qui enrichissent l'État ou lui font honneur, établir la tolérance à l'égard de toutes les manières d'adorer l'Être suprême. Les États ont les mêmes devoirs que les membres d'une société. Les citoyens doivent observer les lois et consacrer leur vie, leurs talents et les connaissances qu'ils ont acquises, au service de l'État; le philosophe, être détaché des honneurs et des richesses.

Composer un catéchisme de morale, ce fut l'ambition dernière et suprême de d'Alembert. Il aurait voulu prendre pour modèle l'*Abrégé du catéchisme historique* de Fleury, exposer d'abord, dans un article court, net et précis, les principes et les vérités à établir, puis les développer dans une espèce de dialogue, par des demandes très courtes et très simples, de manière qu'on pût s'assurer si les enfants les ont comprises ou les leur rendre propres, quand ils les ont saisies. Ainsi l'enfant deviendrait ce qu'il est nécessaire qu'il soit pour les autres hommes, juste, humain, compatissant, charitable. Même d'Alembert eût voulu utiliser l'histoire et former avec « âme et goût », pour chacune des conditions sociales, un recueil des actions et des paroles mémorables. Nous savons, par sa Correspondance avec Frédéric II, pourquoi il n'a pas mis ce projet à exécution : « La source de la morale et du bonheur, écrit-il le 21 janvier 1770, est la liaison intime de notre véritable intérêt avec l'accomplissement de nos devoirs; l'amour éclairé de nous-mêmes est le principe de tout sacrifice moral. Un point m'a toujours embarrassé : ceux qui n'ont rien, qui donnent tout à la société et à qui la société refuse tout, qui peuvent à peine nourrir de leur travail une famille nombreuse ou même qui n'ont pas de quoi la nourrir, peuvent-ils avoir d'autre principe de morale que la loi, et comment pourrait-on leur persuader que leur véritable intérêt est d'être vertueux, dans le cas où ils pourraient impunément ne l'être pas? *Si j'avais trouvé à cette question une solution satisfaisante, il y a longtemps que j'aurais donné mon catéchisme de morale.* » Le 7 mars 1770, d'Alembert expose, avec plus de précision encore, la difficulté qui l'arrête : « Je conviens que, d'une part, la crainte des lois et des supplices, et, de l'autre, l'espérance d'être soulagé par les âmes vertueuses, peuvent être un frein capable de retenir ceux qui sont dans l'indigence... Mais que l'indigent soit sans espérance d'être secouru et assuré de pouvoir en cachette dérober au riche une partie de son superflu pour subvenir à sa propre subsistance..., je demande ce qu'il doit faire en ce cas et s'il peut, ou même s'il doit se laisser mourir de faim, lui et sa famille... Dans ce cas de nécessité absolue (30 avril 1770), le vol est permis et même est une action juste... Cette doctrine, *toute raisonnable qu'elle est*, n'est pas bonne à mettre dans un catéchisme de morale. par l'abus que la cupidité ou la paresse pourrait en faire. C'est ce qui empêche de faire un catéchisme de morale à l'usage de tous les hommes de la société... Le mot de l'énigme est que la distribution des fortunes est d'une inégalité monstrueuse, qu'il est aussi atroce qu'absurde de voir les uns regorger de superflu et les autres manquer du nécessaire. » Sans doute Frédéric II a raison de remarquer que d'Alembert suppose « un cas purement métaphysique », et l'on peut douter que la morale positive doive avoir pour fin le bonheur de l'individu: mais d'Alembert a bien vu qu'il fallait la constituer pour une société où la religion n'est plus acceptée de tous; il a bien indiqué les difficultés dont la solution s'impose à nous bien plus encore qu'à ses contemporains.

Venons maintenant à l'œuvre littéraire de d'Alembert : elle comprend le *Discours préliminaire*, des traductions, différents opuscules et les *Éloges historiques*. Que d'Alembert ait cultivé les lettres, il n'y a rien d'étonnant, puisqu'il les a toujours aimées. Mais pourquoi a-t-il consenti à devenir le secrétaire perpétuel de l'Académie française et le chef des gens de lettres? Comment a-t-il concilié des travaux littéraires, où l'on ne sait par où saisir la vérité, avec les spéculations mathématiques, qui toujours la donnent au chercheur obstiné? Une page curieuse de l'*Essai sur les gens de lettres* a pour objet de montrer ce qui a mis les géomètres si fort à la mode: « On regardait, dit-il, comme une chose décidée, qu'un géomètre, transporté hors de sa sphère, ne devait pas avoir le sens commun; il était pourtant facile de se détromper par la lecture de Descartes, de Hobbes, de Leibnitz et de tant d'autres... Un géomètre... s'est trouvé par hasard posséder, dans un degré peu commun, cet agrément de l'esprit dont nous faisons tant de cas... Bientôt tout géomètre s'est vu indistinctement recherché. » D'Alembert, amené à composer le *Discours préliminaire*, a voulu à son tour prouver « qu'un géomètre pouvait avoir le sens commun ». L'ouvrage fut un succès littéraire. D'Alembert entreprit de faire voir qu'un géomètre était capable de traiter les sujets les plus légers comme les plus sérieux, qu'il pouvait même aborder et mener à meilleure fin ce qui avait été jusque-là l'œuvre de purs littérateurs. Bien plus, il ne craint pas de faire ce que condamnait si sévèrement le géomètre tourné en ridicule dans les *Lettres persanes* (cxxviii) : il traduit et cesse de penser par lui-même, au lieu de s'appliquer à la recherche de tant de belles vérités qu'un « calcul facile nous fait découvrir tous les jours ». A vrai dire, « la facilité qu'il apportait aux mathématiques lui laisse le temps de cultiver encore les belles-lettres avec succès ». Puis, dès 1765, sa tête fatiguée ne peut plus supporter que rarement l'application nécessaire à la géométrie; il s'amuse alors à écrire l'*Histoire de l'Académie française*. D'ailleurs, il habite la même maison que Mlle de Lespinasse, qu'il aime à associer à ses travaux : la géométrie n'a rien qui puisse lui plaire, tandis qu'elle se croit, encouragée d'ailleurs par son entourage, fort apte à juger des choses littéraires.

Mais toutes ces raisons sont, pour ainsi dire, ésotériques et occasionnelles. D'autres plus profondes établissent, pour d'Alembert, une liaison esthétique entre la littérature et la mathématique. Le premier rang, en toutes choses, appartient aux génies inventeurs ou créateurs. Seules l'érudition, où les faits ne se devinent ni ne s'inventent, la métaphysique, où ils se trouvent au dedans de nous-mêmes, la théologie, dépôt inaltérable de la foi, puisqu'il ne peut y avoir une révélation nouvelle, ne donnent pas lieu aux découvertes. Mais l'imagination, dans un géomètre qui crée, n'agit pas moins que dans un poète qui invente; Archimède mérite d'être placé à côté d'Homère, Newton à côté de Corneille. Or un génie créateur, en quelque matière que ce soit, ne saurait devenir infécond quand il use de son imagination sur un autre domaine. Au-dessous des écrivains créateurs qui méritent le premier rang, au-dessus des écrivains qui ont aussi bien écrit qu'on peut le faire sans génie, il y a place pour ces hommes qui appliquent, aux choses de la littérature, l'imagination avec laquelle ils ont été inventeurs dans les sciences. En particulier, le travail de la traduction peut fournir une riche moisson de principes et d'idées, devenir une excellente école dans l'art d'écrire : « Dans la littérature comme dans le commerce, une fortune sûre et bornée, paisiblement acquise en faisant valoir le bien des autres, est préférable à une indigence orgueilleuse qui joint la prétention de la dépense à l'extérieur de la misère ». Mais pour qu'il en soit ainsi, le traducteur doit être le rival, plutôt que le copiste de son auteur; il doit risquer des expressions nouvelles, pour rendre ce qui est vif et énergique dans l'original, et ainsi il trouve le moyen le plus sûr et le plus prompt d'enrichir les langues; enfin il n'en traduira que l'excellent. Les *Morceaux choisis* de Tacite et ceux que d'Alembert y a joints [1] « pour les jeunes étudiants », réalisent-ils cet idéal? Nous n'oserions l'affirmer; mais d'Alembert n'a pas toujours été vaincu dans la lutte qu'il a entreprise, après Racine, contre « le plus grand peintre de l'antiquité ». Il serait facile de montrer, par des citations nombreuses, que le traducteur de Tacite n'a pas diminué la réputation de l'auteur du *Discours préliminaire*. En est-il de même des autres œuvres littéraires de d'Alembert? Il en est plus d'une qui fut mal accueillie des contemporains et que l'on aurait pu, sans inconvénient, condamner à l'oubli; tels sont l'*Apologie de l'étude, la Latinité des modernes,* le *Dialogue entre Descartes et Christine aux*

1. A noter cette traduction d'une pensée de Bacon : « Quelle doit être dans les affaires la première qualité? — L'audace. — Quelle est la seconde? — L'audace. — Quelle est la troisième? — L'audace. » — Si l'on se rappelle la formule célèbre de Danton, on sera convaincu que les hommes de la Révolution avaient lu d'Alembert.

Champs-Elysées, les *Réflexions sur la poésie, sur l'usage et l'abus de la philosophie dans les matières de goût*, etc. Toutefois la lecture n'en est pas inutile aux historiens de d'Alembert et du xvIII⁰ siècle. A plus forte raison en est-il de même pour l'*Essai sur la société des gens de lettres* : seul d'Alembert pouvait, sans déclamation et sans pose, demander « que la pauvreté fût un des mots de la devise des gens de lettres ». L'article *Collège*, la lettre à J.-J. Rousseau, les jugements sur l'*Emile* et *la Nouvelle Héloïse*, la *Liberté de la musique*, les *Réflexions sur l'histoire* sont dans le même cas.

Mais que penser des *Éloges historiques*? D'Alembert voulait d'abord en faire un utile complément de l'esquisse rapide qu'il avait donnée, dans le *Discours préliminaire*, de l'histoire des sciences et des arts : « L'éloge d'un homme de lettres, disait-il, doit être le récit de ses travaux... il faut qu'il montre aux lecteurs instruits ce que les sciences ou les lettres doivent à celui qu'on loue, le point où il les a trouvées et celui où il les a laissées ». D'ailleurs il est très résolu à dire la vérité et à attaquer « toutes les sottises reçues ». Mais bientôt il s'aperçoit que la tâche entreprise est lourde et difficile : « Je suis occupé, écrit-il le 14 mai 1779, à la confection de l'*Histoire de l'Académie française. — Je me sers du mot confection*, parce que je regarde cette *histoire* comme une espèce de pilule que le secrétaire est obligé de faire et d'avaler. Je tâcherai de la dorer le mieux qu'il me sera possible... Je ferai comme Simonide qui, n'ayant rien à dire de je ne sais quel athlète, se jeta sur les louanges de Castor et de Pollux. » Malheureusement pour lui et pour nous, d'Alembert a tenu parole et trop souvent imité l'exemple de Simonide. L'auteur, a-t-on dit, ne paraît s'être chargé de l'éloge des morts que pour faire la satire des vivants. Il faut être juste : d'Alembert, en parlant des morts, a fait aussi souvent l'éloge que la satire des vivants; mais dans les deux cas, il a déçu le lecteur qui cherche à s'instruire en le prenant pour guide. Ainsi l'apologie de Clermont-Tonnerre, dont le titre seul est une épigramme, les Éloges de Mauroy, de Dangeau et de l'abbé de Choisy, de la Monnaye et du duc de Villars, de Malet et du duc d'Estrées, de Fouquet, de Moncrif, d'Alary, du comte de Clermont, et bien d'autres, reproduisent et amplifient, commentent ou résument l'*Essai sur les gens de lettres*. Ailleurs d'Alembert répète ce qu'il a dit des jansénistes et de leurs adversaires, dans la *Destruction des jésuites*; il s'occupe de la loi qui permettait à seize ans les vœux monastiques. Tantôt il malmène les dévots de l'Académie, en parlant de Languet de Gergy, le biographe de Marie Alacoque; tantôt il fait une histoire du prix d'éloquence à l'Académie française; puis il oppose l'orateur chrétien à l'orateur philosophe et indique, aux prédicateurs de l'Académie et fort en détail, la manière dont il faut excuser les Croisades de saint Louis. L'Éloge de Crébillon est surtout celui de Voltaire, qui, dans l'Éloge de la Motte, est mis bien au-dessus de J.-B. Rousseau, tandis que Fontenelle s'y trouve tout à la fois vanté et critiqué. Fénelon devient un philosophe, l'abbé Fleury un de ses prédécesseurs et de ses auxiliaires, qui lui suggère l'idée d'un *catéchisme de morale*, auquel il songe encore à propos de Gédoyn. Il défend les Encyclopédistes, au lieu de nous renseigner sur Houtteville; il expose l'avantage des traductions et classe les écrivains latins, tout en critiquant Helvétius, en vantant les *Géorgiques* de Delille et le chapitre de Montaigne sur l'amitié, sous prétexte de faire l'Éloge de Sacy. Il trouve moyen de louer d'Aguesseau et Turgot, Montesquieu et l'abbé de Boismont comparé à Bossuet et à Fénelon, le prince de Beauveau et l'archevêque de Toulouse, même Mlle de Lespinasse, mais surtout et partout Voltaire.

Un des Éloges les plus caractéristiques en ce sens, c'est celui de l'abbé de Choisy, où figurent tour à tour, Philippe de Valois et le roi Jean, Charles V, Charles VI, et saint Louis, Fontenelle et Fleury, Dioclétien et Théodoric, les contes de fées et Bourdaloue, le roman, la tragédie et l'histoire. De même, dans l'Éloge de Saint-Aulaire, « l'homélie de l'archevêque de Grenade », dit avec irrévérence la Harpe, peu suspect alors de sévérité pour les philosophes, d'Alembert parle de Delille et des fainéants, orgueilleux, ignorants et oisifs parce qu'ils sont nobles, de Despréaux et de Molière, de la Pucelle et de Chapelain, de Malherbe et des tourbillons, du fondement de la morale et de l'apothéose de Voltaire!

En outre, d'Alembert écrit à côté de Mlle de Lespinasse et trop souvent il pense à amuser les femmes qui feront partie de son auditoire : les anecdotes, les bons mots qui sont parfois peu spirituels, et rarement à leur place, nous éloignent de plus en plus du *Discours préliminaire* et du but que devaient atteindre les *Éloges historiques*. Comment d'Alembert ne se souvient-il pas de ce qu'il avait conseillé aux traducteurs : s'ils ne doivent s'attaquer qu'à ce qui est excellent, comment ne voit-il pas qu'il n'aurait pas dû entreprendre l'histoire de gens dont il n'y a rien à dire, sinon qu'ils furent de l'Académie française?

Sur tout cela, il faut donc passer condamnation et regretter qu'on ait donné au public 1200 pages, qui auraient pu et dû être réduites au tiers ou au quart, pour le plus grand avantage de l'auteur et de ses lecteurs. Les éloges de Bossuet, de Fléchier et de Massillon, de Despréaux et de Montesquieu, de Dumarsais et de Marivaux, qui valent celui de Bernouilli, même ceux de Jean Cousin, de Saint-Pierre et de Terrasson, auxquels on eût joint ce qu'il y a de bon et d'excellent dans les autres, formeraient une œuvre, agréable et instructive pour les lecteurs, autant qu'honorable pour d'Alembert. Sans doute il y aurait quelques hors-d'œuvre; peut-être encore d'Alembert y paraîtrait-il trop disposé parfois à apprécier les œuvres par le succès, même d'argent, qu'elles ont obtenu en leur temps et surtout auprès de ses contemporains (note 65); enfin ce novateur semblerait souvent un pur classique, qui a laissé aux conservateurs de la Restauration le péril et l'honneur d'accomplir la révolution par laquelle notre littérature a été heureusement renouvelée. Mais on y retrouverait son amour de la vérité, sa préoccupation de mettre en première ligne les écrivains qui offrent le plus de choses utiles à tous les siècles et à tous les lieux, une information aussi complète que judicieuse, et par endroits, des jugements raisonnés et réfléchis, qu'on croirait d'un homme du xixe siècle (notes 67 et 68).

En somme d'Alembert, comme mathématicien et comme philosophe, est à coup sûr égal, peut-être même supérieur à Pascal. Comme écrivain, il a tenté pour la philosophie, ce que Pascal avait entrepris pour la religion : le succès pratique a été considérable pour l'un et l'autre. Mais la *Destruction des jésuites* n'a pas le mérite littéraire des *Provinciales*; c'est beaucoup déjà qu'on puisse la lire après le pamphlet immortel qui l'a précédée et qu'on ne saurait refaire. Sauf un petit nombre de pages, clairsemées dans les opuscules et les Éloges, l'écrivain est de beaucoup inférieur à Pascal. Seul le *Discours préliminaire* justifierait, pour le fond et pour la forme, une comparaison entre les deux mathématiciens dont le nom mérite de figurer, à un double titre, dans l'histoire de la civilisation en France.

IV. — Le Discours préliminaire de l'Encyclopédie.

On comprend fort bien pourquoi d'Alembert devint un des éditeurs de l'Encyclopédie : il était depuis longtemps l'ami de Diderot, qui lui fournissait d'ailleurs ainsi l'occasion de résumer, pour le grand public, des recherches fort bien accueillies par ses pairs, et de populariser les sciences auxquelles il s'était entièrement consacré. Il n'est pas surprenant non plus que Diderot lui ait laissé le soin d'en écrire le Discours préliminaire. Il était déjà plus que suspect aux théologiens; un de ses ouvrages avait été condamné avec ceux de La Mettrie, et il avait fait à Vincennes un séjour qui n'était guère propre à lui attirer les sympathies du gouvernement et des parlements. A peine le Prospectus était-il publié, que le P. Berthier, dans le Journal de Trévoux, attaquait l'Encyclopédie, dont il contestait par avance l'originalité et la valeur intrinsèque, comme il semblait mettre en doute l'orthodoxie des auteurs. D'Alembert pouvait défier ses adversaires de trouver « une seule proposition répréhensible dans ce qu'il avait écrit jusque-là ». Il y avait tout avantage à ce que l'Encyclopédie fût présentée au public par un savant dont la renommée était grande à l'étranger comme en France, et qui ne pouvait alors être considéré comme un adversaire de la religion, comme un révolutionnaire en philosophie et en politique. Sans doute, on attaqua le premier volume; mais on ne put guère se prendre au Discours préliminaire, dont les adversaires de l'Encyclopédie firent eux-mêmes le plus grand éloge. Cependant la thèse de l'abbé de Prades et surtout son Apologie, dans laquelle on crut reconnaître, non sans raison, les pensées et le style de Diderot, permirent aux jansénistes et aux jésuites de faire suspendre la publication de l'Encyclopédie. Mais bientôt d'Argenson et Mme de Pompadour, que l'hostilité des jésuites avait empêchée de devenir dame du palais de la reine, firent solliciter Diderot et d'Alembert de « se redonner au travail de l'Encyclopédie ». « Nous avons essuyé cet hiver, écrit d'Alembert à Voltaire, une violente tempête; j'espère qu'enfin nous travaillerons en repos. Je me suis bien douté qu'après nous avoir aussi maltraités qu'on a fait, on reviendrait nous prier de continuer, et cela n'a pas manqué. J'ai refusé pendant 6 mois, j'ai crié comme le Mars d'Homère, et je puis dire que je ne me suis rendu qu'à l'empressement extraordinaire du public. J'espère que cette résistance si longue nous vaudra dans la suite plus de tranquillité. Ainsi soit-il. » A nouveau, d'Alembert se charge de présenter l'œuvre en répondant avec hauteur, esprit et dédain à ses adversaires. Ainsi le Journaliste de Trévoux a loué en 1747 chez Vauvenargues, ce qu'il a critiqué dans l'Encyclopédie : « M. de Vauvenargues, a-t-il dit, était aveugle... c'est ce qui a empêché le journaliste d'y voir ». On a été étonné de trouver des articles pour les philosophes et non pour les Pères de l'Église : c'est que les premiers sont des créateurs d'opinions, tandis que les seconds, chargés du dépôt précieux et inviolable de la foi et de la tradition, n'ont pu, ni dû rien apprendre aux hommes. Si l'on ne traite ni des saints, sur lesquels Baillet n'a rien laissé à dire, ni de la généalogie des grandes maisons, ni des conquérants qui ont désolé la terre, on fait une large place à la généalogie des sciences, aux génies immortels qui ont éclairé les hommes; l'Encyclopédie doit tout aux talents, rien aux titres, elle est l'histoire de l'esprit et non de la vanité des hommes.

Toutes les sciences ont leur métaphysique fondée sur des principes simples et des notions communes à tous les hommes : on l'exposera avec clarté et précision. Quant à la métaphysique proprement dite, elle sera réduite à ce qu'elle contient

c.

de vrai et d'utile, c'est-à-dire à très peu de chose. On fera pour ce siècle qui l'ignore, et pour les siècles à venir, qu'on mettra sur la voie pour aller plus loin, l'histoire des richesses de notre siècle dans les arts. « L'empire des sciences et des arts est un palais irrégulier, imparfait et en quelque manière monstrueux, où certains morceaux se font admirer par leur magnificence, leur solidité et leur hardiesse, où d'autres ressemblent encore à des masses informes, où d'autres enfin, que l'art n'a pas même ébauchés, attendent le génie ou le hasard. Les principales parties de cet édifice sont élevées par un petit nombre de grands hommes, tandis que les autres apportent quelques matériaux, ou se bornent à la simple description. Nous tâcherons de réunir ces deux derniers objets, de tracer le plan du temple et de remplir en même temps quelques vides. Nous en laisserons beaucoup d'autres, nos descendants placeront le comble, s'ils l'osent ou s'ils le peuvent. Quant aux imputations odieuses contre nos sentiments et notre personne, c'est à l'Encyclopédie à nous défendre, aux honnêtes gens à nous venger. » De 1753 à 1757, d'Alembert et Diderot, jouissant d'une assez grande tranquillité, travaillent à rendre l'Encyclopédie moins imparfaite. Mais, en 1757, l'attentat de Damiens fait décréter la peine de mort contre les auteurs et imprimeurs d'ouvrages séditieux; l'article *Genève* provoque les attaques des théologiens et de J.-J. Rousseau;

Moreau écrit ses pamphlets contre les *Cacouacs*, et appelle ainsi les Encyclopédistes, en dérivant, d'une façon fantaisiste, *cacouac* de κακός, méchant; Helvétius publie son livre de *l'Esprit* et Omer de Fleury prononce un terrible réquisitoire, dans lequel les Encyclopédistes sont rendus responsables de toutes les attaques contre la religion et l'autorité. Le 8 mars 1759, un arrêt du conseil révoque le privilège de l'Encyclopédie. D'Alembert, désespérant de la terminer comme on l'avait commencée, cesse d'en être l'éditeur, mais il continue à en être le collaborateur. En 1769, il promet encore à Panckoucke quelques additions pour les articles de mathématiques et pour quelques-uns de physique; mais s'il estime qu'on fera bien de supprimer les déclamations et les sottises qui déshonorent l'Encyclopédie, il ne s'en mêle pas, parce qu'il a déclaré qu'il ne veut pas en être l'éditeur.

Le *Discours préliminaire* figure au programme de la licence ès lettres, à ceux de l'enseignement secondaire, moderne et classique : ainsi il doit être étudié par des jeunes gens qui, après la rhétorique ou la seconde moderne, se tournent vers les sciences, et par ceux qui, dans une rhétorique supérieure, se préparent à une bourse de licence, ou qui, déjà plus avancés, travaillent dans une Faculté à devenir licenciés. Cette situation privilégiée qui lui a été faite dans notre enseignement, il la mérite à tous égards.

D'abord c'est l'œuvre d'un homme admiré en Europe et en France à des titres fort divers, comme polémiste et comme mathématicien, comme savant et comme encyclopédiste, comme philosophe et comme écrivain. Puis c'est la quintessence des connaissances mathématiques, philosophiques et littéraires, que l'auteur avait acquises pendant vingt années d'études : il y reproduit, comme on le verra plus loin (p. 30 à 36, 94, 100, 116, etc.), et quelquefois littéralement, les résultats les plus généraux et les plus incontestables de ses méditations antérieures. Aussi trente ans plus tard, Frédéric II compare encore la préface de l'Encyclopédie à tout ce qu'il a fait lui-même de grand et de mémorable dans la paix, dans la guerre, dans les lettres et dans la politique. Et les hommes qui vivaient en 1751 n'étaient pas si peu favorisés qu'ils dussent saluer avec bonheur un ouvrage médiocre : Fontenelle et Montesquieu (p. 242, 246) avaient publié les meilleures de leurs œuvres; Voltaire était dans toute sa gloire; Diderot, Rousseau, Buffon, Condillac (p. 243, 244, 246) avaient débuté de manière à annoncer quelle place ils occuperaient dans le xviiie siècle.

En outre, le *Discours préliminaire* nous montre ce que devait être l'Encyclopédie. Elle fut sans doute une formidable machine de guerre, qui ruina l'ancien régime, religieux ou politique, plus que ne l'auraient fait Voltaire et Rousseau, Buffon et Montesquieu, Raynal, Helvétius et d'Holbach, parce qu'elle condensait et résumait tout ce qui était épars dans des œuvres nombreuses, parfois diffuses et difficiles à coordonner ou à rassembler. Les parlements, le clergé et le gouvernement n'y virent presque jamais autre chose. Mais l'Encyclopédie était aussi destinée à tracer les linéaments de la société nouvelle. Le mélange de polémiques contre le passé et de théories destinées à l'avenir, même la présence de collaborateurs qui, restant attachés à l'ancien ordre de choses, voulaient le modifier plutôt que le détruire, firent qu'on n'en saisit pas toujours, aujourd'hui même, le côté novateur et positif. En outre, quand Diderot fut seul, le libraire le Breton la « châtra, dépeça, mutila, la mit en lambeaux, sans jugement et sans goût ». De là les plaintes de Voltaire, de d'Alembert, même de Diderot, qui ne retrouvent pas, dans l'œuvre, l'idéal rêvé et cherché. Le *Discours préliminaire*, au contraire, nous donne nettement ce qu'avaient voulu les Encyclopédistes. Ainsi il sera étudié avec profit par tous ceux qui cherchent à connaître d'Alembert, l'Encyclopédie et le xviiie siècle dans son ensemble.

Mais ne présente-t-il qu'un intérêt purement historique? Pour répondre à cette question, il faut en examiner la méthode, le fond et la forme.

Quelle méthode a été suivie dans le *Discours préliminaire*? Pour M. J. Bertrand, d'Alembert manque d'élégance et de clarté, parce que jamais il n'a professé ; « il se réserve, ajoute-t-il, d'éclairer chaque page par la lecture de la suivante : c'est ce qu'on appelle manquer de méthode ». Cette assertion, contestable pour les travaux mathématiques, est tout à fait fausse pour le *Discours*, mais on comprend qu'on l'ait émise. On s'attend à ce qu'un géomètre procède par synthèse et énonce d'abord les propositions qu'il veut établir, ensuite les raisons qui les justifient. Ainsi fait Descartes, quand il énumère les règles de sa méthode ou les maximes de sa morale provisoire. Mais il faut se souvenir que d'Alembert, comme Pascal, a inventé plutôt qu'appris les mathématiques. « Les grands géomètres, dit-il d'ailleurs dans l'*Éloge* de Bernouilli, connaissent cette espèce de paresse qui préfère la peine de découvrir une vérité à la contrainte peu agréable de la suivre dans l'ouvrage d'autrui. » Souvent donc il a recours à l'analyse, il expose, les unes après les autres, les raisons qui motivent, ou les exemples qui éclairent la proposition à démontrer, et celle-ci ne vient qu'en dernier lieu. Semblablement le physicien nous dit ses observations, ses expériences et nous soumet seulement ensuite les lois qu'il en tire par induction. Il en résulte que Diderot, le sectateur des sciences naturelles, et d'Alembert, le mathématicien, procèdent d'une façon identique ; que le *Prospectus* et le *Discours* sont composés d'après la même méthode ; que l'Encyclopédie, par suite, a eu, sous leur direction commune, unité et succès [1].

Mais quelquefois aussi d'Alembert et Diderot suivent une marche synthétique [2].

En recourant successivement, et selon les besoins de l'exposition, à l'analyse et à la synthèse, ils ont certes évité la monotonie et donné à leur œuvre un caractère plus littéraire, mais ils ont laissé croire, par cela même, qu'ils n'avaient pas de méthode. En réalité, nous n'avons eu qu'à réunir les résumés placés par eux au début ou à la fin des diverses parties du *Discours* et du *Prospectus*, pour présenter, de l'un et de l'autre, une vue synthétique, qui en fait saisir sans peine l'enchaînement.

---

1. En ce qui concerne le *Discours préliminaire*, on trouvera p. 21, l. 30-33; p. 22, l. 1-5, le résumé des recherches instituées dans les pages 14 à 21. De même quelques lignes, p. 24, l. 8, sqq.; p. 47, l. 7-14, nous donnent les résultats qui ont été obtenus par la division de la physique et de la philosophie; il y a encore des résumés de ce qui a été trouvé précédemment p. 55, l. 28, sqq.; p. 66, l. 30; p. 69, l. 21-22; p. 105, l. 16-23, l. 24-28, etc. Ainsi Diderot indique, p. 136, l. 18-25, les divisions antérieures du *Prospectus*, puis p. 141, l. 5 à 8; p. 143, l. 30-31; p. 145, l. 24-30, celles qui suivent, et d'Alembert termine le *Discours préliminaire*, p. 159, l. 1-2, en annonçant qu'il « a tout dit sur l'Encyclopédie ».

2. Ainsi le premier nous avertit, p. 33, l. 18 sqq., qu'il va jeter les yeux sur l'espace parcouru et les deux limites entre lesquelles sont concentrées les connaissances accordées à nos lumières naturelles; il nous annonce, p. 40, l. 1-2, qu'il va être question de l'ordre dans lequel se sont succédé les connaissances relatives à celles dont il a été jusque-là question. La méthode synthétique est encore suivie par lui, pour l'exposition, aux pages 48, l. 22, sqq.; p. 51, l. 9, sqq.; p. 58, l. 2, sqq.; p. 66, l. 31, sqq.; p. 76, l. 8, sqq., etc. Le second l'emploie à son tour, p. 133, l. 15, sqq., p. 136, l. 25-27, etc., etc.

Le *Discours* contient deux parties essentielles, une histoire philosophique de l'origine de nos idées, qui conduit à la formation d'un arbre généalogique ou encyclopédique, d'un système général où entrent toutes les sciences et tous les arts; une histoire des sciences et des arts, depuis la Renaissance jusqu'à 1750, destinée à montrer ce qu'on a fait et ce qui reste à faire. Dans la première partie, on n'accordera qu'une valeur historique aux pages, inspirées de Locke ou de Condillac, sur l'origine de nos idées, à la plupart de celles qui traitent de l'imitation de la nature et des beaux-arts, de la conciliation de l'ordre encyclopédique avec l'ordre alphabétique. Sans doute encore on revendiquera pour Bacon, peut-être même pour Diderot, la classification générale des sciences, en histoire, philosophie et beaux-arts, quoiqu'elle prenne avec d'Alembert une forme toute nouvelle (n. 21); on dira avec raison que la création de la chimie, les progrès de la physiologie et des sciences naturelles, puis des sciences morales ont d'abord donné naissance à la classification d'Auguste Comte, qu'ils ont elle-même ensuite ébranlée, en ce qui concerne tout au moins les rapports de la biologie et de la sociologie entre lesquelles on intercale la psychologie. Cependant, pour la division générale de la philosophie, plus spécialement pour les mathématiques, les sciences physico-mathématiques; pour les deux limites entre lesquelles se concentrent nos connaissances et la réhabilitation des arts mécaniques; pour la morale, devenue positive et placée sur le même rang que les mathématiques; pour la politique subordonnée à la morale; pour la religion, préparant l'individu à la vie future, mais laissant à la morale l'homme qui vit dans la société actuelle, non seulement d'Alembert dit plus d'une fois très bien, selon le mot de Renan, ce qu'Auguste Comte répète en mauvais style, mais le plus souvent il est pour nous un véritable contemporain. Car il a posé et essayé de résoudre bon nombre des difficultés soulevées dans une société qui, renonçant à vivre en chrétienne parce que la foi lui fait défaut, demande aux sciences positives une direction suprême et constante. L'*Encyclopédie* est devenue vraiment « vivante » dans l'Institut, dans l'École polytechnique et les Écoles centrales, dans les sectes politiques ou sociales qu'a vues fleurir le xixe siècle : aujourd'hui encore elle n'est pas une œuvre morte, qui n'ait plus affaire qu'au passé. A plus forte raison en est-il ainsi pour cette première partie du *Discours*, où la polémique n'étouffe ni même ne cache les affirmations originales et positives.

Peut-on en dire autant de la seconde? C'était à coup sûr une idée neuve et féconde que de lier l'histoire des sciences et des arts à celle des hommes de génie, et d'exciter ainsi les hommes à des recherches nouvelles, pour réaliser des progrès nouveaux; ainsi d'ailleurs on donnait à l'histoire une valeur scientifique qui lui avait été déniée depuis Descartes. Mais nous entrevoyons à peine ce que doit être l'histoire de la civilisation, où nous faisons une place aux religions, aussi bien qu'aux arts et aux lettres, aux sciences et à la philosophie ; nous utilisons tous les jours encore des documents qui présentent, avec plus de relief et d'exactitude, l'antiquité, le moyen âge, et les temps modernes. Nous sommes de plus en plus persuadés qu'il faut regarder les Grecs et les Latins comme nos maîtres. Mais personne ne parle du moyen âge comme d'une époque de barbarie et d'ignorance. On sait que Byzance n'a jamais cessé de conserver et de répandre, parmi ses voisins barbares, la civilisation gréco-latine. Dès le vi^e siècle, elle a un art original, mi-grec et mi-oriental ; elle a des peintres, des architectes et des sculpteurs, des généraux et des politiques, des jurisconsultes et des théologiens, des littérateurs et des historiens, même quelques botanistes, mathématiciens et astronomes ; son influence s'exerce sur les Bulgares, les Slaves et les Arabes, sur l'Occident latin avec lequel elle ne cesse d'être en relation depuis l'époque de Charlemagne [1].

Les Arabes modifient avec originalité l'architecture de l'Orient. Dès le viiie siècle, Geber obtient en chimie, par l'alliance du raisonnement et de l'observation, des résultats fort importants ;

---

[1]. Pour les travaux sur Byzance, cf. *Rambaud*, Revue bleue, 14 mars 1891.

il est suivi par Rhasès et Avicenne. Si l'alchimie occupe de plus en plus leurs successeurs, Achid-Bechir réussit à préparer le phosphore. Les Arabes traduisent les ouvrages grecs de mathématiques, font en arithmétique des recherches importantes, contribuent puissamment à la création de la trigonométrie et au développement de l'algèbre (n. 75); ils se livrent avec ardeur à l'étude de l'astronomie et y montrent parfois un esprit véritablement scientifique; leurs tables astronomiques en font les prédécesseurs de Copernic, de Tycho-Brahé et de Képler. En physique, ils ne font guère que répéter les Anciens, et la botanique n'est étudiée par eux que dans ses relations avec la médecine. La philosophie arabe reproduit, commente et développe les théories d'Aristote et des néo-platoniciens.

L'Occident, dès le temps de Charlemagne et d'Alcuin, se reprend à la vie intellectuelle. La philosophie y trouve, sans interruption jusqu'au xiiie siècle, d'illustres représentants [1]; l'art, sous toutes ses formes, grandit de jour en jour et donne des œuvres remarquables. La littérature latine n'est pas sans valeur; mais surtout des littératures nationales se produisent en France, en Italie, en Allemagne, que méprisent et qu'ignorent le xviie et le xviiie siècle. En botanique et en zoologie, cette première période sait et cherche

---

1. *La scolastique* (Revue internationale de l'Enseignement. 15 avril 1893).

peu; il en est de même pour les mathématiques et l'astronomie, si l'on excepte un petit nombre d'hommes, dont le plus marquant est Gerbert. Mais vienne le xiiiᵉ siècle : on possède les travaux des Arabes et, par eux, ceux des Grecs. Les littératures nationales continuent leur marche ascendante; l'architecture, la peinture, la sculpture et la musique, les arts industriels eux-mêmes atteignent une splendeur incomparable; la philosophie réussit à concilier, dans une œuvre qui n'est pas sans grandeur, la spéculation ancienne et le christianisme. Les alchimistes travaillent plus d'une fois pour les chimistes futurs; on connaît les *Histoires naturelles* d'Aristote et de Pline; mais on observe peu encore les animaux et les végétaux. Toutefois les voyageurs font connaître des plantes et des animaux inconnus; les mathématiques et l'astronomie, avec Roger Bacon et Léonard de Pise, entrent dans une voie nouvelle [1].

Dès lors on ne saurait voir dans la Renaissance, comme d'Alembert et ses contemporains, une rénovation complète des lettres, des sciences et des arts. Les artistes de tout genre continuent leurs prédécesseurs, comme l'a bien montré M. Courajod [2], et les œuvres antiques ne font tout au plus qu'aider au mouvement qu'elles n'ont pas

---

1. Cf. *Revue philosophique*, Néo-thomisme et scolastique, mars 1892 et avril 1893.
2. Voir surtout *Les véritables origines de la Renaissance*.

fait éclore. Il en est de même des chimistes et des mathématiciens. La découverte du Nouveau-Monde donne une impulsion nouvelle à la botanique et à la zoologie. La prise de Constantinople fait naître l'humanisme, et à sa suite une littérature d'imitation, qui prend le pas sur les littératures nationales, en attendant qu'il les inspire et leur prépare un nouvel essor. Du même coup on connaît les philosophes anciens et on s'en sert pour combattre la scolastique. La théologie, maîtresse et directrice des recherches, perd de son empire : la littérature et les sciences tendent de plus en plus à se rendre indépendantes. Le XVIe et le XVIIe siècle, avec des instruments puissants, créeront la physique expérimentale, transformeront l'astronomie et les sciences naturelles.

Ce que dit d'Alembert du moyen âge est donc complètement inexact. Ce qu'il dit de la Renaissance ne vaut guère que pour l'humanisme. D'ailleurs il ne s'intéresse que médiocrement aux sciences naturelles et à la physique expérimentale. De ce fait, son histoire des sciences au XVIIe et au XVIIIe siècle est incomplète. L'histoire des arts et des lettres a des lacunes considérables que nous avons signalées à l'occasion. Peu de pages peuvent donc être étudiées et admirées sans réserve; telles sont cependant celles qui concernent Descartes et Newton, ou qui traitent des ouvrages scientifiques au XVIIIe siècle.

Mais le *Discours préliminaire* est une œuvre littéraire. Partout la langue est nette, précise, d'une belle venue dans sa simplicité sobre et sévère; la pensée scientifique a rarement revêtu une forme qui en fît plus heureusement ressortir la grandeur et la beauté. Parfois on songe à Pascal et aussi à Taine. D'Alembert a comparé le géomètre au poète, et Newton à Corneille : les images poétiques et exactes, les formules heureuses dans leur nouveauté et leur concision, les expressions pittoresques dans leur abstraction, dénotent une inspiration continue, un enthousiasme qui justifie cette comparaison, souvent reproduite depuis le xviiie siècle. Qu'il suffise de rappeler, dans la première partie, les pages sur l'origine des mathématiques et les limites de nos connaissances, sur la musique et les arts mécaniques, sur la géométrie et les belles-lettres, le poète, l'érudit et le philosophe ; puis, dans la seconde, celles qui portent sur Bacon, Descartes, Newton, Locke et Leibnitz, sur l'usage des langues vulgaires en matière scientifique, sur Diderot et les conditions dans lesquelles l'Encyclopédie se présente au public.

Pour toutes ces raisons, le *Discours préliminaire* mérite de figurer à côté du *Discours sur la Méthode* de Descartes, de l'*Essai sur les progrès de l'esprit humain* de Condorcet et du *Cours de philosophie positive* d'Auguste Comte. Il a continué le premier et préparé les deux autres; il les vaut comme œuvre scientifique, et leur est supérieur comme œuvre littéraire.

F. PICAVET.

Un mot sur notre édition. Nous avons reproduit le texte des *Mélanges de littérature, d'histoire et de philosophie, nouvelle édition. Amsterdam, Châtelain, 1763*. Il est identique, sauf quelques légers changements, à celui de 1759, mais on y a fait disparaître plusieurs fautes d'impression. Celles qu'il présentait encore ont été corrigées d'après les éditions de 1751 et même de 1759. Nous avons consulté ces textes primitifs, parce que l'édition Belin et Bossange, 1821, est quelquefois inintelligible à cause des fautes qu'on y trouve (note 99). Par la comparaison des différents textes, nous avons été amené à signaler des variantes, corrections ou additions. La plupart portent sur la forme, et montrent que d'Alembert a cherché à rendre sa pensée plus précise et plus exacte (p. 14, n. 1; p. 18, n. 1; p. 20, n. 1 et 2; p. 32, n. 1; p. 45, n. 1; p. 46, 48; p. 85, n. 1). D'autres la complètent ou lui donnent plus de force, comme celles qui ont pour objet Leibnitz et Montesquieu (p. 89, 91). Quelques-unes enfin sont provoquées par les persécutions auxquelles l'Encyclopédie fut en butte (p. 89, 91).

Pour la ponctuation, nous avons donné celle du xviiie siècle, toutes les fois qu'il n'en résultait aucune obscurité.

Le *Discours* est précédé des Avertissements de 1759 et de 1763, de la Dédicace de 1751 : en quelques pages, d'Alembert nous apprend quel en a été le succès, quelles critiques lui ont été faites, comment l'Encyclopédie a été préparée et revue, en tant que cela importe à l'intelligence du texte. Comme d'Alembert et les éditeurs de 1821, nous y avons fait entrer le Prospectus, sans lequel on ne comprendrait pas plusieurs passages du *Discours* (n. 49), le Système des connaissances humaines et son Explication détaillée, les Observations sur la division des sciences du chancelier Bacon et son Système général de la connaissance humaine, nécessaires pour montrer l'originalité de l'auteur.

L'introduction, l'analyse, les notes historiques, scientifiques, littéraires et philosophiques, ont pour objet de faciliter l'intelligence du texte aux diverses catégories d'étudiants auxquels il est destiné. Nous avons placé les notes à la fin pour deux raisons : il nous a été possible de les rendre ainsi plus utiles, en faisant une seule note pour différents passages, et notre explication ne vient pas en aide aux candidats, au moment où les examinateurs leur mettent le texte entre les mains. Nous avons surtout consulté les œuvres de d'Alembert, mais nous avons tenu grand compte des travaux historiques ou scientifiques qui lui ont été consacrés (*Condorcet*, Éloge de d'Alembert, *La Harpe*, Cours de littérature et Philosophie du xviiie siècle, *Cournot*, Dict. ph. de Franck; *Lucien Brunel*, Les philosophes et l'Académie française; *Joseph Bertrand*, d'Alembert, etc.).

F. P.

AVERTISSEMENT

Cette édition[1] ne diffère de celle de 1759 que par un petit nombre de changements légers que l'auteur y a faits; mais on y a corrigé plusieurs fautes d'impression considérables, et dont quelques-unes même altéraient le sens.

AVERTISSEMENT SUR CETTE NOUVELLE ÉDITION[2]

...... Les adversaires que l'Essai sur *la liberté de la Musique* pourra faire à l'auteur, ne sont rien en comparaison des satires que lui promettent les *Réflexions sur l'abus de la critique en matière de religion*. Ces réflexions très utiles, on ose le dire, à la religion même, et qui ne peuvent manquer par cette raison d'obtenir le suffrage des véritables gens de bien, ne pourront aussi manquer de déplaire à tous ceux qui en usurpent seulement le nom. Heureusement l'intérêt qui anime les uns et les autres[3] est trop à découvert pour que le public impartial y soit trompé; et c'est à ce public

---

1. Amsterdam, Chatelain et fils, 1763.
2. *Mélanges de littérature, d'histoire et de philosophie*, nouvelle édition revue, corrigée et augmentée très considérablement par l'auteur, Amsterdam, Chatelain et fils, 1759. L'Avertissement est reproduit en tête de l'édition de 1763.
3. Édition de 1763 : « ces derniers ».

que l'auteur en appelle. Mais afin que les calomniateurs soient punis, s'ils ne peuvent prouver ce qu'ils avanceront, il déclare qu'il ne répondra désormais sur l'imputation d'irréligion, qu'aux écrivains qui l'attaqueront juridiquement et devant les tribunaux ; c'est là qu'il attend ses accusateurs. Il serait de l'injustice la plus absurde et la plus criante, de le rendre responsable des ouvrages des autres ; mais il consent volontiers à répondre et à être jugé sur les siens. La religion, qu'il s'est toujours fait un devoir de respecter dans ses écrits, est la seule chose sur laquelle il ne demande point de grâce et sur laquelle il espère n'en avoir pas besoin. Si le fanatisme de la superstition lui paraît odieux, celui de l'impiété lui a toujours paru ridicule, parce qu'il est sans motif comme sans objet. Aussi a-t-il cette consolation, qu'on n'a pu tirer encore une seule proposition répréhensible du grand nombre d'ouvrages qu'il a publiés jusqu'ici. Il ne parle point des passages qu'on a tronqués ou falsifiés pour le rendre coupable, des imputations vagues qu'on lui a faites, des intentions qu'on lui a prêtées, des interprétations forcées qu'on a données à ses paroles ; avec une pareille méthode on trouverait des erreurs dans les écrits mêmes des Pères. Mais[1] il a le malheur ou l'avantage d'être un des principaux auteurs de l'Encyclopédie : et l'Encyclopédie, peu favorable à ces controverses futiles, qui sont l'opprobre de notre siècle, a jeté sur tous les hommes de parti *sans distinction* le ridicule et le mépris qu'ils méritent ; tous les hommes de parti doivent donc se liguer pour la détruire : cela est naturel et dans l'ordre.

Cette conspiration générale nous a engagés à remettre sous les yeux du public dans ces *Mélanges* la Préface du troisième volume de l'Encyclopédie. Les notes qui y sont jointes, renferment la réponse aux objections qui furent faites il y a six ans contre cet ouvrage, par rapport aux principes d'irréligion dont il était accusé ; et l'on se flatte d'avoir pleinement satisfait à ces objections.

1. « Mais » est supprimé dans l'édition de 1763.

AVERTISSEMENT

Mais pendant que cette seconde édition était sous presse, un nouvel orage s'est élevé; les brochures ont été lancées de toutes parts; le gouvernement même paraît avoir pris connaissance des imputations dont on a chargé les auteurs, et n'a point encore prononcé dans le moment où nous écrivons[1]. Son jugement, quel qu'il soit, sera toujours équitable, puisqu'il fera cesser enfin, de quelque manière que ce puisse être, le scandale et les cris, que l'Encyclopédie a occasionnés sans le vouloir: mais ce jugement fût-il tel que les ennemis de cet ouvrage peuvent le désirer, il ne donnera, nous osons le dire, aucun avantage réel à leurs critiques; leurs satires n'en seront pas plus fines, leurs raisonnements plus justes, leurs citations plus fidèles[2].

---

1. Le 24 février 1759.
2. Nous en rapporterons quelques traits qui mettront le public en état de juger du reste. On fait dire à l'auteur du Discours préliminaire de l'Encyclopédie, que *l'inégalité des conditions est un droit barbare*, lorsqu'il a dit simplement que **la loi du plus fort** *est un droit barbare*: on fait dire à l'auteur de l'article GLOIRE, que *la religion qui éloigne les hommes de l'amour d'une gloire mondaine, est une philosophie aussi vaine que dangereuse*; impiété qui ne se trouve ni dans l'article GLOIRE, ni ailleurs: on prétend que les articles AME et DIEU sont des Traités de matérialisme et d'athéisme, quoique ces articles soient tirés en entier des ouvrages de MM. Clarke et Jaquelot, les meilleurs que nous ayons contre les matérialistes et contre les athées; on soutient, avec une assurance qui en a imposé aux magistrats, que les renvois du second de ces deux articles sont destinés à détruire les démonstrations de l'existence d'un Être suprême: et pour appuyer cette calomnie on tronque les articles et on rapporte infidèlement les passages (c'est ce que nous sommes en état de *démontrer*, si des ordres supérieurs l'exigent; car c'est à des juges respectables et éclairés, et non à des écrivains sans aveu que nous voulons répondre); on prétend que l'Encyclopédie est une société formée pour détruire la morale et la religion, et on accuse en même temps les auteurs de se contredire les uns les autres, ce qui suppose bien peu de concert entre eux: on leur reproche d'avoir dit (avec saint Paul) que le culte que nous rendons à Dieu doit être raisonnable; avec le P. Malebranche, que le

Si l'autorité juge à propos d'arrêter au milieu de son cours une entreprise contre laquelle on est venu à bout de soulever les personnes les plus respectables, les auteurs reconnaitront sans peine que l'Encyclopédie, quoique très mal attaquée par ses adversaires, a pu être justement condamnée par ses juges ; ils béniront la Providence qui les déchargera d'un fardeau que l'amour seul du bien public leur faisait supporter avec courage ; et ils écriront avec autant de respect que de joie au bas de l'ordre suprême qui leur imposera silence : *Deus nobis hæc otia fecit.*

bonheur de l'homme est dans le plaisir (comme si le mot de *plaisir* se bornait aux plaisirs des sens) ; avec les écrivains les plus respectables, que l'intolérance et la persécution sont contraires à l'esprit du Christianisme ; enfin avec le plus puissant de nos rois, et avec le premier Parlement du royaume, que l'autorité légitime est fondée sur le *contrat* fait entre le souverain et ses sujets. L'Essai sur l'*abus de la Critique en matière de religion* offre quelques autres exemples plus ridicules encore des nouvelles imputations faites à l'Encyclopédie : et c'en est assez sans doute pour nous dispenser de répliquer en détail à des calomniateurs imbéciles, qui ne cherchent en jouant le rôle d'apôtres qu'une existence et des protecteurs, et par qui la religion serait déshonorée, si elle pouvait l'être. D'ailleurs, pour lire la réponse, il faudrait avoir lu les critiques ; et qui peut en avoir le courage ?

AVERTISSEMENT [1]

Le Discours Préliminaire de l'ENCYCLOPÉDIE a été reçu avec une indulgence qui ne fait qu'exciter ma reconnaissance et mon zèle, sans me fermer les yeux sur ce qui manque à cet ouvrage. J'ai averti, et je ne saurais trop le répéter, que M. Diderot est auteur du *Prospectus* de l'Encyclopédie, qui termine ce discours, et qui en fait une partie essentielle. C'est à lui qu'appartient aussi la table ou le système figuré des connaissances humaines, et l'explication de cette table. J'ai joint de son aveu l'une et l'autre au Discours, parce qu'elles ne forment proprement avec lui qu'un même corps, et que je n'aurais pu les faire aussi bien.

Quoique le succès de l'ouvrage ait été fort au delà de son mérite et de mes désirs, j'ai eu le bonheur ou le malheur peut-être d'essuyer assez peu de critiques. On m'en a fait quelques-unes, qui sont purement littéraires, et auxquelles je me crois dispensé de répondre. Que m'importe en effet qu'on estime tant qu'on voudra la Rhétorique des collèges, la foule des écrivains latins modernes, la prose de Despréaux, de Rousseau, de La Fontaine, de Corneille, et de tant d'autres poètes; qu'on regarde avec le P. Le Cointe un

1. Éditions de 1759 et de 1763.

certain Virgile (évêque, prêtre ou sacristain) comme *un fort méchant homme*, pour avoir eu raison malgré le pape Zacharie; qu'on prétende que plusieurs théologiens de l'Église romaine n'ont pas fait des efforts réitérés pour ériger en dogmes des opinions absurdes et pernicieuses (telles que celles de l'infaillibilité du pape, et de son pouvoir sur le temporel des rois); qu'on me reproche enfin jusqu'aux éloges que j'ai donnés à quelques grands hommes de notre siècle, dont la plupart n'ont avec moi aucune liaison, et que l'intrigue, l'ignorance ou l'imbécillité s'efforcent de décrier ou de noircir? Quand le Discours préliminaire de l'Encyclopédie n'aurait d'autre mérite que d'avoir célébré ces auteurs illustres, ce mérite sera de quelque valeur aux yeux de la postérité, si les faibles productions de ma plume parviennent jusqu'à elle. Elle me saura gré d'avoir eu le courage d'être juste, malgré l'envie, la cabale, les petits talents, leurs panégyristes, et leurs Mécènes.

On m'a fait d'autres reproches beaucoup plus graves: leur importance ne me permet pas de les taire, mais aussi leur injustice me dispense d'en parler sur le ton d'une apologie sérieuse. En effet que répondre à un critique qui m'accuse d'avoir cherché dans la formation de la société, plutôt que dans des hypothèses arbitraires, non l'essence, mais les *notions* du bien et du mal; de n'avoir pas examiné comment un homme né et abandonné dans une île déserte se formerait les idées de vertu et de vice, c'est-à-dire comment un être romanesque s'instruirait de ses devoirs envers des êtres inconnus; d'avoir pensé d'après l'expérience, l'histoire et la raison, que la notion des vices et des vertus morales a précédé dans les païens la connaissance du vrai Dieu; d'avoir dispensé l'homme de ses devoirs envers l'Être suprême, quoique je parle à plusieurs reprises de ces devoirs; d'avoir regardé les corps comme *cause efficiente* de nos sensations, quoique j'aie dit expressément qu'ils n'ont avec nos sensations *aucun rapport*; d'avoir cru que la spiritualité de l'âme et l'existence de Dieu étaient des vérités assez claires pour ne demander que des preuves très courtes : de n'avoir point parlé *assez au long* de la religion chrétienne, dont je pouvais même me dispenser de parler absolument, puisqu'elle est d'un ordre supérieur au système encyclopédique des connaissances humaines ; d'avoir dégradé la religion naturelle, en avançant que la connaissance qu'elle nous donne de Dieu et de nos devoirs est fort imparfaite ; d'avoir dégradé en même temps la révélation, pour avoir accordé aux théologiens la faculté de raisonner ; d'avoir enfin admis avec M. Pascal (qui devrait pourtant être une grande autorité pour mon adversaire) des vérités qui sans être opposées vont les unes au cœur, et les autres à l'esprit? Telles sont les objections que n'a pas rougi de me faire un journaliste plus orthodoxe peut-être que logicien, mais certainement plus malintentionné qu'orthodoxe. Pour y répondre, il suffit de les exposer, et de dire à ma nation ce que disait au peuple romain cet agriculteur accusé de maléfice : *veneficia mea, quirites, hæc sunt*.

Il faut avouer que si dans le siècle où nous sommes, le ton d'irréligion ne coûte rien à quelques écrivains, le reproche d'irréligion ne coûte rien à quelques autres. Soyez chrétien, pourrait-on dire à ces derniers, mais à condition que vous le serez assez pour ne pas accuser trop légèrement vos frères de ne le point être.

Il ne me reste plus qu'un mot à dire sur cet ouvrage. Quelques personnes ont affecté de répandre, à la vérité sourdement, et sans preuves, que le plan m'en avait été fourni par les ouvrages du chancelier Bacon. Un court éclaircissement sur cette imputation mettra le lecteur en état d'en juger. Ce discours a deux parties : la première a pour objet la généalogie des sciences, et la seconde est l'histoire philosophique des progrès de l'esprit humain depuis la renaissance des lettres. Dans cette dernière partie il n'y a pas un seul mot qui appartienne au grand homme dont on m'accuse d'être le copiste. L'exposition et le détail de l'ordre généalogique des sciences et des arts, qui compose presque en entier la première partie, n'appartient pas davantage à Bacon. J'ai seulement emprunté, vers la fin de cette première partie, quelques-unes de ses idées, en très petit nombre, sur l'ordre encyclopédique des connaissances humaines, qu'il ne faut pas confondre, comme je l'ai prouvé, avec la généalogie des sciences ; à ces idées que Bacon m'a fournies, et dont je n'ai point dissimulé que je lui étais redevable, j'en ai joint beaucoup d'autres que je crois m'être propres, et qui sont relatives à ce même ordre encyclopédique. Ainsi le peu que j'ai tiré du chancelier d'Angleterre est renfermé dans quelques lignes de ce Discours, comme il est aisé de s'en convaincre en jetant les yeux sur l'arbre encyclopédique de Bacon [1]; et, ce qu'il ne faut pas oublier, j'ai eu soin d'avertir expressément de ce peu que je lui dois. Voilà à quoi se réduit le prétendu plagiat qu'on me reproche : mais ce Discours a eu le bonheur de réussir; il fallait bien tâcher de me l'ôter.

1. Cet arbre du chancelier Bacon est imprimé à la fin du Discours. Nous invitons le lecteur à faire la comparaison. Il ne faut pas confondre avec le Discours préliminaire de l'Encyclopédie, le système figuré qui est à la fin, et qu'on a reconnu expressément être tiré en grande partie du chancelier Bacon, quoiqu'il s'y trouve encore des différences considérables.

A Monseigneur le comte d'Argenson
Ministre et secrétaire d'État de la guerre [1].

Monseigneur,

L'autorité suffit à un Ministre pour lui attirer l'hommage aveugle et suspect des courtisans ; mais elle ne peut rien sur le suffrage du public, des étrangers, et de la postérité. C'est à la nation éclairée des gens de lettres et surtout à la nation libre et désintéressée des philosophes, que Vous devez, Monseigneur, l'estime générale, si flatteuse pour qui sait penser, parce qu'on ne l'obtient que de ceux qui pensent. C'est à eux qu'il appartient de célébrer, sans s'avilir par des motifs méprisables, la considération distinguée que Vous marquez pour les talents ; considération qui leur rend précieux un homme d'État, quand il sait, comme Vous, leur faire sentir que ce n'est point par vanité, mais pour eux-mêmes qu'il les honore. Puisse, Monseigneur, cet ouvrage, auquel plusieurs savants et artistes célèbres ont bien voulu concourir avec nous, et que nous Vous présentons en leur nom, être un monument durable de la reconnaissance que les Lettres Vous doivent, et qu'elles cherchent à Vous témoigner. Les siècles futurs, si notre Encyclopédie a le bonheur d'y parvenir, parleront avec éloge de la protection que Vous lui avez accordée dès sa naissance, moins sans doute, pour ce qu'elle est aujourd'hui, qu'en faveur de ce qu'elle peut devenir un jour. Nous sommes avec un profond respect,

Monseigneur,
    Vos très humbles et très obéissants serviteurs.

Diderot et d'Alembert.

1. Cette dédicace se trouve en tête de l'Encyclopédie avant le Discours préliminaire ; elle ne figure ni dans l'édition de 1759 ni dans celle de 1763.

DISCOURS PRÉLIMINAIRE

DE

L'ENCYCLOPÉDIE [1]

L'Encyclopédie que nous présentons au public, est, comme son titre l'annonce, l'ouvrage d'une société de gens de lettres. Nous croirions pouvoir assurer, si nous n'étions pas du nombre, qu'ils sont tous avantageusement connus ou dignes de l'être. Mais sans vouloir prévenir un jugement qu'il n'appartient qu'aux savants de porter, il est au moins de notre devoir d'écarter avant toutes choses l'objection la plus capable de nuire au succès d'une si grande entreprise. Nous déclarons donc que nous n'avons point eu la témérité de nous charger seuls d'un poids

---

1. Le titre est — dans l'*Encyclopédie ou Dictionnaire raisonné des sciences, des arts et des métiers, par une société de gens de lettres, mis en ordre et publié par M. Diderot, de l'Académie royale des Sciences et des Belles-Lettres de Prusse, et quant à la partie mathématique, par M. d'Alembert, de l'Académie royale des sciences de Paris, de celle de Prusse, et de la Société royale de Londres, t. I, Paris, 1751, avec approbation et privilège du Roi —* Discours préliminaire des éditeurs.

si supérieur à nos forces, et que notre fonction d'éditeurs consiste principalement à mettre en ordre des matériaux dont la partie la plus considérable nous a été entièrement fournie. Nous avions fait expressément la même déclaration dans le corps du *Prospectus*[1]; mais elle aurait peut-être dû se trouver à la tête. Par cette précaution, nous eussions apparemment répondu d'avance à une foule de gens du monde, et même à quelques gens de lettres, qui nous ont demandé comment deux personnes pouvaient traiter de toutes les sciences et de tous les arts, et qui néanmoins avaient jeté sans doute les yeux sur le *Prospectus*, puisqu'ils ont bien voulu l'honorer de leurs éloges. Ainsi, le seul moyen d'empêcher sans retour leur objection de reparaître, c'est d'employer, comme nous faisons ici, les premières lignes de notre ouvrage à la détruire. Ce début est donc uniquement destiné à ceux de nos lecteurs qui ne jugeront pas à propos d'aller plus loin. Nous devons aux autres un détail beaucoup plus étendu sur l'exécution de l'Encyclopédie : ils le trouveront dans la suite de ce Discours[2]; mais ce détail si important par sa nature et par sa matière, demande à être précédé de quelques réflexions philosophiques.

L'ouvrage[3] que nous commençons (et que nous désirons de finir) a deux objets : comme *Encyclopédie*, il doit exposer autant qu'il est possible, l'ordre

---

1. Ce *Prospectus* a été publié au mois de novembre 1750. (Note de d'Alembert.)
2. Encyclopédie : « *avec les noms de chacun de nos collègues* ».
3. Encyclopédie : « L'ouvrage *dont nous donnons aujourd'hui le premier volume* a deux objets. »

et l'enchaînement des connaissances humaines ; comme *Dictionnaire raisonné des sciences, des arts et des métiers*, il doit contenir sur chaque science et sur chaque art, soit libéral, soit mécanique, des [1] principes généraux qui en sont la base, et les détails les plus essentiels qui en font le corps et la substance. Ces deux points de vue, d'*Encyclopédie* et de *Dictionnaire raisonné*, formeront donc le plan et la division de notre Discours préliminaire. Nous allons les envisager, les suivre l'un après l'autre, et rendre compte des moyens par lesquels on a tâché de satisfaire à ce double objet.

Pour peu qu'on ait réfléchi sur la liaison que les découvertes ont entre elles, il est facile de s'apercevoir que les sciences et les arts se prêtent mutuellement des secours, et qu'il y a par conséquent une chaîne qui les unit. Mais s'il est souvent difficile de réduire à un petit nombre de règles ou de notions générales, chaque science ou chaque art en particulier, il ne l'est pas moins de renfermer dans [2] un système qui soit un, les branches infiniment variées de la science humaine.

Le premier pas que nous ayons à faire dans cette recherche, est d'examiner, qu'on nous permette ce terme, la généalogie et la filiation de nos connaissances, les causes qui ont dû les faire naître et les caractères qui les distinguent ; en un mot, de remonter jusqu'à l'origine et à la génération de nos idées. Indépendamment des secours que nous tirerons de

---

1. Encyclopédie : « *les* ».
2. Encyclopédie : « *en* ».

cet examen pour l'énumération encyclopédique des sciences et des arts, il ne saurait être déplacé à la tête d'un[1] Dictionnaire raisonné des connaissances humaines.

On peut diviser toutes nos connaissances en directes et en réfléchies. Les directes sont celles que nous recevons immédiatement sans aucune opération de notre volonté; qui trouvant ouvertes, si on peut parler ainsi, toutes les portes de notre âme, y entrent sans résistance et sans effort. Les connaissances réfléchies sont celles que l'esprit acquiert en opérant sur les directes, en les unissant et en les combinant.

Toutes nos connaissances directes se réduisent à celles que nous recevons par les sens; d'où il s'ensuit que c'est à nos sensations que nous devons toutes nos idées. Ce principe des premiers philosophes a été longtemps regardé comme un axiome par les scolastiques: pour qu'ils lui fissent cet honneur, il suffisait qu'il fût ancien, et ils auraient défendu avec la même chaleur les formes substantielles ou les qualités occultes. Aussi, cette vérité fut-elle traitée, à la renaissance de la philosophie, comme les opinions absurdes, dont on aurait dû la distinguer; on la proscrivit avec ces opinions[2] parce que rien n'est si dangereux pour le vrai et ne l'expose tant à être méconnu que l'alliage ou le voisinage de l'erreur. Le système des idées innées, séduisant à plusieurs égards, et plus frappant peut-être parce qu'il était moins connu, a succédé à l'axiome des scolastiques: et, après avoir

---

1. Encyclopédie : « *d'un ouvrage tel que celui-ci* ».
2. Encyclopédie : « *avec elles* ».

longtemps régné, il conserve encore quelques partisans ; tant la vérité a de peine à reprendre sa place quand les préjugés ou le sophisme l'en ont chassée. Enfin, depuis assez peu de temps, on convient presque généralement que les anciens avaient raison, et ce n'est pas la seule question sur laquelle nous commençons à nous rapprocher d'eux.

Rien n'est plus incontestable que l'existence de nos sensations : ainsi, pour prouver qu'elles sont le principe de toutes nos connaissances, il suffit de démontrer qu'elles peuvent l'être : car, en bonne philosophie, toute déduction qui a pour base des faits ou des vérités reconnues, est préférable à ce qui n'est appuyé que sur des hypothèses, même ingénieuses. Pourquoi supposer que nous ayons d'avance des notions purement intellectuelles, si nous n'avons besoin, pour les former, que de réfléchir sur nos sensations ? Le détail où nous allons entrer fera voir que ces notions n'ont point en effet d'autre origine.

La première chose que nos sensations nous apprennent, et qui même n'en est pas distinguée, c'est notre existence : d'où il s'ensuit que nos premières idées réfléchies doivent tomber sur nous, c'est-à-dire sur ce principe pensant qui constitue notre nature, et qui n'est point différent de nous-mêmes. La seconde connaissance que nous devons à nos sensations, est l'existence des objets extérieurs, parmi lesquels notre propre corps doit être compris, puisqu'il nous est, pour ainsi dire, extérieur, même avant que nous ayons démêlé la nature du principe qui pense en nous. Ces objets innombrables produisent sur nous un effet si puissant, si continu, et qui nous unit tellement à eux, qu'après un premier instant où nos idées réfléchies nous rappellent en nous-mêmes, nous sommes forcés d'en sortir par les sensations qui nous assiègent de toutes parts, et qui nous arrachent à la solitude où nous resterions sans elles. La multiplicité de ces sensations, l'accord que nous remarquons dans leur témoignage, les nuances que nous y observons, les affections involontaires qu'elles nous font éprouver, comparées avec la détermination volontaire qui préside à nos idées réfléchies, et qui n'opère que sur nos sensations mêmes; tout cela forme en nous un penchant insurmontable à assurer l'existence des objets auxquels nous rapportons ces sensations, et qui nous paraissent en être la cause; penchant que bien des philosophes ont regardé comme l'ouvrage d'un Être supérieur et comme l'argument le plus convaincant de l'existence de ces objets. En effet, n'y ayant aucun rapport entre chaque sensation et l'objet qui l'occasionne, ou du moins auquel nous la rapportons, il ne parait pas qu'on puisse trouver, par le raisonnement, de passage possible de l'un à l'autre : il n'y a qu'une espèce d'instinct, plus sûr que la raison même, qui puisse nous forcer à franchir un si grand intervalle; et cet instinct est si vif en nous, que quand on supposerait pour un moment qu'il subsistât pendant que les objets extérieurs seraient anéantis, ces mêmes objets reproduits tout à coup ne pourraient augmenter sa force. Jugeons donc sans balancer, que nos sensations ont en effet hors de nous la cause que nous leur supposons, puisque l'effet qui peut résulter de l'existence réelle de cette cause ne saurait différer en aucune manière de celui que nous éprouvons; et n'imitons point ces philosophes dont parle Montaigne, qui interrogés sur le principe des actions humaines, cherchent encore s'il y a des hommes. Loin de vouloir répandre des nuages sur une vérité reconnue des sceptiques mêmes lorsqu'ils ne disputent pas, laissons aux métaphysiciens éclairés le soin d'en développer le principe : c'est à eux à déterminer, s'il est possible, quelle gradation observe notre âme dans ce premier pas qu'elle fait hors d'elle-même, poussée, pour ainsi dire, et retenue tout à la fois par une foule de perceptions qui d'un côté l'entraînent vers les objets extérieurs, et qui de l'autre n'appartenant proprement qu'à elle, semblent lui circonscrire un espace étroit dont elles ne lui permettent pas de sortir.

De tous les objets qui nous affectent par leur présence, notre propre corps est celui dont l'existence nous frappe le plus, parce qu'elle nous appartient plus intimement : mais à peine sentons-nous l'existence de notre corps, que nous nous apercevons de l'attention qu'il exige de nous, pour écarter les dangers qui l'environnent. Sujet à mille besoins, et sensible au dernier point à l'action des corps extérieurs, il serait bientôt détruit, si le soin de sa conservation ne nous occupait. Ce n'est pas que tous les corps extérieurs nous fassent éprouver des sensations désagréables; quelques-uns semblent nous dédommager par le plaisir que leur action nous procure. Mais tel est le malheur de la condition humaine, que la douleur est en nous le sentiment le plus vif : le plaisir nous touche moins qu'elle, et ne suffit presque jamais pour nous en consoler. En vain quelques philosophes soutenaient, en retenant leurs cris au milieu des souffrances, que la douleur n'était point un mal; en vain quelques autres plaçaient le bonheur suprême dans la volupté, à laquelle ils ne laissaient pas de se refuser par la crainte de ses suites : tous auraient mieux connu notre nature, s'ils s'étaient contentés de borner à l'exemption de la douleur le souverain bien de la vie présente, et de convenir que sans pouvoir atteindre à ce souverain bien, il nous était seulement permis d'en approcher plus ou moins, à proportion de nos soins et de notre vigilance. Des réflexions si naturelles frapperont infailliblement tout homme abandonné à lui-même, et libre des [1] préjugés, soit d'éducation, soit d'étude : elles seront la suite de la première impression qu'il recevra des objets; et [2] on peut les mettre au nombre de ces premiers mouvements de l'âme, précieux pour les vrais sages, et dignes d'être observés par eux, mais négligés ou rejetés par la philosophie ordinaire, dont ils démentent presque toujours les principes.

La nécessité de garantir notre propre corps de la douleur et de la destruction nous fait examiner parmi les objets extérieurs, ceux qui peuvent nous être utiles ou nuisibles, pour rechercher les uns et fuir les autres. Mais à peine commençons-nous à parcourir ces objets, que nous découvrons parmi eux un grand nombre d'êtres qui nous paraissent entièrement semblables à nous, c'est-à-dire dont la forme est toute pareille à la nôtre, et qui autant que nous en pouvons

---

1. Encyclopédie : « *de* préjugés » : même texte dans l'édition de 1759.
2. Encyclopédie : « et *l'*on peut ».

juger au premier coup d'œil, semblent avoir les mêmes perceptions que nous : tout nous porte donc à penser qu'ils ont aussi les mêmes besoins que nous éprouvons, et par conséquent le même intérêt à [1] les satisfaire ; d'où il résulte que nous devons trouver beaucoup d'avantage à nous unir avec eux pour démêler dans la nature ce qui peut nous conserver ou nous nuire. La communication des idées est le principe et le soutien de cette union, et demande nécessairement l'invention des signes ; telle est l'origine de la formation des sociétés avec laquelle les langues ont dû naître.

Ce commerce que tant de motifs puissants nous engagent à former avec les autres hommes, augmente bientôt l'étendue de nos idées, et nous en fait naître de très nouvelles pour nous, et de très éloignées, selon toute apparence, de celles que nous aurions eues par nous-mêmes sans un tel secours. C'est aux philosophes à juger si cette communication réciproque, jointe à la ressemblance que nous apercevons entre nos sensations et celles de nos semblables, ne contribue pas beaucoup à fortifier ce penchant invincible que nous avons à supposer l'existence de tous les objets qui nous frappent. Pour me renfermer dans mon sujet, je remarquerai seulement que l'agrément et l'avantage que nous trouvons dans un pareil commerce, soit à faire part de nos idées aux autres hommes, soit à joindre les leurs aux nôtres, doit nous porter à resserrer de plus en plus les liens de la société commencée, et à la rendre la plus utile pour

---

1. Encyclopédie : « *de* les satisfaire ».

nous qu'il est possible. Mais chaque membre de la société cherchant ainsi à augmenter pour lui-même l'utilité qu'il en retire, et ayant à combattre dans chacun des autres membres [1] un empressement égal [2], tous ne peuvent avoir la même part aux avantages, quoique tous y aient le même droit. Un droit si légitime est donc bientôt enfreint par ce droit barbare d'inégalité, appelé loi du plus fort, dont l'usage semble nous confondre avec les animaux, et dont il est pourtant si difficile de ne pas abuser. Ainsi la force, donnée par la nature à certains hommes, et qu'ils ne devraient sans doute employer qu'au soutien et à la protection des faibles, est au contraire l'origine de l'oppression de ces derniers. Mais plus l'oppression est violente, plus ils la souffrent impatiemment, parce qu'ils sentent que rien [3] n'a dû les y assujettir. De là la notion de l'injuste et par conséquent du bien et du mal moral, dont tant de philosophes ont cherché le principe, et que le cri de la nature, qui retentit dans tout homme, fait entendre chez les peuples même les plus sauvages. De là aussi cette loi naturelle que nous trouvons au dedans de nous, source des premières lois que les hommes ont dû former : sans le secours même de ces lois, elle est quelquefois assez forte, sinon pour anéantir l'oppression, au moins pour la contenir dans certaines bornes. C'est ainsi que le mal que nous éprouvons par les vices de nos semblables produit en nous la connaissance réfléchie

---

1. Encyclopédie : « *chacun des autres* un empressement égal ».
2. Encyclopédie : « égal *au sien* ».
3. Encyclopédie : « que rien *de raisonnable* n'a dû ».

des vertus opposées à ces vices, connaissance précieuse, dont une union et une égalité parfaites nous auraient peut-être privés.

Par l'idée acquise du juste et de l'injuste, et conséquemment de la nature morale des actions, nous sommes naturellement amenés à examiner quel est en nous le principe qui agit, ou, ce qui est la même chose, la substance qui veut et qui conçoit. Il ne faut pas approfondir beaucoup la nature de notre corps et l'idée que nous en avons, pour reconnaître qu'il ne saurait être cette substance, puisque les propriétés que nous observons dans la matière n'ont rien de commun avec la faculté de vouloir et de penser : d'où il résulte que cet être appelé *Nous* est formé de deux principes de différente nature, tellement unis, qu'il règne entre les mouvements de l'un et les affections de l'autre une correspondance que nous ne saurions ni suspendre ni altérer, et qui les tient dans un assujettissement réciproque. Cet esclavage si indépendant de nous, joint aux réflexions que nous sommes forcés de faire sur la nature des deux principes et sur leur imperfection, nous élève à la contemplation d'une Intelligence toute-puissante à qui nous devons ce que nous sommes, et qui exige par conséquent notre culte : son existence, pour être reconnue, n'aurait besoin que de notre sentiment intérieur, quand même le témoignage universel des autres hommes, et celui de la nature entière, ne s'y joindraient pas.

Il est donc évident que les notions purement intellectuelles du vice et de la vertu, le principe et la nécessité des lois, la spiritualité de l'âme, l'existence de Dieu et nos devoirs envers lui, en un mot les vérités dont nous avons le besoin le plus prompt et le plus indispensable, sont le fruit des premières idées réfléchies que nos sensations occasionnent.

Quelque intéressantes que soient ces premières vérités pour la plus noble portion de nous-mêmes, le corps auquel elle est unie nous ramène bientôt à lui par la nécessité de pourvoir à des besoins qui se multiplient sans cesse. Sa conservation doit avoir pour objet, ou de prévenir les maux qui le menacent, ou de remédier à ceux dont il est atteint. C'est à quoi nous cherchons à satisfaire par deux moyens; savoir, par nos découvertes particulières, et par les recherches des autres hommes; recherches dont notre commerce avec eux nous met à portée de profiter. De là ont dû naître d'abord l'agriculture, la médecine, enfin tous les arts les plus absolument nécessaires. Ils ont été en même temps et nos connaissances primitives, et la source de toutes les autres, même de celles qui en paraissent très éloignées par leur nature : c'est ce qu'il faut développer plus en détail.

Les premiers hommes, en s'aidant mutuellement de leurs lumières, c'est-à-dire de leurs efforts séparés ou réunis, sont parvenus, peut-être en assez peu de temps, à découvrir une partie des usages auxquels ils pouvaient employer les corps. Avides de connaissances utiles, ils ont dû écarter d'abord toute spéculation oisive, considérer rapidement les uns après les autres les différents êtres que la nature leur présentait, et les combiner, pour ainsi dire, matériellement, par leurs propriétés les plus frappantes et les plus palpables. A cette première combinaison, il a dû en succéder une autre plus recherchée, mais toujours relative à leurs besoins, et qui a principalement consisté dans une étude plus approfondie de quelques propriétés moins sensibles, dans l'altération et la décomposition des corps, et dans l'usage qu'on en pouvait tirer.

Cependant, quelque chemin que les hommes dont nous parlons et leurs successeurs aient été capables de faire, excités par un objet aussi intéressant que celui de leur propre conservation, l'expérience et l'observation de ce vaste univers leur ont fait rencontrer bientôt des obstacles que leurs plus grands efforts n'ont pu franchir. L'esprit accoutumé à la méditation, et avide d'en tirer quelque fruit, a dû trouver alors une espèce de ressource dans la découverte des propriétés des corps uniquement curieuse, découverte qui ne connaît point de bornes. En effet, si un grand nombre de connaissances agréables suffisait pour consoler de la privation d'une vérité utile, on pourrait dire que l'étude de la Nature, quand elle nous refuse le nécessaire, fournit du moins avec profusion à nos plaisirs : c'est une espèce de superflu qui supplée, quoique très imparfaitement, à ce qui nous manque. De plus, dans l'ordre de nos besoins et des objets de nos passions, le plaisir tient une des premières places, et la curiosité est un besoin pour qui sait penser, surtout lorsque ce désir inquiet est animé par une sorte de dépit de ne pouvoir entièrement se satisfaire. Nous devons donc un grand nombre de connaissances simplement agréables à l'impuissance malheureuse où nous sommes d'acquérir celles qui nous seraient d'une plus grande nécessité. Un autre motif sert à nous soutenir dans un pareil travail; si l'utilité n'en est pas l'objet, elle peut en être au moins le prétexte. Il nous suffit d'avoir trouvé quelquefois un avantage réel dans certaines connaissances, où d'abord nous ne l'avions pas soupçonné, pour nous autoriser à regarder toutes les recherches de pure curiosité, comme pouvant un jour nous être utiles. Voilà l'origine et la cause des progrès de cette vaste science, appelée en général Physique ou étude de la Nature, qui comprend tant de parties différentes : l'agriculture et la médecine, qui l'ont principalement fait naître, n'en sont plus aujourd'hui que des branches. Aussi, quoique les plus essentielles et les premières de toutes, elles ont été plus ou moins en honneur à proportion qu'elles ont été plus ou moins étouffées et obscurcies par les autres.

Dans cette étude que nous faisons de la Nature, en partie par nécessité, en partie par amusement, nous remarquons que les corps ont un grand nombre de propriétés, mais tellement unies pour la plupart dans un même sujet, qu'afin de les étudier chacune plus à fond, nous sommes obligés de les considérer séparément. Par cette opération de notre esprit, nous découvrons bientôt des propriétés qui paraissent appartenir à tous les corps, comme la faculté de se mouvoir ou de rester en repos, et celle de se communiquer du mouvement, source des principaux changements que nous observons dans la Nature. L'examen de ces propriétés, et surtout de la dernière, aidé par nos propres sens, nous fait bientôt découvrir une autre propriété dont elles dépendent; c'est l'impénétrabilité, ou cette espèce de force par laquelle chaque corps en exclut tout autre du lieu qu'il occupe, de manière que deux corps rapprochés le plus qu'il est possible, ne peuvent jamais occuper un espace moindre que celui qu'ils remplissaient étant désunis. L'impénétrabilité est la propriété principale par laquelle nous distinguons les corps des parties de l'espace indéfini où nous imaginons qu'ils sont placés; du moins c'est ainsi que nos sens nous font juger; et s'ils nous trompent sur ce point, c'est une erreur si métaphysique, que notre existence et notre conservation n'en ont rien à craindre, et que nous y revenons continuellement comme malgré nous par notre manière ordinaire de concevoir. Tout nous porte à regarder l'espace comme le lieu des corps, sinon réel, au moins supposé; c'est en effet par le secours des parties de cet espace considérées comme pénétrables et immobiles, que nous parvenons à nous former l'idée la plus nette que nous puissions avoir du mouvement. Nous sommes donc comme naturellement contraints à distinguer, au moins par l'esprit, deux sortes d'étendue, dont l'une est impénétrable, et l'autre constitue le lieu des corps. Ainsi quoique l'impénétrabilité entre nécessairement dans l'idée que nous nous formons des portions de la matière, cependant comme c'est une propriété relative, c'est-à-dire dont nous n'avons l'idée qu'en examinant deux corps ensemble, nous nous accoutumons bientôt à la regarder comme distinguée de l'étendue, et à considérer celle-ci séparément de l'autre.

Par cette nouvelle considération nous ne voyons plus les corps que comme des parties figurées et étendues de l'espace; point de vue le plus général et le plus abstrait sous lequel nous puissions les envisager. Car l'étendue où nous ne distinguerions point de parties figurées, ne serait qu'un tableau lointain et obscur, où tout nous échapperait, parce qu'il nous serait impossible d'y rien discerner. La couleur et la figure, propriétés toujours attachées aux corps, quoique variables pour chacun d'eux, nous servent en quelque sorte à les détacher du fond de l'espace; l'une de ces deux propriétés est même suffisante à cet égard : aussi pour considérer les corps sous la forme la plus intellectuelle, nous préférons la figure à la couleur, soit parce que la figure nous est plus familière [1] étant à la fois connue par la vue et par le toucher, soit parce qu'il est plus facile de considérer dans un corps la figure sans la couleur, que la couleur sans la figure; soit enfin parce que la figure sert à fixer plus aisément et d'une manière moins vague, les parties de l'espace.

Nous voilà donc conduits à déterminer les propriétés de l'étendue, simplement en tant que figurée. C'est l'objet de la Géométrie, qui pour y parvenir plus facilement, considère d'abord l'étendue limitée par une seule dimension, ensuite par deux, et enfin sous les trois dimensions qui constituent l'essence du corps intelligible, c'est-à-dire d'une portion de l'espace terminée en tout sens par des bornes intellectuelles.

Ainsi, par des opérations et des abstractions successives de notre esprit, nous dépouillons la matière de presque toutes ses propriétés sensibles, pour n'envisager en quelque manière que son fantôme; et l'on doit sentir d'abord que les découvertes auxquelles

---

1. Encyclopédie : « nous est *la* plus familière ».

cette recherche nous conduit, ne pourront manquer d'être fort utiles toutes les fois qu'il ne sera point nécessaire d'avoir égard à l'impénétrabilité des corps : par exemple, lorsqu'il sera question d'étudier leur mouvement, en les considérant comme des parties de l'espace, figurées, mobiles, et distantes les unes des autres.

L'examen que nous faisons de l'étendue figurée nous présentant un grand nombre de combinaisons à faire, il est nécessaire d'inventer quelque moyen qui nous rende ces combinaisons plus faciles ; et comme elles consistent principalement dans le calcul et le rapport des différentes parties dont nous imaginons que les corps géométriques sont formés, cette recherche nous conduit bientôt à l'Arithmétique ou science des nombres. Elle n'est autre chose que l'art de trouver d'une manière abrégée l'expression d'un rapport unique qui résulte de la comparaison de plusieurs autres. Les différentes manières de comparer ces rapports donnent les différentes règles de l'Arithmétique.

De plus, il est bien difficile qu'en réfléchissant sur ces règles, nous n'apercevions certains principes ou propriétés générales des rapports, par le moyen desquelles nous pouvons, en exprimant ces rapports d'une manière universelle, découvrir les différentes combinaisons qu'on en peut faire. Les résultats de ces combinaisons, réduits sous une forme générale, ne seront en effet que des calculs arithmétiques indiqués, et représentés par l'expression la plus simple et la plus courte que puisse souffrir leur état de généralité. La science ou l'art de désigner ainsi les rapports est ce qu'on nomme Algèbre. Ainsi quoiqu'il n'y ait proprement de calcul possible que par les nombres, ni de grandeur mesurable que l'étendue (car sans l'espace nous ne pourrions mesurer exactement le temps) nous parvenons, en généralisant toujours nos idées, à cette partie principale des mathématiques, et de toutes les sciences naturelles, qu'on appelle Science des grandeurs en général; elle est le fondement de toutes les découvertes qu'on peut faire sur la quantité, c'est-à-dire sur tout ce qui est susceptible d'augmentation ou de diminution.

Cette science est le terme le plus éloigné où la contemplation des propriétés de la matière puisse nous conduire, et nous ne pourrions aller plus loin sans sortir tout à fait de l'univers matériel. Mais telle est la marche de l'esprit dans ses recherches, qu'après avoir généralisé ses perceptions jusqu'au point de ne pouvoir plus les décomposer davantage, il revient ensuite sur ses pas, recompose de nouveau ces [1] perceptions mêmes, et en forme peu à peu et par gradation, les êtres réels qui sont l'objet immédiat et direct de nos sensations. Ces êtres, immédiatement relatifs à nos besoins, sont aussi ceux qu'il nous importe le plus d'étudier; les abstractions mathématiques nous en facilitent la connaissance; mais elles ne sont utiles qu'autant qu'on ne s'y borne pas.

C'est pourquoi, ayant en quelque sorte épuisé par les spéculations géométriques les propriétés de l'étendue figurée, nous commençons par lui rendre l'impénétrabilité, qui constitue le corps physique, et qui était la dernière qualité sensible dont nous l'avions

---

1. Encyclopédie : « ses perceptions mêmes ».

dépouillé [1]. Cette nouvelle considération entraîne celle de l'action des corps les uns sur les autres, car les corps n'agissent qu'en tant qu'ils sont impénétrables ; et c'est de là que se déduisent les lois de l'équilibre et du mouvement, objet de la Mécanique. Nous étendons même nos recherches jusqu'au mouvement des corps animés par des forces ou causes motrices inconnues, pourvu que la loi suivant laquelle ces causes agissent soit connue ou supposée l'être.

Rentrés enfin tout à fait dans le monde corporel, nous apercevons bientôt l'usage que nous pouvons faire de la Géométrie et de la Mécanique, pour acquérir sur les propriétés des corps, les connaissances les plus variées et les plus profondes. C'est à peu près de cette manière que sont nées toutes les sciences appelées physico-mathématiques. On peut mettre à leur tête l'Astronomie, dont l'étude, après celle de nous-mêmes, est la plus digne de notre application par le spectacle magnifique qu'elle nous présente. Joignant l'observation au calcul, et les éclairant l'un [2] par l'autre, cette science détermine avec une exactitude digne d'admiration les distances et les mouvements les plus compliqués des corps célestes ; elle assigne jusqu'aux forces mêmes par lesquelles ces mouvements sont produits ou altérés. Aussi peut-on la regarder à juste titre comme l'application la plus sublime et la plus sûre de la Géométrie et de la Mécanique réunies ; et ses progrès comme le monument le plus incontestable du succès auquel l'esprit humain peut s'élever par ses efforts.

1. Encyclopédie : « dépouillée ».
2. Encyclopédie : « l'une par l'autre ».

2.

L'usage des connaissances mathématiques n'est pas moins grand dans l'examen des corps terrestres qui nous environnent. Toutes les propriétés que nous observons dans ces corps ont entre elles des rapports plus ou moins sensibles pour nous : la connaissance ou la découverte de ces rapports est presque toujours le seul objet auquel il nous soit permis d'atteindre, et le seul par conséquent que nous devions nous proposer. Ce n'est donc point par des hypothèses vagues et arbitraires que nous pouvons espérer de connaître la nature, c'est par l'étude réfléchie des phénomènes, par la comparaison que nous ferons des uns avec les autres, par l'art de réduire autant qu'il sera possible, un grand nombre de phénomènes à un seul qui puisse en être regardé comme le principe. En effet, plus on diminue le nombre des principes d'une science, plus on leur donne d'étendue ; puisque l'objet d'une science étant nécessairement déterminé, les principes appliqués à cet objet seront d'autant plus féconds qu'ils seront en plus petit nombre. Cette réduction, qui les rend d'ailleurs plus faciles à saisir, constitue le véritable esprit systématique, qu'il faut bien se garder de prendre pour l'esprit de système avec lequel il ne se rencontre pas toujours. Nous en parlerons plus au long dans la suite.

Mais, à proportion que l'objet qu'on embrasse est plus ou moins difficile et plus ou moins vaste, la réduction dont nous parlons est plus ou moins pénible : on est donc aussi plus ou moins en droit de l'exiger de ceux qui se livrent à l'étude de la Nature. L'aimant, par exemple, un des corps qui a été le plus étudié, et sur lequel on a fait des découvertes si surprenantes, a la propriété d'attirer le fer, celle de lui communiquer sa vertu, celle de se tourner vers les pôles du monde, avec une variation qui est elle-même sujette à des règles, et qui n'est pas moins étonnante que ne le serait une direction plus exacte; enfin la propriété de s'incliner en formant avec la ligne horizontale un angle plus ou moins grand, selon le lieu de la terre où il est placé. Toutes ces propriétés singulières, dépendantes de la nature de l'aimant, tiennent vraisemblablement à quelque propriété générale, qui en est l'origine, qui jusqu'ici nous est inconnue, et peut-être le restera longtemps. Au défaut d'une telle connaissance, et des lumières nécessaires sur la cause physique des propriétés de l'aimant, ce serait sans doute une recherche bien digne d'un philosophe, que de réduire, s'il était possible, toutes ces propriétés à une seule, en montrant la liaison qu'elles ont entre elles. Mais plus une telle découverte serait utile aux progrès de la physique, plus nous avons lieu de craindre qu'elle ne soit refusée à nos efforts. J'en dis autant d'un grand nombre d'autres phénomènes dont l'enchaînement tient peut-être au système général du monde.

La seule ressource qui nous reste donc dans une recherche si pénible, quoique si nécessaire, et même si agréable, c'est d'amasser le plus de faits qu'il nous est possible, de les disposer dans l'ordre le plus naturel, de les rappeler à un certain nombre de faits principaux dont les autres ne soient que des conséquences. Si nous osons quelquefois nous élever plus haut, que ce soit avec cette sage circonspection qui sied si bien à une vue aussi faible que la nôtre.

Tel est le plan que nous devons suivre dans cette vaste partie de la physique appelée Physique générale et expérimentale. Elle diffère des sciences physico-mathématiques, en ce qu'elle n'est proprement qu'un recueil raisonné d'expériences et d'observations; au lieu que celles-ci par l'application des calculs mathématiques à l'expérience, déduisent quelquefois d'une seule et unique observation un grand nombre de conséquences qui tiennent de bien près, par leur certitude, aux vérités géométriques. Ainsi une seule expérience sur la réflexion de la lumière donne toute la Catoptrique, ou science des propriétés des miroirs; une seule sur la réfraction de la lumière produit l'explication mathématique de l'arc-en-ciel, la théorie des couleurs, et toute la Dioptrique, ou science des propriétés des verres [1] concaves et convexes; d'une seule observation sur la pression des fluides, on tire toutes les lois de l'équilibre et du mouvement de ces corps; enfin une expérience unique sur l'accélération des corps qui tombent, fait découvrir les lois de leur chute sur des plans inclinés, et celles du mouvement des pendules.

Il faut avouer pourtant que les géomètres abusent quelquefois de cette application de l'algèbre à la physique. Au défaut d'expériences propres à servir de base à leur calcul, ils se permettent des hypothèses, les plus commodes à la vérité qu'il leur est possible; mais souvent très éloignées de ce qui est réellement dans la nature. On a voulu réduire en calcul jusqu'à

---

1. Encyclopédie : « ou *science des verres* concaves et convexes ».

l'art de guérir; et le corps humain, cette machine si compliquée, a été traité par nos médecins algébristes comme le serait la machine la plus simple ou la plus facile à décomposer. C'est une chose singulière de voir ces auteurs résoudre d'un trait de plume des problèmes d'hydraulique et de statique capables d'arrêter toute leur vie les plus grands géomètres. Pour nous, plus sages ou plus timides, contentons-nous d'envisager la plupart de ces calculs et de ces suppositions vagues comme des jeux d'esprit auxquels la Nature n'est pas obligée de se soumettre; et concluons que la seule vraie manière de philosopher en physique consiste ou dans l'application de l'analyse mathématique aux expériences, ou dans l'observation seule, éclairée par l'esprit de méthode, aidée quelquefois par des conjectures lorsqu'elles peuvent fournir des vues, mais sévèrement dégagée de toute hypothèse arbitraire.

Arrêtons-nous un moment ici, et jetons les yeux sur l'espace que nous venons de parcourir. Nous y remarquerons deux limites, où se trouvent, pour ainsi dire, concentrées presque toutes les connaissances certaines accordées à nos lumières naturelles. L'une de ces limites, celle d'où nous sommes partis, est l'idée de nous-mêmes, qui conduit à celle de l'Être tout-puissant, et de nos principaux devoirs. L'autre est cette partie des mathématiques qui a pour objet les propriétés générales des corps, de l'étendue et de la grandeur. Entre ces deux termes est un intervalle immense, où l'Intelligence suprême semble avoir voulu se jouer de la curiosité humaine, tant par les nuages qu'elle y a répandus sans nombre, que par quelques traits de lumière qui semblent s'échapper de distance en distance pour nous attirer. On pourrait comparer l'univers à certains ouvrages d'une obscurité sublime, dont les auteurs en s'abaissant quelquefois à la portée de celui qui les lit, cherchent à lui persuader qu'il entend tout à peu près. Heureux donc, si nous nous engageons dans ce labyrinthe, de ne point quitter la véritable route ! autrement les éclairs destinés à nous y conduire ne serviraient souvent qu'à nous en écarter davantage.

Il s'en faut bien d'ailleurs que le petit nombre de connaissances certaines sur lesquelles nous pouvons compter, et qui sont, si on peut s'exprimer de la sorte, reléguées aux deux extrémités de l'espace dont nous parlons, soit suffisant pour satisfaire à tous nos besoins. La nature de l'homme, dont l'étude est si nécessaire [1], est un mystère impénétrable à l'homme même, quand il n'est éclairé que par la raison seule; et les plus grands génies à force de réflexions sur une matière si importante, ne parviennent que trop souvent à en savoir un peu moins que le reste des hommes. On peut en dire autant de notre existence présente et future, de l'essence de l'Être auquel nous la devons, et du genre de culte qu'il exige de nous.

Rien ne nous est donc plus nécessaire qu'une Religion révélée qui nous instruise sur tant de divers objets. Destinée à servir de supplément à la connaissance naturelle, elle nous montre une partie de ce qui nous était caché; mais elle se borne à ce qu'il

---

1. Encyclopédie : « est si nécessaire *et si recommandée par Socrate*, est un mystère impénétrable ».

nous est absolument nécessaire de connaître ; le reste est fermé pour nous et apparemment le sera toujours. Quelques vérités à croire, un petit nombre de préceptes à pratiquer, voilà à quoi la Religion révélée se réduit : néanmoins à la faveur des lumières qu'elle a communiquées au monde, le peuple même est plus ferme et plus décidé sur un grand nombre de questions intéressantes, que ne l'ont été toutes les sectes [1] des philosophes.

A l'égard des sciences mathématiques, qui constituent la seconde des limites dont nous avons parlé, leur nature et leur nombre ne doivent point nous en imposer. C'est à la simplicité de leur objet qu'elles sont principalement redevables de leur certitude. Il faut même avouer que comme toutes les parties des mathématiques n'ont pas un objet également simple, aussi la certitude proprement dite, celle qui est fondée sur des principes nécessairement vrais et évidents par eux-mêmes, n'appartient ni également ni de la même manière à toutes ces parties. Plusieurs d'entre elles, appuyées sur des principes physiques, c'est-à-dire sur des vérités d'expérience ou sur de simples hypothèses, n'ont, pour ainsi dire, qu'une certitude d'expérience ou même de pure supposition. Il n'y a, pour parler exactement, que celles qui traitent du calcul des grandeurs et des propriétés générales de l'étendue, c'est-à-dire l'Algèbre, la Géométrie et la Mécanique, qu'on puisse regarder comme marquées au sceau de l'évidence. Encore y-a-t-il dans la lumière que ces sciences présentent à notre esprit, une espèce de

---

1. Encyclopédie : « que ne l'ont *été les sectes* des philosophes ».

gradation, et pour ainsi dire de nuance à observer. Plus l'objet qu'elles embrassent est étendu, et considéré d'une manière générale et abstraite, plus aussi leurs principes sont exempts de nuages ; c'est par cette raison que la Géométrie est plus simple que la Mécanique, et l'une et l'autre moins simples que l'Algèbre. Ce paradoxe n'en sera point un pour ceux qui ont étudié ces sciences en philosophes ; les notions les plus abstraites, celles que le commun des hommes regarde comme les plus inaccessibles, sont souvent celles qui portent avec elles une plus grande lumière : l'obscurité s'empare de nos idées à mesure que nous examinons dans un objet plus de propriétés sensibles. L'impénétrabilité, ajoutée à l'idée de l'étendue, semble ne nous offrir qu'un mystère de plus ; la nature du mouvement est une énigme pour les philosophes ; le principe métaphysique des lois de la percussion ne leur est pas moins caché ; en un mot plus ils approfondissent l'idée qu'ils se forment de la matière et des propriétés qui la représentent, plus cette idée s'obscurcit et paraît vouloir leur échapper.

On ne peut donc s'empêcher de convenir que l'esprit n'est pas satisfait au même degré par toutes les connaissances mathématiques ; allons plus loin, et examinons sans prévention à quoi ces connaissances se réduisent. Envisagées d'un premier coup d'œil, elles sont sans doute en fort grand nombre, et même en quelque sorte inépuisables ; mais lorsqu'après les avoir accumulées, on en fait le dénombrement philosophique, on s'aperçoit qu'on est en effet beaucoup moins riche qu'on ne croyait l'être. Je ne parle point ici du peu d'application et d'usage qu'on peut faire de plusieurs de ces vérités; ce serait peut-être un argument assez faible contre elles : je parle de ces vérités considérées en elles-mêmes. Qu'est-ce que la plupart de ces axiomes dont la géométrie est si orgueilleuse, si ce n'est l'expression d'une même idée simple par deux signes ou mots différents? Celui qui dit que deux et deux font quatre, a-t-il une connaissance de plus que celui qui se contenterait de dire que deux et deux font deux et deux? Les idées de tout, de partie, de plus grand et de plus petit, ne sont-elles pas à proprement parler, la même idée simple et individuelle, puisqu'on ne saurait avoir l'une sans que les autres se présentent toutes en même temps? Nous devons, comme l'ont observé quelques philosophes, bien des erreurs à l'abus des mots; c'est peut-être à ce même abus que nous devons les axiomes. Je ne prétends point cependant en condamner absolument l'usage : je veux seulement faire observer à quoi il se réduit; c'est à nous rendre les idées simples plus familières par l'habitude, et plus propres aux différents usages auxquels nous pouvons les appliquer. J'en dis à peu près autant, quoique avec les restrictions convenables, des théorèmes mathématiques. Considérés sans préjugé, ils se réduisent à un assez petit nombre de vérités primitives. Qu'on examine une suite de propositions de géométrie déduites les unes des autres, en sorte que deux propositions voisines se touchent immédiatement et sans aucun intervalle, on s'apercevra qu'elles ne sont toutes que la première proposition qui se défigure, pour ainsi dire, successivement et peu à peu dans le passage d'une conséquence à la suivante, mais qui pourtant n'a point été réellement multipliée par cet enchaînement, et n'a fait que recevoir différentes formes. C'est à peu près comme si on voulait exprimer cette proposition par le moyen d'une langue qui se serait insensiblement dénaturée, et qu'on l'exprimât successivement de diverses manières, qui représentassent les différents états par lesquels la langue a passé. Chacun de ces états se reconnaîtrait dans celui qui en serait immédiatement voisin; mais dans un état plus éloigné, on ne le démêlerait plus, quoiqu'il fût toujours dépendant de ceux qui l'auraient précédé, et destiné à transmettre les mêmes idées. On peut donc regarder l'enchaînement de plusieurs vérités géométriques comme des traductions plus ou moins différentes et plus ou moins compliquées de la même proposition, et souvent de la même hypothèse. Ces traductions sont au reste fort avantageuses par les divers usages qu'elles nous mettent à portée de faire du théorème qu'elles expriment; usages plus ou moins estimables à proportion de leur importance et de leur étendue. Mais en convenant du mérite réel de la traduction mathématique d'une proposition, il faut reconnaître aussi que ce mérite réside originairement dans la proposition même. C'est ce qui doit nous faire [1] sentir combien nous sommes redevables aux génies inventeurs qui, en découvrant quelqu'une de ces vérités fondamentales, source, et pour ainsi dire, original d'un grand nombre d'autres, ont réellement enrichi la géométrie, et étendu son domaine.

Il en est de même des vérités physiques et des propriétés des corps dont nous apercevons la liaison.

---

1. Encyclopédie : « c'est ce qui *nous* doit faire ».

Toutes ces propriétés bien rapprochées ne nous offrent, à proprement parler, qu'une connaissance simple et unique. Si d'autres en plus grand nombre sont détachées pour nous, et forment des vérités différentes, c'est à la faiblesse de nos lumières que nous devons ce triste avantage; et l'on peut dire que notre abondance à cet égard est l'effet de notre indigence même. Les corps électriques dans lesquels on a découvert tant de propriétés singulières, mais qui ne paraissent pas tenir l'une à l'autre, sont peut-être en un sens les corps les moins connus, parce qu'ils paraissent l'être davantage. Cette vertu qu'ils acquièrent étant frottés, d'attirer de petits corpuscules, et celle de produire dans les animaux une commotion violente, sont deux choses pour nous; c'en serait une seule si nous pouvions remonter à la première cause. L'univers, pour qui saurait l'embrasser d'un seul point de vue, ne serait, s'il est permis de le dire, qu'un fait unique et une grande vérité.

Les différentes connaissances, tant utiles qu'agréables, dont nous avons parlé jusqu'ici, et dont nos besoins ont été la première origine, ne sont pas les seules que l'on ait dû cultiver. Il en est d'autres qui leur sont relatives, et auxquelles par cette raison les hommes se sont appliqués dans le même temps qu'ils se livraient aux premières. Aussi nous aurions en même temps parlé de toutes, si nous n'avions cru plus à propos et plus conforme à l'ordre philosophique de ce Discours, d'envisager d'abord sans interruption l'étude générale que les hommes ont faite des corps, parce que cette étude est celle par laquelle ils ont commencé, quoique d'autres s'y soient bientôt jointes.

Voici à peu près dans quel ordre ces dernières ont dû se succéder.

L'avantage que les hommes ont trouvé à étendre la sphère de leurs idées, soit par leurs propres efforts, soit par le secours de leurs semblables, leur a fait penser qu'il serait utile de réduire en art la manière même d'acquérir des connaissances, et celle de se communiquer réciproquement leurs propres pensées; cet art a donc été trouvé, et nommé Logique. Il enseigne à ranger les idées dans l'ordre le plus naturel, à en former la chaîne la plus immédiate, à décomposer celles qui en renferment un trop grand nombre de simples, à les envisager par toutes leurs faces, enfin à les présenter aux autres sous une forme qui les leur rende faciles à saisir. C'est en cela que consiste cette science du raisonnement qu'on regarde avec raison comme la clef de toutes nos connaissances. Cependant il ne faut pas croire qu'elle tienne le premier rang dans l'ordre de l'invention. L'art de raisonner est un présent que la Nature fait d'elle-même aux bons esprits; et on peut dire que les livres qui en traitent ne sont guère utiles qu'à celui qui se peut[1] passer d'eux. On a fait un grand nombre de raisonnements justes, longtemps avant que la logique réduite en principes apprît à démêler les mauvais, ou même à les pallier quelquefois par une forme subtile et trompeuse.

Cet art si précieux de mettre dans les idées l'enchaînement convenable, et de faciliter en conséquence le passage des unes aux autres[2], fournit en

1. Encyclopédie : « qui peut *se* passer ».
2. Encyclopédie : « le passage *de l'une à l'autre* ».

quelque manière le moyen de rapprocher jusqu'à un certain point, les hommes qui paraissent différer le plus. En effet, toutes nos connaissances se réduisent primitivement à des sensations, qui sont à peu près les mêmes dans tous les hommes; et l'art de combiner et de rapprocher des idées directes, n'ajoute proprement à ces mêmes idées, qu'un arrangement plus ou moins exact, et une énumération qui peut être rendue plus ou moins sensible aux autres. L'homme qui combine aisément des idées, ne diffère guère de celui qui les combine avec peine, que comme celui qui juge tout d'un coup d'un tableau en l'envisageant, diffère de celui qui a besoin pour l'apprécier qu'on lui en fasse observer successivement toutes les parties : l'un et l'autre en jetant un premier coup d'œil, ont eu les mêmes sensations, mais elles n'ont fait, pour ainsi dire, que glisser sur le second; et il n'eût fallu que l'arrêter et le fixer plus longtemps sur chacune, pour l'amener au même point où l'autre s'est trouvé tout d'un coup. Par ce moyen, les idées réfléchies du premier seraient devenues aussi à portée du second, que des [1] idées directes. Ainsi il est peut-être vrai de dire qu'il n'y a presque point de science ou d'art dont on ne pût à la rigueur, et avec une bonne logique, instruire l'esprit le plus borné; parce qu'il y en a peu dont les propositions ou les règles ne puissent être réduites à des notions simples, et disposées entre elles dans un ordre si immédiat, que la chaîne ne se trouve nulle part interrompue. La lenteur plus ou moins grande des opérations de l'esprit exige plus

1. Encyclopédie : « *les* ».

ou moins cette chaîne, et l'avantage des plus grands génies se réduit à en avoir moins besoin que les autres, ou plutôt à la former rapidement et presque sans s'en apercevoir.

La science de la communication des idées ne se borne pas à mettre de l'ordre dans les idées mêmes; elle doit apprendre encore à exprimer chaque idée de la manière la plus nette qu'il est possible, et par conséquent à perfectionner les signes qui sont destinés à la rendre : c'est aussi ce que les hommes ont fait peu à peu. Les langues, nées avec les sociétés, n'ont sans doute été d'abord qu'une collection assez bizarre de signes de toute espèce, et les corps naturels qui tombent sous nos sens, ont été en conséquence les premiers objets que l'on ait désignés par des noms. Mais autant qu'il est permis d'en juger, les langues dans cette première formation [1], destinée à l'usage le plus pressant, ont dû être fort imparfaites, peu abondantes, et assujetties à bien peu de principes certains; et les arts ou les sciences absolument nécessaires pouvaient avoir fait beaucoup de progrès, lorsque les règles de la diction et du style étaient encore à naître. La communication des idées ne souffrait pourtant guère de ce défaut de règles, et même de la disette de mots; ou plutôt elle n'en souffrait qu'autant qu'il était nécessaire pour obliger chacun des hommes à augmenter ses propres connaissances par un travail opiniâtre, sans trop se reposer sur les autres. Une communication trop facile peut tenir quelquefois l'âme engourdie, et nuire aux efforts

---

1. Encyclopédie : « dans cette première *origine* ».

dont elle serait capable. Qu'on jette les yeux sur les prodiges des aveugles-nés, et des sourds et muets de naissance; on verra ce que peuvent produire les ressorts de l'esprit, pour peu qu'ils soient vifs et mis en action par des difficultés à vaincre.

Cependant la facilité de rendre et de recevoir des idées par un commerce mutuel, ayant aussi de son côté des avantages incontestables, il n'est pas surprenant que les hommes aient cherché de plus en plus à augmenter cette facilité. Pour cela, ils ont commencé par réduire les signes aux mots, parce qu'ils sont, pour ainsi dire, les symboles que l'on a le plus aisément sous la main. De plus, l'ordre de la génération des mots a suivi l'ordre des opérations de l'esprit : après les individus, on a nommé les qualités sensibles, qui, sans exister par elles-mêmes, existent dans ces individus, et sont communes à plusieurs : peu à peu l'on est enfin venu à ces termes abstraits, dont les uns servent à lier ensemble les idées, d'autres à désigner les propriétés générales des corps, d'autres à exprimer des notions purement spirituelles. Tous ces termes que les enfants sont si longtemps à apprendre, ont coûté sans doute encore plus de temps à trouver. Enfin réduisant l'usage des mots en préceptes, on a formé la Grammaire, que l'on peut regarder comme une des branches de la Logique. Eclairée par une Métaphysique fine et déliée, elle démêle les nuances des idées, apprend à distinguer ces nuances par des signes différents, donne des règles pour faire de ces signes l'usage le plus avantageux, découvre souvent, par cet esprit philosophique qui remonte à la source de tout, les raisons du choix bizarre en apparence qui fait préférer un signe à un autre, et ne laisse enfin à ce caprice national qu'on appelle usage que ce qu'elle ne peut absolument lui ôter.

Les hommes en se communiquant leurs idées, cherchent aussi à se communiquer leurs passions. C'est par l'Éloquence qu'ils y parviennent. Faite pour parler au sentiment, comme la Logique et la Grammaire parlent à l'esprit, elle impose silence à la raison même; et les prodiges qu'elle opère souvent entre les mains d'un seul sur toute une nation, sont peut-être le témoignage le plus éclatant de la supériorité d'un homme sur un autre. Ce qu'il y a de singulier, c'est qu'on ait cru suppléer par des règles à un talent si rare. C'est à peu près comme si on eût voulu réduire le génie en préceptes. Celui qui a prétendu le premier qu'on devait les orateurs à l'art, ou n'était pas du nombre, ou était bien ingrat envers la nature. Elle seule peut créer un homme éloquent; les hommes sont le premier livre qu'il doive étudier pour réussir, les grands modèles sont le second; et tout ce que ces écrivains illustres nous ont laissé de philosophique et de réfléchi sur le talent de l'orateur, ne prouve que la difficulté de leur ressembler. Trop éclairés pour prétendre ouvrir la carrière, ils ne voulaient sans doute qu'en marquer les écueils. A l'égard de ces puérilités pédantesques qu'on a honorées du nom de Rhétorique, ou plutôt qui n'ont servi qu'à rendre ce nom ridicule, et qui sont à l'art oratoire ce que la scolastique est à la vraie philosophie, elles ne sont propres qu'à donner de l'Éloquence l'idée la plus fausse et la plus barbare. Cependant quoiqu'on commence assez universellement à en reconnaître l'abus [1], la possession où elles sont depuis longtemps de former une branche distinguée de la connaissance humaine, ne permet pas encore de les en bannir : pour l'honneur de notre discernement, le temps en viendra peut-être un jour.

Ce n'est pas assez pour nous de vivre avec nos contemporains, et de les dominer. Animés par la curiosité et par l'amour-propre, et cherchant par une avidité naturelle à embrasser à la fois le passé, le présent et l'avenir, nous désirons en même temps de vivre avec ceux qui nous suivront, et d'avoir vécu avec ceux qui nous ont précédés. De là l'origine et l'étude de l'Histoire, qui nous unissant aux siècles passés par le spectacle de leurs vices et de leurs vertus, de leurs connaissances et de leurs erreurs, transmet les nôtres aux siècles futurs. C'est là qu'on apprend à n'estimer les hommes que par le bien qu'ils font, et non par l'appareil imposant qui les environne [2] : les souverains, ces hommes assez malheureux pour que tout conspire à leur cacher la vérité, peuvent eux-mêmes se juger d'avance à ce tribunal intègre et terrible ; le témoignage que rend l'histoire à ceux de leurs prédécesseurs qui leur ressemblent, est l'image de ce que la postérité dira d'eux.

La Chronologie et la Géographie sont les deux rejetons et les deux soutiens de la science dont nous parlons : l'une [3] place les hommes dans le temps ;

---

1. Encyclopédie : « cependant quoiqu'on *convienne* assez universellement ».
2. Encyclopédie : « qui les *entoure* ».
3. Encyclopédie : « l'une, *pour ainsi dire* place ».

l'autre les distribue sur notre globe. Toutes deux tirent un grand secours de l'histoire de la terre et de celle des cieux, c'est-à-dire des faits historiques, et des observations célestes; et s'il était permis d'emprunter ici le langage des poètes, on pourrait dire que la science des temps et celle des lieux sont filles de l'Astronomie et de l'Histoire.

Un des principaux fruits de l'étude des empires et de leurs révolutions, est d'examiner comment les hommes, séparés, pour ainsi dire, en plusieurs grandes familles, ont formé diverses sociétés; comment ces différentes sociétés ont donné naissance aux différentes espèces de gouvernements; comment elles ont cherché à se distinguer les unes des autres, tant par les lois qu'elles se sont données, que par les signes particuliers que chacune a imaginés pour que ses membres communiquassent plus facilement entre eux. Telle est la source de cette diversité de langues et de lois, qui est devenue pour notre malheur un objet considérable d'étude. Telle est encore l'origine de la Politique, espèce de morale d'un genre particulier et supérieur, à laquelle les principes de la Morale ordinaire ne peuvent quelquefois s'accommoder qu'avec beaucoup de finesse, et qui pénétrant dans les ressorts principaux du gouvernement des États, démêle ce qui peut les conserver, les affaiblir ou les détruire : étude peut-être la plus difficile de toutes, par les connaissances [1] qu'elle exige qu'on ait sur les peuples et sur les hommes, et par l'étendue

1. Encyclopédie : « par les connaissances *profondes des peuples et des hommes* qu'elle exige, et par l'étendue et la variété des talents qu'elle suppose ».

et la variété des talents qu'elle suppose; surtout quand le politique ne veut point oublier que la loi naturelle, antérieure à toutes les conventions particulières, est aussi la première loi des peuples, et que pour être homme d'État, on ne doit point cesser d'être homme.

Voilà les branches principales de cette partie de la connaissance humaine, qui consiste ou dans les idées directes que nous avons reçues par les sens, ou dans la combinaison et la comparaison de ces idées, combinaison qu'en général on appelle *Philosophie*. Ces branches se subdivisent en une infinité d'autres dont l'énumération serait immense et appartient plus à l'*Encyclopédie* même [1] qu'à sa préface.

La première opération de la réflexion consistant à rapprocher et à unir les notions directes, nous avons dû commencer dans ce Discours par envisager la réflexion de ce côté-là, et parcourir les différentes sciences qui en résultent. Mais les notions formées par la combinaison des idées primitives ne sont pas les seules dont notre esprit soit capable. Il est une autre espèce de connaissances réfléchies, dont nous devons maintenant parler. Elles consistent dans les idées que nous nous formons à nous-mêmes, en imaginant et en composant des êtres semblables à ceux qui sont l'objet de nos idées directes : c'est ce qu'on appelle l'imitation de la Nature, si connue et si recommandée par les anciens. Comme les idées directes qui nous frappent le plus vivement sont celles dont nous conservons le plus aisément le souvenir,

---

1. Encyclopédie : « et appartient plus à *cet ouvrage* même ».

ce sont aussi celles que nous cherchons le plus à réveiller en nous par l'imitation de leurs objets. Si les objets agréables nous frappent plus étant réels que simplement représentés, ce qu'ils perdent d'agrément [1] en ce dernier cas est en quelque manière compensé par celui qui résulte du plaisir de l'imitation. A l'égard des objets qui n'exciteraient, étant réels, que des sentiments tristes ou tumultueux, leur imitation est plus agréable que les objets mêmes, parce qu'elle nous place à cette juste distance, où nous éprouvons le plaisir de l'émotion sans en ressentir le désordre. C'est dans cette imitation des objets capables d'exciter en nous des sentiments vifs ou agréables, de quelque nature qu'ils soient, que consiste en général l'imitation de la belle Nature, sur laquelle tant d'auteurs ont écrit sans en donner d'idée nette; soit parce que la belle Nature ne se démêle que par un sentiment exquis, soit aussi parce que dans cette matière les limites qui distinguent l'arbitraire du vrai ne sont pas encore bien fixées, et laissent quelque espace libre à l'opinion.

A la tête des connaissances qui consistent dans l'imitation, doivent être placées la Peinture et la Sculpture, parce que ce sont celles de toutes où l'imitation approche le plus des objets qu'elle représente, et parle le plus directement aux sens. On peut y joindre cet art, né de la nécessité et perfectionné par le luxe, l'Architecture, qui s'étant élevée par degrés des chaumières aux palais, n'est aux yeux du

---

1. Encyclopédie : « représentés, *ce déchet* d'agrément est en quelque manière ».

philosophe, si on peut parler ainsi, que le masque embelli d'un de nos plus grands besoins. L'imitation de la belle Nature y est moins frappante et plus resserrée que dans les deux autres arts dont nous venons de parler; ceux-ci expriment indifféremment et sans restriction toutes les parties de la belle Nature, et la représentent telle qu'elle est, uniforme ou variée; l'Architecture au contraire se borne à imiter par l'assemblage et l'union des différents corps qu'elle emploie, l'arrangement symétrique que la nature observe plus ou moins sensiblement dans chaque individu, et qui contraste si bien avec la belle variété du tout ensemble.

La Poésie qui vient après la Peinture et la Sculpture, et qui n'emploie pour l'imitation que les mots disposés suivant une harmonie agréable à l'oreille, parle plutôt à l'imagination qu'aux sens; elle lui représente d'une manière vive et touchante les objets qui composent cet univers, et semble plutôt les créer que les peindre, par la chaleur, le mouvement, et la vie qu'elle sait leur donner. Enfin la Musique, qui parle à la fois à l'imagination et aux sens, tient le dernier rang dans l'ordre de l'imitation ; non que son imitation soit moins parfaite dans les objets qu'elle se propose de représenter, mais parce qu'elle semble bornée jusqu'ici à un plus petit nombre d'images; ce qu'on doit moins attribuer à sa nature, qu'à trop peu d'invention et de ressources dans la plupart de ceux qui la cultivent. Il ne sera pas inutile de faire sur cela quelques réflexions. La musique, qui dans son origine n'était peut-être destinée à représenter que du bruit, est devenue peu à peu une espèce de discours ou même de langue, par laquelle on exprime les différents sentiments de l'âme, ou plutôt ses différentes passions : mais pourquoi réduire cette expression aux passions seules, et ne pas l'étendre, autant qu'il est possible, jusqu'aux sensations mêmes? Quoique les perceptions que nous recevons par divers organes diffèrent entre elles autant que leurs objets, on peut néanmoins les comparer sous un autre point de vue qui leur est commun, c'est-à-dire par la situation de plaisir ou de trouble où elles mettent notre âme. Un objet effrayant, un bruit terrible, produisent chacun en nous une émotion par laquelle nous pouvons jusqu'à un certain point les rapprocher, et que nous désignons souvent dans l'un et l'autre cas, ou par le même nom, ou par des noms synonymes. Je ne vois donc point pourquoi un musicien qui aurait à peindre un objet effrayant, ne pourrait pas y réussir en cherchant dans la nature l'espèce de bruit qui peut produire en nous l'émotion la plus semblable à celle que cet objet y excite. J'en dis autant des sensations agréables. Penser autrement, ce serait vouloir resserrer les bornes de l'art et de nos plaisirs. J'avoue que la peinture dont il s'agit, exige une étude fine et approfondie des nuances qui distinguent nos sensations; mais aussi ne faut-il pas espérer que ces nuances soient démêlées par un talent ordinaire. Saisies par l'homme de génie, senties par l'homme de goût, aperçues par l'homme d'esprit, elles sont perdues pour la multitude. Toute musique qui ne peint rien, n'est que du bruit; et sans l'habitude qui dénature tout, elle ne ferait guère plus de plaisir qu'une suite de mots harmonieux et sonores dénués d'ordre et de liaison. Il est vrai qu'un musicien attentif à tout peindre, nous présenterait dans plusieurs circonstances des tableaux d'harmonie qui ne seraient point faits pour des sens vulgaires; mais tout ce qu'on en doit conclure, c'est qu'après avoir fait un art d'apprendre la musique, on devrait bien en faire un de l'écouter.

Nous terminerons ici l'énumération de nos principales connaissances. Si on les envisage maintenant toutes ensemble, et qu'on cherche les points de vue généraux qui peuvent servir à les discerner, on trouve que les unes purement pratiques ont pour but l'exécution de quelque chose; que d'autres simplement spéculatives se bornent à l'examen de leur objet, et à la contemplation de ses propriétés; qu'enfin d'autres tirent de l'étude spéculative de leur objet l'usage qu'on en peut faire dans la pratique. La spéculation et la pratique constituent la principale différence qui distingue les *Sciences* d'avec les *Arts*; et c'est à peu près en suivant cette notion qu'on a donné l'un ou l'autre nom à chacune de nos connaissances. Il faut cependant avouer que nos idées ne sont pas encore bien fixées sur ce sujet. On ne sait souvent quel nom donner à la plupart des connaissances où la spéculation se réunit à la pratique; et l'on dispute, par exemple, tous les jours dans les écoles, si la Logique est un art ou une science : le problème serait bientôt résolu, en répondant qu'elle est à la fois l'une et l'autre. Qu'on s'épargnerait de questions et de peines si on déterminait enfin la signification des mots d'une manière nette et précise!

On peut en général donner le nom d'*Art* à tout

système de connaissances qu'il est permis[1] de réduire à des règles positives, invariables et indépendantes du caprice ou de l'opinion, et il serait permis de dire en ce sens, que plusieurs de nos sciences sont des arts, étant envisagées par leur côté pratique. Mais comme il y a des règles pour les opérations de l'esprit ou de l'âme, il y en a aussi pour celles du corps, c'est-à-dire pour celles qui bornées aux corps extérieurs, n'ont besoin que de la main seule pour être exécutées. De là la distinction des arts en libéraux et en mécaniques, et la supériorité qu'on accorde aux premiers sur les seconds. Cette supériorité est sans doute injuste à plusieurs égards. Néanmoins parmi les préjugés, tout ridicules qu'ils peuvent être, il n'en est point qui n'ait sa raison, ou pour parler plus exactement, son origine; et la philosophie souvent impuissante pour corriger les abus, peut au moins en démêler la source. La force du corps ayant été le premier principe qui a rendu inutile le droit que tous les hommes avaient d'être égaux, les plus faibles, dont le nombre est toujours le plus grand, se sont joints ensemble pour la réprimer. Ils ont donc établi par le secours des lois et des différentes sortes de gouvernements, une inégalité de convention dont la force a cessé d'être le principe. Cette dernière inégalité étant bien affermie, les hommes en se réunissant avec raison pour la conserver, n'ont pas laissé de réclamer secrètement contre elle par ce désir de supériorité que rien n'a pu détruire en eux. Ils ont

---

1. Encyclopédie : « qu'il est *possible* de réduire ». Même texte dans l'édition de 1759.

donc cherché une sorte de dédommagement dans une inégalité moins arbitraire ; et la force corporelle, enchaînée par les lois, ne pouvant plus offrir aucun moyen de supériorité, ils ont été réduits à chercher dans la différence des esprits un principe d'inégalité aussi naturel, plus paisible, et plus utile à la société. Ainsi la partie la plus noble de notre être s'est en quelque manière vengée des premiers avantages que la partie la plus vile avait usurpés ; et les talents de l'esprit ont été généralement reconnus pour supérieurs à ceux du corps. Les arts mécaniques, dépendant d'une opération manuelle, et asservis, qu'on me permette ce terme, à une espèce de routine, ont été abandonnés à ceux d'entre les hommes que les préjugés ont placés dans la classe la plus inférieure. L'indigence qui a forcé ces hommes à s'appliquer à un pareil travail, plus souvent que le goût et le génie ne les y ont entraînés, est devenue ensuite une raison pour les mépriser, tant elle nuit à tout ce qui l'accompagne. A l'égard des opérations libres de l'esprit, elles ont été le partage de ceux qui se sont crus sur ce point les plus favorisés de la nature. Cependant l'avantage que les arts libéraux ont sur les arts mécaniques, par le travail que les premiers exigent de l'esprit, et par la difficulté d'y exceller, est suffisamment compensé par l'utilité bien supérieure que les derniers nous procurent pour la plupart. C'est cette utilité même qui a forcé de les réduire à des opérations purement machinales, pour en faciliter la pratique à un plus grand nombre d'hommes. Mais la société en respectant avec justice les grands génies qui l'éclairent, ne doit point avilir les mains qui la servent. La découverte de la boussole n'est pas moins avantageuse au genre humain, que ne le serait à la physique l'explication des propriétés de cette aiguille. Enfin, à considérer en lui-même le principe de la distinction dont nous parlons, combien de savants prétendus dont la science n'est proprement qu'un art mécanique? et quelle différence réelle y a-t-il entre une tête remplie de faits sans ordre, sans usage et sans liaison, et l'instinct d'un artisan réduit à l'exécution machinale?

Le mépris qu'on a pour les arts mécaniques semble avoir influé jusqu'à un certain point sur leurs[1] inventeurs mêmes. Les noms de ces bienfaiteurs du genre humain sont presque tous inconnus, tandis que l'histoire de ses destructeurs, c'est-à-dire des conquérants, n'est ignorée de personne. Cependant c'est peut-être chez les artisans qu'il faut aller chercher les preuves les plus admirables de la sagacité de l'esprit, de sa patience et de ses ressources. J'avoue que la plupart des arts n'ont été inventés que peu à peu, et qu'il a fallu une assez longue suite de siècles pour porter les montres, par exemple, au point de perfection où nous les voyons. Mais n'en est-il pas de même des sciences? Combien de découvertes qui ont immortalisé leurs[2] auteurs, avaient été préparées par les travaux des siècles précédents, souvent même amenées à leur maturité, au point de ne demander plus qu'un pas à faire? Et pour ne point sortir de l'horlogerie, pourquoi ceux à qui nous devons la fusée

---

1. Encyclopédie : « sur *les* inventeurs mêmes ». Même texte dans l'édition de 1759.
2. Encyclopédie : « *les* auteurs ».

des montres, l'échappement et la répétition, ne sont-ils pas aussi estimés que ceux qui ont travaillé successivement à perfectionner l'algèbre? D'ailleurs, si j'en crois quelques philosophes que le mépris de la multitude pour les arts n'a point empêchés de les étudier, il est certaines machines si compliquées, et dont toutes les parties dépendent tellement l'une de l'autre, qu'il est difficile que l'invention en soit due à plus d'un seul homme. Ce génie rare dont le nom est enseveli dans l'oubli, n'eût-il pas été bien digne d'être placé à côté du petit nombre d'esprits créateurs, qui nous ont ouvert dans les sciences des routes nouvelles?

Parmi les arts libéraux qu'on a réduits à des principes, ceux qui se proposent l'imitation de la Nature, ont été appelés Beaux-Arts, parce qu'ils ont principalement l'agrément pour objet. Mais ce n'est pas la seule chose qui les distingue des arts libéraux plus nécessaires ou plus utiles, comme la Grammaire, la Logique et la Morale. Ces derniers ont des règles fixes et arrêtées, que tout homme peut transmettre à un autre : au lieu que la pratique des Beaux-Arts consiste principalement dans une invention qui ne prend guère ses lois que du génie; les règles qu'on a écrites sur ces arts n'en sont proprement que la partie mécanique; elles produisent à peu près l'effet du télescope, elles n'aident que ceux qui voient.

Il résulte de tout ce que nous avons dit jusqu'ici que les différentes manières dont notre esprit opère sur les objets, et les différents usages qu'il tire de ces objets mêmes, sont le premier moyen qui se présente à nous pour discerner en général nos connaissances les unes des autres. Tout s'y rapporte à nos besoins, soit de nécessité absolue, soit de convenance et d'agrément, soit même d'usage et de caprice. Plus les besoins sont éloignés ou difficiles à satisfaire, plus les connaissances destinées à cette fin sont lentes à paraître. Quels progrès la Médecine n'aurait-elle pas faits aux dépens des sciences de pure spéculation, si elle était aussi certaine que la Géométrie? Mais il est encore d'autres caractères très marqués dans la manière dont nos connaissances nous affectent et dans les différents jugements que notre âme porte de ces idées. Ces jugements sont désignés par les mots d'évidence, de certitude, de probabilité, de sentiment et de goût.

L'évidence appartient proprement aux idées dont l'esprit aperçoit la liaison tout d'un coup; la certitude à celles dont la liaison ne peut être connue que par le secours d'un certain nombre d'idées intermédiaires, ou, ce qui est la même chose, aux propositions dont l'identité avec un principe évident par lui-même, ne peut être découverte que par un circuit plus ou moins long; d'où il s'ensuit[1] que selon la nature des esprits, ce qui est évident pour l'un peut quelquefois n'être que certain[2] pour un autre. On pourrait encore dire, en prenant les mots d'évidence et de certitude dans un autre sens, que la première est le résultat des opérations seules de l'esprit, et se rapporte aux opérations[3] métaphysiques et mathématiques; et que la

---

1. Encyclopédie : « d'où il s'ensuivrait ».
2. Encyclopédie : « ce qui est évident pour l'un *ne serait* quelquefois que certain ». Même texte dans l'édition de 1759.
3. Encyclopédie : « et se rapporte aux *spéculations* ».

seconde est plus propre aux objets physiques, dont la connaissance est le fruit du rapport constant et invariable de nos sens. La probabilité a principalement lieu pour les faits historiques, et en général pour tous les événements passés, présents et à venir, que nous attribuons à une sorte de hasard, parce que nous n'en démêlons pas les causes. La partie de cette connaissance qui a pour objet le présent et le passé, quoiqu'elle ne soit fondée que sur le simple témoignage, produit souvent en nous une persuasion aussi forte que celle qui nait des axiomes. Le sentiment est de deux sortes. L'un destiné aux vérités de morale, s'appelle conscience; c'est une suite de la loi naturelle et de l'idée que nous avons du bien et du mal; et on pourrait le nommer évidence du cœur, parce que tout différent qu'il est de l'évidence de l'esprit attachée aux vérités spéculatives, il nous subjugue avec le même empire. L'autre espèce de sentiment est particulièrement affectée à l'imitation de la belle Nature et à ce qu'on appelle beautés d'expression. Il saisit avec transport les beautés sublimes et frappantes, démêle avec finesse les beautés cachées, et proscrit ce qui n'en a que l'apparence. Souvent même il prononce des arrêts sévères sans se donner la peine d'en détailler les motifs, parce que ces motifs dépendent d'une foule d'idées difficiles à développer sur-le-champ, et plus encore à transmettre aux autres. C'est à cette espèce de sentiment que nous devons le goût et le génie, distingués l'un de l'autre en ce que le génie est le sentiment qui crée, et le goût, le sentiment qui juge.

Après le détail où nous sommes entrés sur les différentes parties de nos connaissances et sur les caractères qui les distinguent, il ne nous reste plus qu'à former un arbre généalogique ou encyclopédique qui les rassemble sous un même point de vue, et qui serve à marquer leur origine et les liaisons qu'elles ont entre elles. Nous expliquerons dans un moment l'usage que nous prétendons faire de cet arbre. Mais l'exécution n'en est pas sans difficulté. Quoique l'histoire philosophique que nous venons de donner de l'origine de nos idées soit fort utile pour faciliter un pareil travail, il ne faut pas croire que l'arbre encyclopédique doive ni puisse même être servilement assujetti à cette histoire. Le système général des sciences et des arts est une espèce de labyrinthe, de chemin tortueux, où l'esprit s'engage sans trop connaître la route qu'il doit tenir. Pressé par ses besoins et par ceux du corps auquel il est uni, il étudie d'abord les premiers objets qui se présentent à lui; pénètre le plus avant qu'il peut dans la connaissance de ces objets; rencontre bientôt des difficultés qui l'arrêtent, et soit par l'espérance ou même par le désespoir de les vaincre, se jette dans une nouvelle route; revient ensuite sur ses pas; franchit quelquefois les premières barrières pour en rencontrer de nouvelles; et passant rapidement d'un objet à un autre, fait sur chacun de ces objets à différents intervalles et comme par secousses, une suite d'opérations dont [1] la discontinuité est un effet nécessaire de la génération même de ses idées. Mais ce désordre, tout philosophique

---

1. Encyclopédie : « *dont la génération même de ses idées rend la discontinuité nécessaire.* Mais ce désordre, etc. »

qu'il est de la part de l'esprit[1], défigurerait, ou plutôt anéantirait entièrement un arbre encyclopédique dans lequel on voudrait le représenter.

D'ailleurs, comme nous l'avons déjà fait sentir au sujet de la Logique, la plupart des sciences qu'on regarde comme renfermant les principes de toutes les autres, et qui doivent par cette raison occuper les premières places dans l'ordre encyclopédique, n'observent pas le même rang dans l'ordre généalogique des idées, parce qu'elles n'ont pas été inventées les premières. En effet, notre étude primitive a dû être celle des individus; ce n'est qu'après avoir considéré leurs propriétés particulières et palpables, que nous avons, par abstraction de notre esprit, envisagé leurs propriétés générales et communes, et formé la Métaphysique et la Géométrie; ce n'est qu'après un long usage des premiers signes, que nous avons perfectionné l'art de ces signes au point d'en faire une science; ce n'est enfin qu'après une longue suite d'opérations sur les objets de nos idées que nous avons par la réflexion donné des règles à ces opérations mêmes.

Enfin le système de nos connaissances est composé de différentes branches, dont plusieurs ont un même point de réunion; et comme en partant de ce point il n'est pas possible de s'engager à la fois dans toutes les routes, c'est la nature des différents esprits qui détermine le choix. Aussi est-il assez rare qu'un même esprit en parcoure à la fois un grand nombre. Dans l'étude de la nature, les hommes se sont d'abord

---

1. Encyclopédie : « de l'*âme* ».

appliqués tous, comme de concert, à satisfaire les besoins les plus pressants; mais quand ils en sont venus aux connaissances moins absolument nécessaires, ils ont dû se les partager, et y avancer chacun de son côté à peu près d'un pas égal. Ainsi plusieurs sciences ont été, pour ainsi dire, contemporaines; mais dans l'ordre historique des progrès de l'esprit, on ne peut les embrasser que successivement.

Il n'en est pas de même de l'ordre encyclopédique de nos connaissances. Ce dernier consiste à les rassembler dans le plus petit espace possible, et à placer, pour ainsi dire, le philosophe au-dessus de ce vaste labyrinthe dans un point de vue fort élevé d'où il puisse apercevoir à la fois les sciences et les arts principaux; voir d'un coup d'œil les objets de ses spéculations, et les opérations qu'il peut faire sur ces objets; distinguer les branches générales des connaissances humaines, les points qui les séparent ou qui les unissent; et entrevoir même quelquefois les routes secrètes qui les rapprochent. C'est une espèce de mappemonde qui doit montrer les principaux pays, leur position et leur dépendance mutuelle, le chemin en ligne droite qu'il y a de l'un à l'autre; chemin souvent coupé par mille obstacles, qui ne peuvent être connus dans chaque pays que des habitants ou des voyageurs, et qui ne sauraient être montrés que dans des cartes particulières fort détaillées. Ces cartes particulières seront les différents articles de l'Encyclopédie, et l'Arbre ou Système figuré en sera la mappemonde.

Mais comme dans les cartes générales du globe que nous habitons, les objets sont plus ou moins rapprochés, et présentent un coup d'œil différent selon le point de vue où l'œil est placé par le géographe qui construit la carte, de même la forme de l'arbre encyclopédique dépendra du point de vue où l'on se mettra pour envisager l'univers littéraire. On peut donc imaginer autant de systèmes différents de la connaissance humaine que de mappemondes de différentes projections; et chacun de ces systèmes pourra même avoir, à l'exclusion des autres, quelque avantage particulier. Il n'est guère de savants qui ne placent volontiers au centre de toutes les sciences celle dont ils s'occupent, à peu près comme les premiers hommes se plaçaient au centre du monde, persuadés que l'univers était fait pour eux. La prétention de plusieurs de ces savants, envisagée d'un œil philosophique, trouverait peut-être, même hors de l'amour-propre, d'assez bonnes raisons pour se justifier.

Quoi qu'il en soit, celui de tous les arbres encyclopédiques qui offrirait le plus grand nombre de liaisons et de rapports entre les sciences, mériterait sans doute d'être préféré. Mais peut-on se flatter de le saisir ? La nature, nous ne saurions trop le répéter, n'est composée que d'individus qui sont l'objet primitif de nos sensations et de nos perceptions directes. Nous remarquons à la vérité dans ces individus, des propriétés communes par lesquelles nous les comparons, et des propriétés dissemblables par lesquelles nous les discernons; et ces propriétés désignées par des noms abstraits, nous ont conduits à former différentes classes où ces objets ont été placés. Mais souvent tel objet qui par une ou plusieurs de ses propriétés a été placé dans une classe, tient à une autre classe par d'autres propriétés, et aurait pu tout aussi

4

bien y avoir sa place. Il reste donc nécessairement de l'arbitraire dans la division générale. L'arrangement le plus naturel serait celui où les objets se succéderaient par les nuances insensibles qui servent tout à la fois à les séparer et à les unir. Mais le petit nombre d'êtres qui nous sont connus, ne nous permet pas de marquer ces nuances. L'univers n'est qu'un vaste Océan, sur la surface duquel nous apercevons quelques îles plus ou moins grandes, dont la liaison avec le continent nous est cachée.

On pourrait former l'arbre de nos connaissances en les divisant, soit en naturelles et en révélées, soit en utiles et agréables, soit en spéculatives et pratiques, soit en évidentes, certaines, probables et sensibles, soit en connaissances des choses et connaissances des signes; et ainsi à l'infini. Nous avons choisi une division qui nous a paru satisfaire tout à la fois le plus qu'il est possible à l'ordre encyclopédique de nos connaissances et à leur ordre généalogique. Nous devons cette division à un auteur célèbre dont nous parlerons dans la suite de ce Discours [1] : nous avons pourtant cru y devoir faire quelques changements, dont nous rendrons compte. Mais nous sommes trop convaincus de l'arbitraire qui régnera toujours dans une pareille division, pour croire que notre système soit l'unique ou le meilleur; il nous suffira que notre travail ne soit pas entièrement désapprouvé par les bons esprits. Nous ne voulons point ressembler à cette foule de naturalistes qu'un philosophe moderne a eu tant de raison de censurer, et qui occupés sans cesse

---

1. Encyclopédie : « de *cette préface* ».

à diviser les productions de la nature en genres et en espèces, ont consumé dans ce travail un temps qu'ils auraient beaucoup mieux employé à l'étude de ces productions mêmes. Que dirait-on d'un architecte qui ayant à élever un édifice immense, passerait toute sa vie à en tracer le plan; ou d'un curieux qui se proposant de parcourir un vaste palais, emploierait tout son temps à en observer l'entrée?

Les objets dont notre âme s'occupe, sont ou spirituels ou matériels, et notre âme s'occupe de ces objets ou par des idées directes ou par des idées réfléchies. Le système des connaissances directes ne peut consister que dans la collection purement passive et comme machinale de ces mêmes connaissances; c'est ce qu'on appelle mémoire. La réflexion est de deux sortes, nous l'avons déjà observé : ou elle raisonne sur les objets des idées directes, ou elle les imite. Ainsi la mémoire, la raison proprement dite, et l'imagination, sont les trois manières différentes dont notre âme opère sur les objets de ses pensées. Nous ne prenons point ici l'imagination pour la faculté qu'on a de se représenter les objets; parce que cette faculté n'est autre chose que la mémoire même des objets sensibles, mémoire qui serait dans un continuel exercice si elle n'était soulagée par l'invention des signes. Nous prenons l'imagination dans un sens plus noble et plus précis, pour le talent de créer en imitant.

Ces trois facultés forment d'abord les trois divisions générales de notre système, et les trois objets généraux des connaissances humaines; l'Histoire, qui se rapporte à la mémoire; la Philosophie, qui est le fruit de la raison; et les Beaux-Arts, que l'imagination fait naitre. Si nous plaçons la raison avant l'imagination, cet ordre nous paraît bien fondé et conforme au progrès naturel des opérations de l'esprit : l'imagination est une faculté créatrice; et l'esprit, avant que de songer à créer, commence par raisonner sur ce qu'il voit et ce qu'il connaît. Un autre motif qui doit déterminer à placer la raison avant l'imagination, c'est que dans cette dernière faculté de l'âme, les deux autres se trouvent réunies jusqu'à un certain point, et que la raison s'y joint à la mémoire. L'esprit ne crée et n'imagine des objets qu'en tant qu'ils sont semblables à ceux qu'il a connus par des idées directes et par des sensations : plus il s'éloigne de ces objets, plus les êtres qu'il forme sont bizarres et peu agréables. Ainsi dans l'imitation de la Nature, l'invention même est assujettie à certaines règles; et ce sont ces règles qui forment principalement la partie philosophique des Beaux-Arts, jusqu'à présent assez imparfaite, parce qu'elle ne peut être l'ouvrage que du génie, et que le génie aime mieux créer que discuter.

Enfin, si on examine les progrès de la raison dans ses opérations successives, on se convaincra encore qu'elle doit précéder l'imagination dans l'ordre de nos facultés; puisque la raison, par les dernières opérations qu'elle fait sur les objets, conduit en quelque sorte à l'imagination : car ces opérations ne consistent qu'à créer, pour ainsi dire, des êtres généraux, qui séparés de leur sujet par abstraction, ne sont plus du ressort immédiat de nos sens. Aussi la Métaphysique et la Géométrie sont, de toutes les sciences qui appartiennent à la raison, celles où l'imagination a le plus de part. J'en demande pardon à nos beaux esprits détracteurs de la Géométrie : ils ne se croyaient[1] pas sans doute si près d'elle, et il n'y a peut-être que la Métaphysique qui les en sépare. L'imagination dans un géomètre qui crée, n'agit pas moins que dans un poëte qui invente. Il est vrai qu'ils opèrent différemment sur leur objet : le premier le dépouille et l'analyse, le second le compose et l'embellit. Il est encore vrai que cette manière différente d'opérer n'appartient qu'à différentes sortes d'esprits; et c'est pour cela que les talents du grand géomètre et du grand poète ne se trouveront peut-être jamais ensemble. Mais soit qu'ils s'excluent ou ne s'excluent pas l'un l'autre[2], ils ne sont nullement en droit de se mépriser réciproquement. De tous les grands hommes de l'antiquité, Archimède est peut-être celui qui mérite le plus d'être placé à côté d'Homère. J'espère qu'on pardonnera cette digression à un géomètre qui aime son art, mais qu'on n'accusera point d'en être admirateur outré; et je reviens à mon sujet.

La distribution générale des êtres en spirituels et en matériels fournit la sous-division des trois branches générales. L'histoire et la philosophie s'occupent également de ces deux espèces d'êtres, et l'imagination ne travaille que d'après les êtres purement matériels, nouvelle raison pour la placer la dernière dans l'ordre de nos facultés. A la tête des êtres spirituels est Dieu, qui doit tenir le premier rang par sa nature,

---

1. Encyclopédie : « ils ne se *croient* pas sans doute ».
2. Encyclopédie : « l'un *de* l'autre ».

et par le besoin que nous avons de le connaître. Au-dessous de cet Être suprême sont les esprits créés dont la Révélation nous apprend l'existence. Ensuite vient l'homme, qui composé de deux principes, tient par son âme aux esprits, et par son corps au monde matériel; et enfin ce vaste univers que nous appelons le monde corporel ou la Nature. Nous ignorons pourquoi l'auteur célèbre qui nous sert de guide dans cette distribution, a placé la nature avant l'homme dans son système; il semble au contraire que tout engage à placer l'homme sur le passage qui sépare Dieu et les esprits d'avec les corps.

L'Histoire en tant qu'elle se rapporte à Dieu, renferme ou la révélation ou la tradition, et se divise sous ces deux points de vue, en histoire sacrée et en histoire ecclésiastique. L'histoire de l'homme a pour objet, ou ses actions, ou ses connaissances : et elle est par conséquent civile ou littéraire, c'est-à-dire se partage entre les grandes nations et les grands génies, entre les rois et les gens de lettres, entre les conquérants et les philosophes. Enfin, l'histoire de la Nature est celle des productions innombrables qu'on y observe, et forme une quantité de branches presque égale au nombre de ces diverses productions. Parmi ces différentes branches doit être placée avec distinction l'histoire des arts, qui n'est autre chose que l'histoire des usages que les hommes ont faits des productions de la nature, pour satisfaire à leurs besoins ou à leur curiosité.

Tels sont les objets principaux de la mémoire. Venons présentement à la faculté qui réfléchit, et qui raisonne. Les êtres tant spirituels que matériels sur lesquels elle s'exerce, ayant quelques propriétés générales, comme l'existence, la possibilité, la durée ; l'examen de ces propriétés forme d'abord cette branche de la philosophie, dont toutes les autres empruntent en partie leurs principes : on la nomme l'Ontologie ou science de l'être, ou Métaphysique générale. Nous descendons de là aux différents êtres particuliers, et les divisions que fournit la science de ces différents êtres sont formées sur le même plan que celle de l'Histoire.

La science de Dieu appelée Théologie a deux branches : la Théologie naturelle n'a de connaissance de Dieu que celle que produit la raison seule, connaissance qui n'est pas d'une fort grande étendue ; la Théologie révélée tire de l'histoire sacrée une connaissance beaucoup plus parfaite de cet Être. De cette même Théologie révélée, résulte la science des esprits créés. Nous avons cru encore ici devoir nous écarter de notre auteur. Il nous semble que la science, considérée comme appartenant à la raison, ne doit point être divisée comme elle l'a été par lui en Théologie et en Philosophie ; car la Théologie révélée n'est autre chose que la raison appliquée aux faits révélés : on peut dire qu'elle tient à l'Histoire par les dogmes qu'elle enseigne, et à la Philosophie par les conséquences qu'elle tire de ces dogmes. Ainsi séparer la Théologie de la Philosophie, ce serait arracher du tronc un rejeton qui de lui-même y est uni. Il semble aussi que la science des esprits appartient bien plus intimement à la Théologie révélée, qu'à la Théologie naturelle.

La première partie de la science de l'homme est

celle de l'âme; et cette science a pour but, ou la connaissance spéculative de l'âme humaine, ou celle de ses opérations. La connaissance spéculative de l'âme dérive en partie de la Théologie naturelle, et en partie de la Théologie révélée, et s'appelle Pneumatologie ou Métaphysique particulière. La connaissance de ses opérations se subdivise en deux branches, ces opérations pouvant avoir pour objet, ou la découverte de la vérité, ou la pratique de la vertu. La découverte de la vérité, qui est le but de la Logique, produit l'art de la transmettre aux autres; ainsi, l'usage que nous faisons de la Logique est en partie pour notre propre avantage, en partie pour celui des êtres semblables à nous; les règles de la Morale se rapportent moins à l'homme isolé, et le supposent nécessairement en société avec les autres hommes.

La science de la Nature n'est autre que celle des corps. Mais les corps ayant des propriétés générales qui leur sont communes, telles que l'impénétrabilité, la mobilité et l'étendue, c'est encore par l'étude de ces propriétés, que la science de la nature doit commencer : elles ont, pour ainsi dire, un côté purement intellectuel par lequel elles ouvrent un champ immense aux spéculations de l'esprit, et un côté matériel et sensible par lequel on peut les mesurer. La spéculation intellectuelle appartient à la Physique générale, qui n'est proprement que la métaphysique des corps; et la mesure est l'objet des mathématiques, dont les divisions s'étendent presque à l'infini.

Ces deux sciences conduisent à la Physique particulière, qui étudie les corps en eux-mêmes, et qui n'a que les individus pour objet. Parmi les corps dont il nous importe de connaître les propriétés, le nôtre doit tenir le premier rang, et il est immédiatement suivi de ceux dont la connaissance est le plus nécessaire à notre conservation : d'où résultent l'Anatomie, l'Agriculture, la Médecine et leurs différentes branches. Enfin tous les corps naturels soumis à notre examen produisent les autres parties innombrables de la physique raisonnée.

La Peinture, la Sculpture, l'Architecture, la Poésie, la Musique et leurs différentes divisions, composent la troisième distribution générale qui naît de l'imagination, et dont les parties sont comprises sous le nom de Beaux-Arts. On pourrait aussi les renfermer sous le titre général de Peinture, puisque tous les Beaux-Arts se réduisent à peindre, et ne diffèrent que par les moyens qu'ils emploient ; enfin, on pourrait les rapporter tous à la Poésie, en prenant ce mot dans sa signification naturelle, qui n'est autre chose qu'invention ou création.

Telles sont les principales parties de notre arbre encyclopédique. On les trouvera plus en détail à la fin de ce Discours préliminaire. Nous en avons formé une espèce de carte à laquelle nous avons joint une explication beaucoup plus étendue que celle qui vient d'être donnée. Cette carte et cette explication ont été déjà publiées dans le *Prospectus*, comme pour pressentir le goût du public ; nous y avons fait quelques changements dont il sera facile de s'apercevoir, et qui sont le fruit ou de nos réflexions, ou des conseils de quelques philosophes, assez bons citoyens pour prendre intérêt à notre ouvrage. Si le public éclairé donne son approbation à ces changements, elle sera la récompense de notre docilité; et, s'il ne les approuve pas, nous n'en serons que plus convaincus de l'impossibilité de former un arbre encyclopédique qui soit au gré de tout le monde.

La division générale de nos connaissances suivant nos trois facultés a cet avantage qu'elle pourrait fournir aussi les trois divisions du monde littéraire, en Érudits, Philosophes et Beaux Esprits : en sorte qu'après avoir formé l'arbre des sciences, on pourrait former sur le même plan celui des gens de lettres. La mémoire est le talent des premiers; la sagacité appartient aux seconds, et les derniers ont l'agrément en partage. Ainsi, en regardant la mémoire comme un commencement de réflexion, et en y joignant la réflexion qui combine, et celle qui imite, on pourrait dire en général que le nombre plus ou moins grand d'idées réfléchies, et la nature de ces idées, constituent la différence plus ou moins grande qu'il y a entre les hommes; que la réflexion prise dans le sens le plus étendu qu'on puisse lui donner, forme le caractère de l'esprit, et qu'elle en distingue les différents genres. Du reste, les trois espèces de républiques dans lesquelles nous venons de distribuer les gens de lettres, n'ont pour l'ordinaire rien de commun, que de faire assez peu de cas les unes des autres[1]. Le poète et le philosophe se traitent mutuellement d'insensés, qui se repaissent de chimères; l'un et l'autre regardent l'érudit comme une espèce d'avare, qui ne pense qu'à amasser sans jouir, et qui

---

1. Encyclopédie : « les *uns* des autres ».

entasse sans choix les métaux les plus vils avec les plus précieux ; et l'érudit, qui ne voit que des mots partout où il ne lit point des faits, méprise le poète et le philosophe, comme des gens qui se croient riches, parce que leur dépense excède leurs fonds.

C'est ainsi qu'on se venge des avantages qu'on n'a pas. Les gens de lettres entendraient mieux leurs intérêts, si au lieu de chercher à s'isoler, ils reconnaissaient le besoin réciproque qu'ils ont de leurs travaux, et les secours qu'ils en tirent. La société doit sans doute aux beaux esprits ses principaux agréments, et ses lumières aux philosophes ; mais ni les uns ni les autres ne sentent combien ils sont redevables à la mémoire ; elle renferme la matière première de toutes nos connaissances ; et les travaux de l'érudit ont souvent fourni au philosophe et au poète les sujets sur lesquels ils s'exercent. Lorsque les anciens ont appelé les Muses filles de mémoire [1], a dit un auteur moderne, ils sentaient peut-être combien cette faculté de notre âme est nécessaire à toutes les autres ; et les Romains lui élevaient des temples, comme à la Fortune.

Il nous reste à montrer comment nous avons tâché de concilier dans notre [2] Dictionnaire l'ordre encyclopédique avec l'ordre alphabétique. Nous avons employé pour cela trois moyens, le système figuré qui est à la tête de l'ouvrage, la science à laquelle chaque article se rapporte, et la manière dont l'article est traité. On a placé pour l'ordinaire après le mot qui

---

1. Encyclopédie : « filles de *la* mémoire ».
2. Encyclopédie : « dans *ce* dictionnaire ».

fait le sujet de l'article, le nom de la science dont cet article fait partie; il ne faut plus que voir dans le système figuré quel rang cette science y occupe, pour connaître la place que l'article doit avoir dans l'Encyclopédie. S'il arrive que le nom de la science soit omis dans l'article, la lecture suffira pour connaître à quelle science il se rapporte; et quand nous aurions, par exemple, oublié d'avertir que le mot *Bombe* appartient à l'art militaire, et le nom d'une ville ou d'un pays à la géographie, nous comptons assez sur l'intelligence de nos lecteurs pour espérer qu'ils ne seraient pas choqués d'une pareille omission. D'ailleurs par la disposition des matières dans chaque article, surtout lorsqu'il est un peu étendu, on ne pourra manquer de voir que cet article tient à un autre qui dépend d'une science différente, celui-là à un troisième, et ainsi de suite. On a tâché que l'exactitude et la fréquence des renvois ne laissât là-dessus rien à désirer; car les renvois dans ce Dictionnaire ont cela de particulier, qu'ils servent principalement à indiquer la liaison des matières; au lieu que dans les autres ouvrages de cette espèce, ils ne sont destinés qu'à expliquer un article par un autre. Souvent même nous avons omis le renvoi, parce que les termes d'art ou de science sur lesquels il aurait pu tomber, se trouvent expliqués à leur article, que le lecteur ira chercher de lui-même. C'est surtout dans les articles généraux des sciences qu'on a tâché d'expliquer les secours mutuels qu'elles se prêtent. Ainsi trois choses forment l'ordre encyclopédique: le nom de la science à laquelle l'article appartient; le rang de cette science dans l'arbre; la liaison de l'article avec d'autres dans la même science ou dans une science différente ; liaison indiquée par les renvois, ou facile à sentir au moyen des termes techniques expliqués suivant leur ordre alphabétique. Il ne s'agit point ici des raisons qui nous ont fait préférer dans cet ouvrage l'ordre alphabétique à tout autre ; nous les exposerons plus bas, lorsque nous envisagerons cette collection comme Dictionnaire des sciences et des arts.

Au reste, sur la partie de notre travail, qui consiste dans l'ordre encyclopédique, et qui est plus destinée aux gens éclairés qu'à la multitude, nous observerons deux choses : la première, c'est qu'il serait souvent absurde de vouloir trouver une liaison immédiate entre un article de ce Dictionnaire et un autre article pris à volonté ; c'est ainsi qu'on chercherait en vain par quels liens secrets *section conique* peut être rapprochée d'*accusatif*. L'ordre encyclopédique ne suppose point que toutes les sciences tiennent directement les unes aux autres. Ce sont des branches qui partent d'un même tronc, savoir de l'entendement humain. Ces branches n'ont souvent entre elles aucune liaison immédiate, et plusieurs ne sont réunies que par le tronc même. Ainsi *section conique* appartient à la géométrie, la géométrie conduit à la physique particulière, celle-ci à la physique générale, la physique générale à la métaphysique, et la métaphysique est bien près de la grammaire à laquelle le mot *accusatif* appartient. Mais quand on est arrivé à ce dernier terme par la route que nous venons d'indiquer, on se trouve si loin de celui d'où l'on est parti, qu'on l'a tout à fait perdu de vue.

La seconde remarque que nous avons à faire, c'est qu'il ne faut pas attribuer à notre arbre encyclopédique plus d'avantage que nous ne prétendons lui en donner. L'usage des divisions générales est de rassembler un fort grand nombre d'objets : mais il ne faut pas croire qu'il puisse suppléer à l'étude de ces objets mêmes. C'est une espèce de dénombrement des connaissances qu'on peut acquérir; dénombrement frivole pour qui voudrait s'en contenter, utile pour qui désire d'aller plus loin. Un seul article raisonné sur un objet particulier de science ou d'art, renferme plus de substance que toutes les divisions et subdivisions qu'on peut faire des termes généraux; et pour ne point sortir de la comparaison que nous avons tirée plus haut des cartes géographiques, celui qui s'en tiendrait à l'arbre encyclopédique pour toute connaissance, n'en saurait guère plus que celui qui pour avoir acquis par les mappemondes une idée générale du globe et de ses parties principales, se flatterait de connaître les différents peuples qui l'habitent, et les États particuliers qui le composent. Ce qu'il ne faut point oublier surtout, en considérant notre système figuré, c'est que l'ordre encyclopédique qu'il présente est très différent de l'ordre généalogique des opérations de l'esprit; que les sciences qui s'occupent des êtres généraux, ne sont utiles qu'autant qu'elles mènent à celles dont les êtres particuliers sont l'objet; qu'il n'y a véritablement que ces êtres particuliers qui existent, et que si notre esprit a créé les êtres généraux, ç'a été pour pouvoir étudier plus facilement l'une après l'autre les propriétés qui par leur nature existent à la fois dans une même substance.

et qui ne peuvent physiquement être séparées. Ces réflexions doivent être le fruit et le résultat de tout ce que nous avons dit jusqu'ici; et c'est aussi par là [1] que nous terminerons la première partie de ce Discours.

———

Nous allons présentement considérer cet ouvrage comme *Dictionnaire raisonné des sciences et des arts*. L'objet est d'autant plus important, que c'est sans doute celui qui peut intéresser davantage la plus grande partie de nos lecteurs, et qui, pour être rempli, a demandé le plus de soins et de travail. Mais avant que d'entrer sur ce sujet dans tout le détail qu'on est en droit d'exiger de nous, il ne sera pas inutile d'examiner avec quelque étendue l'état présent des sciences et des arts, et de montrer par quelle gradation l'on [2] y est arrivé. L'exposition métaphysique de l'origine et de la liaison des sciences nous a été d'une grande utilité pour en former l'arbre encyclopédique; l'exposition historique de l'ordre dans lequel nos connaissances se sont succédé, ne sera pas moins avantageuse pour nous éclairer nous-mêmes sur la manière dont nous devons transmettre ces connaissances à nos lecteurs. D'ailleurs l'histoire des sciences est naturellement liée à celle du petit nombre

---

1. Encyclopédie : « par *elles* ».
2. Encyclopédie : « *on* ».

de grands génies, dont les ouvrages ont contribué à répandre la lumière parmi les hommes, et ces ouvrages ayant fourni pour le nôtre les secours généraux, nous devons commencer à en parler avant que de rendre[1] compte des secours particuliers que nous avons obtenus. Pour ne point remonter trop haut, fixons-nous à la renaissance des lettres.

Quand on considère les progrès de l'esprit depuis cette époque mémorable, on trouve que ces progrès se sont faits dans l'ordre qu'ils devaient naturellement suivre. On a commencé par l'érudition, continué par les belles-lettres, et fini par la philosophie. Cet ordre diffère à la vérité de celui que doit observer l'homme abandonné à ses propres lumières, ou borné au commerce de ses contemporains, tel que nous l'avons principalement considéré dans la première partie de ce Discours : en effet, nous avons fait voir que l'esprit isolé doit rencontrer dans sa route la philosophie avant les belles-lettres. Mais en sortant d'un long intervalle d'ignorance que des siècles de lumière avaient précédé, la régénération des idées, si on peut parler ainsi, a dû nécessairement être différente de leur génération primitive. Nous allons tâcher de le faire sentir.

Les chefs-d'œuvre que les anciens nous avaient laissés dans presque tous les genres avaient été oubliés pendant douze siècles. Les principes des sciences et des arts étaient perdus, parce que le beau et le vrai qui semblent se montrer de toutes parts aux hommes, ne les frappent guère à moins

---

1. Encyclopédie : « avant *de* rendre ».

qu'ils n'en soient avertis. Ce n'est pas que ces temps malheureux aient été plus stériles que d'autres en génies rares; la nature est toujours la même : mais que pouvaient faire ces grands hommes, semés de loin à loin comme ils le sont toujours, occupés d'objets différents, et abandonnés sans culture à leurs seules lumières? Les idées qu'on acquiert par la lecture et par la société [1], sont le germe de presque toutes les découvertes. C'est un air que l'on respire sans y penser, et auquel on doit la vie; et les hommes dont nous parlons étaient privés d'un tel secours. Ils ressemblaient aux premiers créateurs des sciences et des arts, que leurs illustres successeurs ont fait oublier, et qui précédés par ceux-ci, les auraient fait oublier de même. Celui qui trouva le premier les roues et les pignons, eût inventé les montres dans un autre siècle; et Gerbert placé au temps d'Archimède l'aurait peut-être égalé.

Cependant la plupart des beaux esprits de ces temps ténébreux se faisaient appeler poètes ou philosophes. Que leur en coûtait-il en effet pour usurper deux titres dont on se pare à si peu de frais, et qu'on se flatte toujours de ne guère devoir à des lumières empruntées? Ils croyaient qu'il était inutile de chercher les [2] modèles de la poésie dans les ouvrages des Grecs et des Romains, dont la langue ne se parlait plus; et ils prenaient pour la véritable philosophie des anciens une tradition barbare qui la défigurait. La poésie se réduisait pour eux à un mécanisme

---

1. Encyclopédie : « *et la société* ».
2. Encyclopédie : « *des* ».

puéril : l'examen approfondi de la nature, et la grande étude de l'homme, étaient remplacés par mille questions frivoles sur des êtres abstraits et métaphysiques ; questions dont la solution, bonne ou mauvaise, demandait souvent beaucoup de subtilité, et par conséquent un grand abus de l'esprit. Qu'on joigne à ce désordre l'état d'esclavage où presque toute l'Europe était plongée, les ravages de la superstition qui naît de l'ignorance, et qui la reproduit à son tour : et l'on verra que rien ne manquait aux obstacles qui éloignaient le retour de la raison et du goût ; car il n'y a que la liberté d'agir et de penser qui soit capable de produire de grandes choses, et elle n'a besoin que de lumières pour se préserver des excès.

Aussi fallut-il au genre humain, pour sortir de la barbarie, une de ces révolutions qui font prendre à la terre une face nouvelle : l'Empire grec est détruit, sa ruine fait refluer en Europe le peu de connaissances qui restaient encore au monde : l'invention de l'imprimerie, la protection des Médicis et de François Ier raniment les esprits, et la lumière renaît de toutes parts.

L'étude des langues et de l'histoire abandonnée par nécessité durant les siècles d'ignorance, fut la première à laquelle on se livra. L'esprit humain se trouvait, au sortir de la barbarie, dans une espèce d'enfance, avide d'accumuler des idées, et incapable pourtant d'en acquérir d'abord d'un certain ordre par l'espèce d'engourdissement où les facultés de l'âme avaient été si longtemps. De toutes ces facultés, la mémoire fut celle que l'on cultiva d'abord, parce qu'elle est la plus facile à satisfaire, et que les connaissances qu'on obtient par son secours, sont celles qui peuvent le plus aisément être entassées. On ne commença donc point par étudier la Nature, ainsi que les premiers hommes avaient dû faire; on jouissait d'un secours dont ils étaient dépourvus, celui des ouvrages des anciens, que la générosité des grands et l'impression commençaient à rendre communs : on croyait n'avoir qu'à lire pour devenir savant; et il est bien plus aisé de lire que de voir. Ainsi, on dévora sans distinction tout ce que les anciens nous avaient laissé dans chaque genre : on les traduisit, on les commenta; et, par une espèce de reconnaissance on se mit à les adorer, sans connaître à beaucoup près ce qu'ils valaient.

De là cette foule d'érudits, profonds dans les langues savantes, jusqu'à dédaigner la leur, qui, comme l'a dit un auteur célèbre, connaissaient tout dans les anciens, hors la grâce et la finesse, et qu'un vain étalage d'érudition rendait si orgueilleux; parce que les avantages qui coûtent le moins sont pour l'ordinaire[1] ceux dont on aime le plus à se parer. C'était une espèce de grands seigneurs, qui sans ressembler par le mérite réel à ceux dont ils tenaient la vie, tiraient beaucoup de vanité de croire leur appartenir. D'ailleurs, cette vanité n'était point sans quelque espèce de prétexte. Le pays de l'érudition et des faits est inépuisable; on croit, pour ainsi dire, voir tous les jours augmenter sa substance par les acquisitions que l'on y fait sans peine. Au contraire le pays de la raison et des découvertes est d'une assez petite

1. Encyclopédie : « sont *assez souvent* ».

étendue; et souvent au lieu d'y apprendre ce que l'on ignorait, on ne parvient à force d'étude qu'à désapprendre ce qu'on croyait savoir. C'est pourquoi, à mérite fort inégal, un érudit doit être beaucoup plus vain qu'un philosophe, et peut-être qu'un poète : car l'esprit qui invente est toujours mécontent de ses progrès, parce qu'il voit au delà; et les plus grands génies trouvent souvent dans leur amour-propre même un juge secret, mais sévère, que l'approbation des autres fait taire pour quelques instants, mais qu'elle ne parvient jamais à corrompre. On ne doit donc pas s'étonner que les savants dont nous parlons missent tant de gloire à jouir d'une science hérissée, souvent ridicule, et quelquefois barbare.

Il est vrai que notre siècle qui se croit destiné à changer les lois en tout genre, et à faire justice, ne pense pas fort avantageusement de ces hommes autrefois si célèbres. C'est une espèce de mérite aujourd'hui que d'en faire peu de cas; et c'est même un mérite que bien des gens se contentent d'avoir. Il semble que par le mépris qu'on a [1] pour ces savants, on cherche à les punir de l'estime outrée qu'ils faisaient d'eux-mêmes, ou du suffrage peu éclairé de leurs contemporains, et qu'en foulant aux pieds ces idoles, on veuille en faire oublier jusqu'aux noms. Mais tout excès est injuste. Jouissons plutôt avec reconnaissance du travail de ces hommes laborieux. Pour nous mettre à portée d'extraire des ouvrages des anciens tout ce qui pouvait nous être utile, il a fallu qu'ils en tirassent aussi ce qui ne l'était pas; on

---

1. Encyclopédie : « que l'on a ».

ne saurait tirer l'or d'une mine sans en faire sortir en même temps beaucoup de matières viles ou moins précieuses; ils auraient fait comme nous la séparation, s'ils étaient venus plus tard. L'érudition était donc nécessaire pour nous conduire aux belles-lettres.

En effet, il ne fallut pas se livrer longtemps à la lecture des anciens, pour se convaincre que dans ces ouvrages mêmes où l'on ne cherchait que des faits ou des mots, il y avait mieux à apprendre. On aperçut bientôt les beautés que leurs auteurs y avaient répandues; car si les hommes, comme nous l'avons dit plus haut, ont besoin d'être avertis du vrai, en récompense ils n'ont besoin que de l'être. L'admiration qu'on avait eue jusqu'alors pour les anciens ne pouvait être plus vive : mais elle commença à devenir plus juste. Cependant elle était encore bien loin d'être raisonnable. On crut qu'on ne pouvait les imiter qu'en les copiant servilement, et qu'il n'était possible de bien dire que dans leur langue. On ne pensait pas que l'étude des mots est une espèce d'inconvénient passager, nécessaire pour faciliter l'étude des choses, mais qu'elle devient un mal réel, quand elle retarde cette étude[1]; qu'ainsi on aurait dû se borner à se rendre familiers les auteurs grecs et romains, pour profiter de ce qu'ils avaient pensé de meilleur; et que le travail auquel il fallait se livrer pour écrire dans leur langue, était autant de perdu pour l'avancement de la raison. On ne voyait pas d'ailleurs, que s'il y a dans les anciens un grand nombre de beautés de

---

1. Encyclopédie : « quand elle *la* retarde ». Même texte dans l'édition de 1759.

style perdues pour nous, il doit y avoir aussi par la même raison bien des défauts qui échappent, et que l'on court risque de copier comme des beautés; qu'enfin tout ce qu'on pourrait espérer par l'usage servile de la langue des anciens, ce serait de se faire un style bizarrement assorti d'une infinité de styles différents, très correct et admirable même pour nos modernes, mais que Cicéron ou Virgile auraient trouvé ridicule. C'est ainsi que nous ririons d'un ouvrage écrit en notre langue, et dans lequel l'auteur aurait rassemblé des phrases de Bossuet, de La Fontaine, de La Bruyère et de Racine, persuadé avec raison que chacun de ces écrivains en particulier est un excellent modèle.

Ce préjugé des premiers savants a produit dans le XVIe siècle une foule de poètes, d'orateurs et d'historiens latins, dont les ouvrages, il faut l'avouer, tirent trop souvent leur principal mérite d'une latinité dont nous ne pouvons guère juger. On peut en comparer quelques-uns aux harangues de la plupart de nos rhéteurs, qui vides de choses, et semblables à des corps sans substance, n'auraient besoin que d'être mises en français pour n'être lues de personne.

Les gens de lettres sont enfin revenus peu à peu de cette espèce de manie. Il y a apparence qu'on doit leur changement, du moins en partie, à la protection des grands, qui sont bien aises d'être savants, à condition de le devenir sans peine, et qui veulent pouvoir juger sans étude d'un ouvrage d'esprit, pour prix des bienfaits qu'ils promettent à l'auteur, ou de l'amitié dont ils croient l'honorer. On commença à sentir que le beau, pour être en langue vulgaire, ne perdait rien de ses avantages; qu'il acquérait même celui d'être plus facilement saisi du commun des hommes, et qu'il n'y avait aucun mérite à dire des choses communes ou ridicules dans quelque langue que ce fût, et à plus forte raison dans celles qu'on devait parler le plus mal. Les gens de lettres pensèrent donc à perfectionner les langues vulgaires; ils cherchèrent d'abord à dire dans ces langues ce que les anciens avaient dit dans les leurs. Cependant, par une suite du préjugé dont on avait eu tant de peine à se défaire, au lieu d'enrichir la langue française, on commença par la défigurer. **Ronsard** en fit un jargon barbare, hérissé de grec et de latin : mais heureusement il la rendit assez méconnaissable pour qu'elle en devint ridicule. Bientôt on [1] sentit qu'il fallait transporter dans notre langue les beautés et non les mots des langues anciennes. Réglée et perfectionnée par le goût, elle acquit assez promptement une infinité de tours et d'expressions heureuses. Enfin on ne se borna plus à copier les Romains et les Grecs, ou même à les imiter; on tâcha de les surpasser, s'il était possible, et de penser d'après soi. Ainsi l'imagination des modernes renaquit peu à peu de celle des anciens; et l'on vit éclore presque en même temps tous les chefs-d'œuvre du dernier siècle, en éloquence, en histoire, en poésie, et dans les différents genres de littérature.

Malherbe, nourri de la lecture des excellents poètes de l'antiquité, et prenant comme eux la nature pour modèle, répandit le premier dans notre poésie une

---

1. Encyclopédie : « l'on ». Même texte dans l'édition de 1759.

harmonie et des beautés auparavant inconnues. **Balzac**, aujourd'hui trop méprisé, donna à notre prose de la noblesse et du nombre. Les écrivains du **Port-Royal** continuèrent ce que Balzac avait commencé; ils y ajoutèrent cette précision, cet heureux choix des termes, et cette pureté qui ont conservé jusqu'à présent à la plupart de leurs ouvrages un air moderne, et qui les distinguent d'un grand nombre de livres surannés, écrits dans le même temps. **Corneille**, après avoir sacrifié pendant quelques années au mauvais goût dans la carrière dramatique, s'en affranchit enfin, découvrit par la force de son génie, bien plus que par la lecture, les lois du théâtre, et les exposa dans ses Discours admirables sur la tragédie, dans ses Réflexions sur chacune de ses pièces, mais principalement dans ses pièces mêmes. **Racine**, s'ouvrant une autre route, fit paraître sur le théâtre une passion que les anciens n'y avaient guère connue, et développant les ressorts du cœur humain, joignit à une élégance et une vérité continues quelques traits de sublime. **Despréaux** dans son Art poétique se rendit l'égal d'Horace en l'imitant. **Molière**, par la peinture fine des ridicules et des mœurs de son temps, laissa bien loin derrière lui la comédie ancienne. **La Fontaine** fit presque oublier Ésope et Phèdre, et **Bossuet** alla se placer à côté de Démosthène.

Les beaux-arts sont tellement unis avec les belles-lettres, que le même goût qui cultive les unes, porte aussi à perfectionner les autres. Dans le même temps que notre littérature s'enrichissait par tant de beaux ouvrages, **Poussin** faisait ses tableaux, et **Puget** ses statues; **Le Sueur** peignait le cloître des Chartreux, et **Le Brun** les batailles d'Alexandre; enfin **Quinault**, créateur d'un nouveau genre, s'assurait l'immortalité par ses poèmes lyriques, et **Lulli** donnait à notre musique naissante ses premiers traits [1].

Il faut avouer pourtant [2] que la renaissance de la peinture et de la sculpture avait été beaucoup plus rapide que celle de la poésie et de la musique; et la raison n'en est pas difficile à apercevoir. Dès qu'on commença à étudier les ouvrages des anciens en tout genre, les chefs-d'œuvre antiques qui avaient échappé en assez grand nombre à la superstition et à la barbarie, frappèrent bientôt les yeux des artistes éclairés; on ne pouvait imiter les Praxitèle et les Phidias qu'en faisant exactement comme eux; et le talent n'avait besoin que de bien voir : aussi **Raphaël** et **Michel-Ange** ne furent pas longtemps sans porter leur art à un point de perfection qu'on n'a point encore passé depuis. En général, l'objet de la peinture et de la sculpture étant plus du ressort des sens, ces arts ne pouvaient manquer de précéder la poésie, parce que les sens ont dû être plus promptement affectés des beautés sensibles et palpables des statues anciennes, que l'imagination n'a dû apercevoir les beautés intellectuelles et fugitives des anciens écrivains. D'ailleurs, quand elle a commencé à les découvrir, l'imitation de ces mêmes beautés imparfaite par sa servitude et par la langue étrangère dont elle se servait, n'a pu manquer de nuire

---

1. Encyclopédie : « *enfin Lulli, créateur d'un chant propre à notre langue, rendait par sa musique aux poèmes de Quinault l'immortalité qu'elle en recevait* ».

2. Encyclopédie : « Il faut *pourtant avouer* ».

aux progrès de l'imagination même. Qu'on suppose pour un moment nos peintres et nos sculpteurs privés de l'avantage qu'ils avaient de mettre en œuvre la même matière que les anciens : s'ils eussent, comme nos littérateurs, perdu beaucoup de temps à rechercher et à imiter mal cette matière, au lieu de songer à en employer une autre, pour imiter les ouvrages mêmes qui faisaient l'objet de leur admiration, ils auraient fait sans doute un chemin beaucoup moins rapide, et en seraient encore à trouver le marbre.

A l'égard de la musique, elle a dû arriver beaucoup plus tard à un certain degré de perfection, parce que c'est un art que les modernes ont été obligés de créer. Le temps a détruit tous les modèles que les anciens avaient pu nous laisser en ce genre, et leurs écrivains, du moins ceux qui nous restent, ne nous ont transmis sur ce sujet que des connaissances très obscures, ou des histoires plus propres à nous étonner qu'à nous instruire. Aussi plusieurs de nos savants, poussés peut-être par une espèce d'amour de propriété, ont prétendu que nous avons porté cet art beaucoup plus loin que les Grecs; prétention que le défaut de monuments rend aussi difficile à appuyer qu'à détruire, et qui ne peut être qu'assez faiblement combattue par les prodiges vrais ou supposés de la musique ancienne. Peut-être serait-il permis de conjecturer avec quelque vraisemblance, que cette musique était tout à fait différente de la nôtre; et que si l'ancienne était supérieure par la mélodie, l'harmonie donne à la moderne des avantages.

Nous serions injustes, si à l'occasion du détail où nous venons d'entrer, nous ne reconnaissions point ce que nous devons à l'Italie; c'est d'elle que nous avons reçu les sciences, qui depuis ont fructifié si abondamment dans toute l'Europe; c'est à elle surtout que nous devons les beaux-arts et le bon goût, dont elle nous a fourni un grand nombre de modèles inimitables.

Pendant que les arts et les belles-lettres étaient en honneur, il s'en fallait beaucoup que la philosophie fît le même progrès, du moins dans chaque nation prise en corps; elle n'a reparu que beaucoup plus tard. Ce n'est pas qu'au fond il soit plus aisé d'exceller dans les belles-lettres que dans la philosophie; la supériorité en tout genre est également difficile à atteindre. Mais la lecture des anciens devait contribuer plus promptement à l'avancement des belles-lettres et du bon goût qu'à celui des sciences naturelles. Les beautés littéraires n'ont pas besoin d'être vues longtemps pour être senties; et comme les hommes sentent avant que de penser, ils doivent par la même raison juger ce qu'ils sentent avant de juger ce qu'ils pensent. D'ailleurs, les anciens n'étaient pas à beaucoup près aussi [1] parfaits comme philosophes que comme écrivains. En effet, quoique dans l'ordre de nos idées les premières opérations de la raison précèdent les premiers efforts de l'imagination, celle-ci, quand elle a fait les premiers pas, va beaucoup plus vite que l'autre : elle a l'avantage de travailler sur des objets qu'elle enfante; au lieu que la raison forcée de se borner à ceux qu'elle a devant elle, et de s'arrêter à chaque instant, ne s'épuise que trop

---

1. Encyclopédie : « *si* parfaits ».

souvent en recherches infructueuses. L'univers et les réflexions sont le premier livre des vrais philosophes, et les anciens l'avaient sans doute étudié : il était donc nécessaire de faire comme eux ; on ne pouvait suppléer à cette étude par celle de leurs ouvrages, dont la plupart avaient été détruits, et dont un petit nombre, mutilés par le temps, ne pouvait nous donner sur une matière si vaste [1] que des notions fort incertaines et fort altérées.

La scolastique qui composait toute la science prétendue des siècles d'ignorance, nuisait encore aux progrès de la vraie philosophie dans ce premier siècle de lumière. On était persuadé depuis un temps, pour ainsi dire, immémorial, qu'on possédait dans toute sa pureté la doctrine d'Aristote, commentée par les Arabes, et altérée par mille additions absurdes ou puériles ; et on ne pensait pas même à s'assurer si cette philosophie barbare était réellement celle de ce grand homme, tant on avait conçu de respect pour les anciens. C'est ainsi qu'une foule de peuples, nés et affermis dans leurs erreurs par l'éducation, se croient d'autant plus sincèrement dans le chemin de la vérité, qu'il ne leur est même jamais venu en pensée de former sur cela le moindre doute. Aussi, dans le temps que plusieurs écrivains, rivaux des orateurs et des poètes grecs, marchaient à côté de leurs modèles, ou peut-être même les surpassaient, la philosophie grecque, quoique fort imparfaite, n'était pas même bien connue.

---

1. Encyclopédie : « *aussi* vaste ». Même texte dans l'édition de 1759.

Tant de préjugés qu'une admiration aveugle pour l'antiquité contribuait à entretenir, semblaient se fortifier encore par l'abus qu'osaient faire quelques théologiens de la soumission des peuples [1]. On avait permis aux poètes de chanter dans leurs ouvrages les divinités du paganisme, parce qu'on était persuadé avec raison que les noms de ces divinités ne pouvaient plus être qu'un jeu dont on n'avait rien à craindre. Si d'un côté la religion des anciens qui animait tout, ouvrait un vaste champ à l'imagination des beaux esprits; de l'autre, les principes en étaient trop absurdes, pour qu'on appréhendât de voir ressusciter Jupiter et Pluton par quelque secte de novateurs. Mais l'on craignait, ou l'on paraissait craindre les coups qu'une raison aveugle pouvait porter au christianisme : comment ne voyait-on pas qu'il n'avait point à redouter une attaque aussi faible? Envoyé du ciel aux hommes, la vénération si juste et si ancienne que les peuples lui témoignaient, avait été garantie pour toujours par les promesses de Dieu même. D'ailleurs, quelque absurde qu'une religion puisse être (reproche que l'impiété seule peut faire à la nôtre), ce ne sont jamais les philosophes qui la détruisent : lors même qu'ils enseignent la vérité, ils se contentent de la montrer sans forcer personne à la connaître [2]; un tel pouvoir n'appartient qu'à l'Être tout-

---

1. Encyclopédie : « qu'osaient faire de la *soumission des peuples quelques théologiens peu nombreux, mais puissants. Je dis peu nombreux, car je suis bien éloigné d'étendre à un corps respectable et très éclairé une accusation qui se borne à quelques-uns de ses membres* ». Même texte dans l'édition de 1759.

2. Encyclopédie : « à la *reconnaître* ». Même texte dans l'édition de 1759.

puissant : ce sont les hommes inspirés qui éclairent le peuple, et les enthousiastes qui l'égarent. Le frein qu'on est obligé de mettre à la licence de ces derniers ne doit point nuire à cette liberté si nécessaire à la vraie philosophie, et dont la religion peut tirer les plus grands avantages. Si le christianisme ajoute à la philosophie les lumières qui lui manquent, s'il n'appartient qu'à la grâce de soumettre les incrédules, c'est à la philosophie qu'il est réservé de les réduire au silence; et pour assurer le triomphe de la foi, les théologiens dont nous parlons n'avaient qu'à faire usage des armes qu'on aurait voulu employer contre elle.

Mais parmi ces mêmes hommes, quelques-uns avaient un intérêt beaucoup plus réel de s'opposer à l'avancement de la philosophie. Faussement persuadés que la croyance des peuples est d'autant plus ferme, qu'on l'exerce sur plus d'objets différents, ils ne se contentaient pas d'exiger pour nos mystères la soumission qu'ils méritent, ils cherchaient à ériger en dogmes leurs opinions particulières; et c'étaient ces opinions mêmes, bien plus que les dogmes, qu'ils voulaient mettre en sûreté. Par là ils auraient porté à la religion le coup le plus terrible, si elle eût été l'ouvrage des hommes; car il était à craindre que leurs opinions étant une fois reconnues pour fausses, le peuple qui ne discerne rien, ne traitât de la même manière les vérités avec lesquelles on avait voulu les confondre.

D'autres théologiens de meilleure foi, mais aussi dangereux, se joignaient à ces premiers par d'autres motifs. Quoique la religion soit uniquement destinée à régler nos mœurs et notre foi, ils la croyaient faite pour nous éclairer aussi sur le système du monde, c'est-à-dire sur ces matières que le Tout-Puissant a expressément abandonnées à nos disputes. Ils ne faisaient pas réflexion que les livres sacrés et les ouvrages des Pères, faits pour montrer au peuple comme aux philosophes ce qu'il faut pratiquer et croire, ne devaient point sur les questions indifférentes parler un autre langage que le peuple. Cependant le despotisme théologique ou le préjugé l'emporta. Un tribunal devenu puissant dans le midi de l'Europe, dans les Indes, dans le Nouveau-Monde, mais que la foi n'ordonne point de croire, ni la charité d'approuver, ou plutôt que la religion réprouve, quoique occupé par ses ministres [1], et dont la France n'a pu s'accoutumer encore à prononcer le nom sans effroi, condamna un célèbre astronome pour avoir soutenu le mouvement de la terre, et le déclara hérétique; à peu près comme le pape Zacharie avait condamné quelques siècles auparavant un évêque, pour n'avoir pas pensé comme saint Augustin sur les antipodes, et pour avoir deviné leur existence six cents ans avant que Christophe Colomb les découvrit. C'est ainsi que l'abus de l'autorité spirituelle réunie à la temporelle forçait la raison au silence; et peu s'en fallut qu'on ne défendît au genre humain de penser.

Pendant que des adversaires peu instruits ou malintentionnés faisaient ouvertement la guerre à la

---

1. Encyclopédie : « *ni la charité d'approuver et dont la France n'a pu s'accoutumer encore* ».

philosophie, elle se réfugiait, pour ainsi dire, dans les ouvrages de quelques grands hommes, qui sans avoir l'ambition dangereuse d'arracher le bandeau des yeux de leurs contemporains, préparaient de loin dans l'ombre et le silence la lumière dont le monde devait être éclairé peu à peu et par degrés insensibles.

A la tête de ces illustres personnages doit être placé l'immortel chancelier d'Angleterre, **François Bacon**, dont les ouvrages si justement estimés, et plus estimés pourtant qu'ils ne sont connus, méritent encore plus notre lecture que nos éloges. A considérer les vues saines et étendues de ce grand homme, la multitude d'objets sur lesquels son esprit s'est porté, la hardiesse de son style qui réunit partout les plus sublimes images avec la précision la plus rigoureuse, on serait tenté de le regarder comme le plus grand, le plus universel et le plus éloquent des philosophes. Bacon, né dans le sein de la nuit la plus profonde, sentit que la philosophie n'était pas encore, quoique bien des gens sans doute se flattassent d'y exceller; car plus un siècle est grossier, plus il se croit instruit de tout ce qu'il peut savoir. Il commença donc par envisager d'une vue générale les divers objets de toutes les sciences naturelles; il partagea ces sciences en différentes branches, dont il fit l'énumération la plus exacte qu'il lui fut possible; il examina ce que l'on savait déjà sur chacun de ces objets, et fit le catalogue immense de ce qui restait à découvrir : c'est le but de son admirable ouvrage *De la dignité et de l'accroissement des connaissances humaines*. Dans son *Nouvel Organe des sciences*, il perfectionne les vues qu'il avait données dans le premier ouvrage; il les porte plus loin, et fait connaître la nécessité de la physique expérimentale, à laquelle on ne pensait point encore. Ennemi des systèmes, il n'envisage la philosophie que comme cette partie de nos connaissances, qui doit contribuer à nous rendre meilleurs ou plus heureux : il semble la borner à la science des choses utiles, et recommande partout l'étude de la nature. Ses autres écrits sont formés sur le même plan; tout, jusqu'à leurs titres, y annonce l'homme de génie, l'esprit qui voit en grand. Il y recueille des faits, il y compare des expériences, il en indique un grand nombre à faire; il invite les savants à étudier et à perfectionner les arts, qu'il regarde comme la partie la plus relevée et la plus essentielle de la science humaine : il expose avec une simplicité noble *ses conjectures et ses pensées* sur les différents objets dignes d'intéresser les hommes; et il eût pu dire, comme ce vieillard de Térence, que rien de ce qui touche l'humanité ne lui était étranger. Science de la nature, morale, politique, économique, tout semble avoir été du ressort de cet esprit lumineux et profond; et l'on ne sait ce qu'on doit le plus admirer, ou des richesses qu'il répand sur tous les sujets qu'il traite, ou de la dignité avec laquelle il en parle. Ses écrits ne peuvent être mieux comparés qu'à ceux d'Hippocrate sur la médecine; et ils ne seraient ni moins admirés, ni moins lus, si la culture de l'esprit était aussi chère aux hommes [1] que la conservation

---

1. Encyclopédie : « *au genre humain* ». Même texte dans l'édition de 1759.

de la santé. Mais il n'y a que les chefs de secte en tout genre dont les ouvrages puissent avoir un certain éclat; Bacon n'a pas été du nombre, et la forme de sa philosophie s'y opposait : elle était trop sage pour étonner personne. La scolastique qui dominait de son temps, ne pouvait être renversée que par des opinions hardies et nouvelles; et il n'y a pas d'apparence qu'un philosophe qui se contente de dire aux hommes : *Voilà le peu que vous avez appris, voici ce qui vous reste à chercher*, soit destiné à faire beaucoup de bruit parmi ses contemporains. Nous oserions même faire quelque reproche au chancelier Bacon d'avoir été peut-être trop timide, si nous ne savions avec quelle retenue, et pour ainsi dire, avec quelle superstition, on doit juger un génie si sublime. Quoiqu'il avoue que les scolastiques ont énervé les sciences par leurs questions minutieuses, et que l'esprit doit sacrifier l'étude des êtres généraux à celle des objets particuliers, il semble pourtant par l'emploi fréquent qu'il fait des termes de l'école, quelquefois même par celui des principes scolastiques, et par des divisions et subdivisions dont l'usage était alors fort à la mode, avoir marqué un peu trop de ménagement ou de déférence pour le goût dominant de son siècle. Ce grand homme, après avoir brisé tant de fers, était encore retenu par quelques chaînes qu'il ne pouvait ou n'osait rompre.

Nous déclarons ici que nous devons principalement au chancelier Bacon l'arbre encyclopédique dont nous avons déjà parlé [1], et que l'on trouvera à la fin de ce

---

1. Encyclopédie : « dont nous avons déjà parlé *fort au long* ».

Discours. Nous en avions fait l'aveu en plusieurs endroits du *Prospectus*; nous y revenons encore, et nous ne manquerons aucune occasion de le répéter. Cependant nous n'avons pas cru devoir suivre de point en point le grand homme que nous reconnaissons ici pour notre maître. Si nous n'avons pas placé, comme lui, la raison après l'imagination, c'est que nous avons suivi dans le système encyclopédique l'ordre métaphysique des opérations de l'esprit, plutôt que l'ordre historique de ses progrès depuis la renaissance des lettres, ordre que l'illustre chancelier d'Angleterre avait peut-être en vue jusqu'à un certain point, lorsqu'il faisait, comme il le dit, le cens et le dénombrement des connaissances humaines. D'ailleurs le plan de Bacon étant différent du nôtre, et les sciences ayant fait depuis de grands progrès, on ne doit pas être surpris que nous ayons pris quelquefois une route différente.

Ainsi, outre les changements que nous avons faits dans l'ordre de la distribution générale, et dont nous avons déjà exposé les raisons, nous avons à certains égards poussé les divisions plus loin, surtout dans la partie de mathématique et de physique particulière; d'un autre côté, nous nous sommes abstenus d'étendre au même point que lui, la division de certaines sciences dont il suit jusqu'aux derniers rameaux. Ces rameaux qui doivent proprement entrer dans le corps de notre Encyclopédie, n'auraient fait, à ce que nous croyons, que charger assez inutilement le système général. On trouvera immédiatement après notre arbre encyclopédique celui du philosophe anglais; c'est le moyen le plus court et le plus facile de faire distinguer ce qui nous appartient d'avec ce que nous avons emprunté de lui.

Au chancelier Bacon succéda l'illustre **Descartes**. Cet homme rare dont la fortune a tant varié en moins d'un siècle, avait tout ce qu'il fallait pour changer la face de la philosophie : une imagination forte, un esprit très conséquent, des connaissances puisées dans lui-même plus que dans les livres, beaucoup de courage pour combattre les préjugés les plus généralement reçus, et aucune espèce de dépendance qui le forçât à les ménager. Aussi éprouva-t-il de son vivant même ce qui arrive pour l'ordinaire à tout homme qui prend un ascendant trop marqué sur les autres. Il fit quelques enthousiastes, et eut beaucoup d'ennemis. Soit qu'il connût sa nation ou qu'il s'en défiât seulement, il s'était réfugié dans un pays entièrement libre pour y méditer plus à son aise. Quoiqu'il pensât beaucoup moins à faire des disciples qu'à les mériter, la persécution alla le chercher dans sa retraite; et la vie cachée qu'il menait ne put l'y soustraire. Malgré toute la sagacité qu'il avait employée pour prouver l'existence de Dieu, il fut accusé de la nier par des ministres qui peut-être ne la croyaient pas. Tourmenté et calomnié par des étrangers, et assez mal accueilli de ses compatriotes, il alla mourir en Suède, bien éloigné sans doute de s'attendre au succès brillant que ses opinions auraient un jour.

On peut considérer Descartes comme géomètre ou comme philosophe. Les mathématiques, dont il semble avoir fait assez peu de cas, font néanmoins aujourd'hui la partie la plus solide et la moins contestée de sa gloire. L'algèbre, créée en quelque manière par les Italiens, et prodigieusement augmentée par notre illustre **Viète**, a reçu entre les mains de Descartes de nouveaux accroissements. Un des plus considérables est sa Méthode des indéterminées, artifice très ingénieux et très subtil, qu'on a su appliquer depuis à un grand nombre de recherches. Mais ce qui a surtout immortalisé le nom de ce grand homme, c'est l'application qu'il a su faire de l'algèbre à la géométrie, idée des plus vastes et des plus heureuses que l'esprit humain ait jamais eues, et qui sera toujours la clef des plus profondes recherches, non seulement dans la géométrie sublime, mais dans toutes les sciences physico-mathématiques.

Comme philosophe, il a peut-être été aussi grand, mais il n'a pas été si heureux. La géométrie qui par la nature de son objet doit toujours gagner sans perdre, ne pouvait manquer, étant maniée par un aussi grand génie, de faire des progrès très sensibles et apparents pour tout le monde. La philosophie se trouvait dans un état bien différent, tout y était à commencer : et que ne coûtent point les premiers pas en tout genre ? Le mérite de les faire dispense de celui d'en faire de grands. Si Descartes qui nous a ouvert la route, n'y a pas été aussi loin que ses sectateurs le croient, il s'en faut beaucoup que les sciences lui doivent aussi peu que le prétendent ses adversaires. Sa méthode seule aurait suffi pour le rendre immortel ; sa Dioptrique est la plus grande et la plus belle application qu'on eût faite encore de la géométrie à la physique ; on voit enfin dans ses ouvrages même les moins lus maintenant, briller partout le génie inventeur. Si on juge sans partialité ces tourbillons devenus aujourd'hui presque ridicules, on conviendra, j'ose le dire, qu'on ne pouvait alors imaginer rien de mieux [1]. Les observations astronomiques qui ont servi à les détruire étaient encore imparfaites, ou peu constatées; rien n'était plus naturel que de supposer un fluide qui transportât les planètes; il n'y avait qu'une longue suite de phénomènes, de raisonnements et de calculs, et par conséquent une longue suite d'années, qui pût faire renoncer à une théorie si séduisante. Elle avait d'ailleurs l'avantage singulier de rendre raison de la gravitation des corps par la force centrifuge du tourbillon même : et je ne crains point d'avancer que cette explication de la pesanteur est une des plus belles et des plus ingénieuses hypothèses que la philosophie ait jamais imaginées. Aussi a-t-il fallu pour l'abandonner, que les physiciens aient été entraînés comme malgré eux par la théorie des forces centrales, et par des expériences faites longtemps après. Reconnaissons donc que Descartes, forcé de créer une physique toute nouvelle, n'a pu la créer meilleure; qu'il a fallu, pour ainsi dire, passer par les tourbillons pour arriver au vrai système du monde; et que s'il s'est trompé sur les lois du mouvement, il a du moins deviné le premier qu'il devait y en avoir.

Sa métaphysique, aussi ingénieuse et aussi nouvelle que sa physique, a eu le même sort à peu près; et c'est aussi à peu près par les mêmes raisons qu'on peut la justifier; car telle est aujourd'hui la fortune

---

1. Encyclopédie : « *imaginer mieux* ». Même texte dans l'édition de 1759.

de ce grand homme, qu'après avoir eu des sectateurs sans nombre, il est presque réduit à des apologistes. Il se trompa sans doute en admettant les idées innées : mais s'il eût retenu de la secte péripatéticienne la seule vérité qu'elle enseignait sur l'origine des idées par les sens, peut-être les erreurs, qui déshonoraient cette vérité par leur alliage, auraient été plus difficiles à déraciner. Descartes a osé du moins montrer aux bons esprits à secouer le joug de la scolastique, de l'opinion, de l'autorité, en un mot des préjugés et de la barbarie; et par cette révolte dont nous recueillons aujourd'hui les fruits [1], il a rendu à la philosophie un service plus essentiel peut-être que tous ceux qu'elle doit à ses illustres successeurs. On peut le regarder comme un chef de conjurés, qui a eu le courage de s'élever le premier contre une puissance despotique et arbitraire, et qui en préparant une révolution éclatante, a jeté les fondements d'un gouvernement plus juste et plus heureux qu'il n'a pu voir établi. S'il a fini par croire tout expliquer, il a du moins commencé par douter de tout; et les armes dont nous nous servons pour le combattre ne lui en appartiennent pas moins, parce que nous les tournons contre lui. D'ailleurs, quand les opinions absurdes sont invétérées, on est quelquefois forcé, pour désabuser le genre humain, de les remplacer par d'autres erreurs, lorsqu'on ne peut mieux faire. L'incertitude et la vanité de l'esprit sont telles qu'il a toujours besoin

---

1. Encyclopédie : « les fruits, *la philosophie a reçu de lui un service plus difficile peut-être à rendre* que tous ceux qu'elle doit à ses illustres successeurs. » Même texte dans l'édition de 1759.

d'une opinion à laquelle il se fixe : c'est un enfant à qui il faut présenter un jouet pour lui enlever une arme dangereuse; il quittera de lui-même ce jouet quand le temps de la raison sera venu. En donnant ainsi le change aux philosophes, ou à ceux qui croient l'être, on leur apprend du moins à se défier de leurs lumières, et cette disposition est le premier pas vers la vérité. Aussi Descartes a-t-il été persécuté de son vivant, comme s'il fût venu l'apporter aux hommes.

Newton, à qui la route avait été préparée par **Huyghens**, parut enfin, et donna à la philosophie une forme qu'elle semble devoir conserver. Ce grand génie vit qu'il était temps de bannir de la physique les conjectures et les hypothèses vagues, ou du moins de ne les donner que pour ce qu'elles valaient, et que cette science devait être uniquement soumise aux expériences et à la géométrie [1]. C'est peut-être dans cette vue qu'il commença par inventer le calcul de l'infini et la méthode des suites, dont les usages si étendus dans la géométrie même, le sont encore davantage pour déterminer les effets compliqués que l'on observe dans la nature, où tout semble s'exécuter par des espèces de progressions infinies. Les expériences de la pesanteur, et les observations de **Képler**, firent découvrir au philosophe anglais la force qui retient les planètes dans leurs orbites. Il enseigna tout ensemble et à distinguer les causes de leurs mouvements, et à les calculer avec une exactitude qu'on n'aurait pu exiger que du travail de plu-

---

1. Encyclopédie : « aux expériences *de* la géométrie ».

sieurs siècles. Créateur d'une optique toute nouvelle, il fit connaître la lumière aux hommes en la décomposant. Ce que nous pourrions ajouter à l'éloge de ce grand philosophe, serait fort au-dessous du témoignage universel qu'on rend aujourd'hui à ses découvertes presque innombrables, et à son génie tout à la fois étendu, juste et profond. En enrichissant la philosophie par une grande quantité de biens réels, il a mérité sans doute toute sa reconnaissance; mais il a peut-être plus fait pour elle en lui apprenant à être sage, et à contenir dans de justes bornes cette espèce d'audace que les circonstances avaient forcé Descartes à lui donner. Sa Théorie du Monde (car je ne veux pas dire son système) est aujourd'hui si généralement reçue, qu'on commence à disputer à l'auteur l'honneur de l'invention, parce qu'on accuse d'abord les grands hommes de se tromper, et qu'on finit par les traiter de plagiaires. Je laisse à ceux qui trouvent tout dans les ouvrages des anciens, le plaisir de découvrir dans ces ouvrages la gravitation des planètes, quand elle n'y serait pas; mais en supposant même que les Grecs en aient eu l'idée, ce qui n'était chez eux qu'un système hasardé et romanesque, est devenu une démonstration dans les mains de Newton : cette démonstration qui n'appartient qu'à lui, fait le mérite réel de sa découverte; et l'attraction sans un tel appui serait une hypothèse comme tant d'autres. Si quelque écrivain célèbre s'avisait de prédire aujourd'hui sans aucune preuve qu'on parviendra un jour à faire de l'or, nos descendants auraient-ils droit sous ce prétexte de vouloir ôter la gloire du grand œuvre à un chimiste qui en viendrait à bout? Et l'in-

6.

vention des lunettes en appartiendrait-elle moins à ses auteurs, quand même quelques anciens n'auraient pas cru impossible que nous étendissions un jour la sphère de notre vue?

D'autres savants croient faire à Newton un reproche beaucoup plus fondé, en l'accusant d'avoir ramené dans la physique les *qualités occultes* des scolastiques et des anciens philosophes. Mais les savants dont nous parlons sont-ils bien sûrs que ces deux mots, vides de sens chez les scolastiques et destinés à marquer un être dont ils croyaient avoir l'idée, fussent autre chose chez les anciens philosophes que l'expression modeste de leur ignorance? Newton qui avait étudié la nature, ne se flattait pas d'en savoir plus qu'eux sur la cause première qui produit les phénomènes; mais il n'employa pas le même langage, pour ne pas révolter des contemporains qui n'auraient pas manqué d'y attacher une autre idée que lui. Il se contenta de prouver que les tourbillons de Descartes ne pouvaient rendre raison du mouvement des planètes; que les phénomènes, et les lois de la mécanique s'unissaient pour les renverser; qu'il y a une force par laquelle les planètes tendent les unes vers les autres, et dont le principe nous est entièrement inconnu. Il ne rejeta point l'impulsion; il se borna à demander qu'on s'en servît plus heureusement qu'on n'avait fait jusqu'alors pour expliquer les mouvements des planètes : ses désirs n'ont point encore été remplis, et ne le seront peut-être de longtemps. Après tout, quel mal aurait-il fait à la philosophie, en nous donnant lieu de penser que la matière peut avoir des propriétés que nous ne lui soupçonnions pas, et en nous désabusant de la confiance ridicule où nous sommes de les connaître toutes?

A l'égard de la métaphysique, il paraît que Newton ne l'avait pas entièrement négligée. Il était trop grand philosophe pour ne pas sentir qu'elle est la base de nos connaissances, et qu'il faut chercher dans elle seule des notions nettes et exactes de tout : il paraît même, par les ouvrages de ce profond géomètre, qu'il était parvenu à se faire de telles notions sur les principaux objets qui l'avaient occupé. Cependant, soit qu'il fût peu content lui-même des progrès qu'il avait faits à d'autres égards dans la métaphysique, soit qu'il crût difficile de donner au genre humain des lumières bien satisfaisantes ou bien étendues sur une science trop souvent incertaine et contentieuse, soit enfin qu'il craignit qu'à l'ombre de son autorité on n'abusât de sa métaphysique comme on avait abusé de celle de Descartes pour soutenir des opinions dangereuses ou erronées, il s'abstint presque absolument d'en parler dans ceux de ses écrits qui sont les plus connus ; et on ne peut guère apprendre ce qu'il pensait sur les différents objets de cette science, que dans les ouvrages de ses disciples. Ainsi comme il n'a causé sur ce point aucune révolution, nous nous abstiendrons de le considérer de ce côté-là.

Ce que Newton n'avait osé, ou n'aurait peut-être pu faire, **Locke** l'entreprit et l'exécuta avec succès. On peut dire qu'il créa la métaphysique à peu près comme Newton avait créé la physique. Il conçut que les abstractions et les questions ridicules qu'on avait jusqu'alors agitées, et qui avaient fait comme la substance de la philosophie, étaient la partie qu'il fallait surtout proscrire. Il chercha dans ces abstractions et dans l'abus des signes les causes principales de nos erreurs, et les y trouva. Pour connaître notre âme, ses idées et ses affections, il n'étudia point les livres, parce qu'ils l'auraient mal instruit : il se contenta de descendre profondément en lui-même; et après s'être, pour ainsi dire, contemplé longtemps, il ne fit dans son traité *de l'Entendement humain* que présenter aux hommes le miroir dans lequel il s'était vu. En un mot il réduisit la métaphysique à ce qu'elle doit être en effet, la physique expérimentale de l'âme; espèce de physique très différente de celle des corps, non seulement par son objet, mais par la manière de l'envisager. Dans celle-ci on peut découvrir, et on découvre souvent des phénomènes inconnus; dans l'autre, les faits aussi anciens que le monde existent également dans tous les hommes : tant pis pour qui croit en voir de nouveaux. La métaphysique raisonnable ne peut consister, comme la physique expérimentale, qu'à rassembler avec soin tous ces faits, à les réduire en un corps, à expliquer les uns par les autres, en distinguant ceux qui doivent tenir le premier rang et servir comme de base. En un mot les principes de la métaphysique, aussi simples que les axiomes, sont les mêmes pour les philosophes et pour le peuple. Mais le peu de progrès que cette science a fait depuis si longtemps, montre combien il est rare d'appliquer heureusement ces principes, soit par la difficulté que renferme un pareil travail, soit peut-être aussi par l'impatience naturelle qui empêche de s'y borner. Cependant le titre de métaphysicien et même de grand métaphysicien est encore assez commun dans notre siècle; car nous aimons à tout prodiguer : mais qu'il y a peu de personnes véritablement dignes de ce nom! Combien y en a-t-il qui ne le méritent que par le malheureux talent d'obscurcir avec beaucoup de subtilité des idées claires, et de préférer dans les notions qu'ils se forment l'extraordinaire au vrai, qui est toujours simple? Il ne faut pas s'étonner après cela si la plupart de ceux qu'on appelle *métaphysiciens* font si peu de cas les uns des autres. Je ne doute point que ce titre ne soit bientôt une injure pour nos bons esprits, comme le nom de sophiste, qui pourtant signifie *sage*, avili en Grèce par ceux qui le portaient, fut rejeté par les vrais philosophes.

Concluons de toute cette histoire, que l'Angleterre nous doit la naissance de cette philosophie que nous avons reçue d'elle. Il y a peut-être plus loin des formes substantielles aux tourbillons, que des tourbillons à la gravitation universelle; comme il y a peut-être un plus grand intervalle entre l'algèbre pure et l'idée de l'appliquer à la géométrie, qu'entre le petit triangle de **Barrow** et le calcul différentiel.

Tels sont les principaux génies que l'esprit humain doit regarder comme ses maîtres, et à qui la Grèce eût élevé des statues, quand même elle eût été obligée pour leur faire place, d'abattre celles de quelques conquérants.

Les bornes de ce Discours préliminaire nous empêchent de parler de plusieurs philosophes illustres, qui sans se proposer des vues aussi grandes que ceux dont nous venons de faire mention, n'ont pas laissé par leurs travaux de contribuer beaucoup à l'avancement des sciences, et ont pour ainsi dire levé un coin du voile qui nous cachait la vérité. De ce nombre sont : **Galilée**, à qui la géographie doit tant pour ses découvertes astronomiques, et la mécanique pour sa théorie de l'accélération ; **Harvey**, que la découverte de la circulation du sang rendra immortel ; **Huyghens**, que nous avons déjà nommé, et qui par des ouvrages pleins de force et de génie, a si bien mérité de la géométrie et de la physique ; **Pascal**, auteur d'un traité sur la cycloïde, qu'on doit regarder comme un prodige de sagacité et de pénétration, et d'un traité de l'équilibre des liqueurs et de la pesanteur de l'air, qui nous a ouvert une science nouvelle : génie universel et sublime, dont les talents ne pourraient être trop regrettés par la philosophie, si la religion n'en avait pas profité ; **Malebranche**, qui a si bien démêlé les erreurs des sens, et qui a connu celles de l'imagination, comme s'il n'avait pas été souvent trompé par la sienne ; **Boyle**, le père de la physique expérimentale ; plusieurs autres enfin, parmi lesquels doivent être comptés avec distinction les **Vesale**, les **Sydenham**, les **Boerhaave**, et une infinité d'anatomistes et de physiciens célèbres.

Entre ces grands hommes il en est un, dont la philosophie, aujourd'hui fort accueillie et fort combattue dans le Nord de l'Europe, nous oblige à ne le point passer sous silence ; c'est l'illustre **Leibnitz**. Quand il n'aurait pour lui que la gloire, ou même que le soupçon d'avoir partagé avec Newton l'invention du calcul différentiel, il mériterait à ce titre une mention honorable. Mais c'est principalement par sa métaphysique que nous voulons l'envisager. Comme Descartes, il semble avoir reconnu l'insuffisance de toutes les solutions qui avaient été données jusqu'à lui des questions les plus élevées, sur l'union du corps et de l'âme, sur la Providence, sur la nature de la matière; il paraît même avoir eu l'avantage d'exposer avec plus de force que personne les difficultés qu'on peut proposer sur ces questions; mais moins sage que Locke et Newton, il ne s'est pas contenté de former des doutes, il a cherché à les dissiper, et de ce côté-là il n'a peut-être pas été plus heureux que Descartes. Son principe de la *raison suffisante*, très beau et très vrai en lui-même, ne paraît pas devoir être fort utile à des êtres aussi peu éclairés que nous le sommes sur les raisons premières de toutes choses; ses *monades* prouvent tout au plus qu'il a vu mieux que personne qu'on ne peut se former une idée nette de la matière, mais elles ne paraissent pas faites pour la donner; son *harmonie préétablie* semble n'ajouter qu'une difficulté de plus à l'opinion de Descartes sur l'union du corps et de l'âme; enfin son système de l'*optimisme* est peut-être dangereux par le prétendu avantage qu'il a d'expliquer tout. Ce grand homme paraît avoir porté dans la métaphysique plus de sagacité que de lumière; mais de quelque manière qu'on pense sur cet article, on ne peut lui refuser l'admiration que méritent la grandeur de ses vues en tout genre, l'étendue prodigieuse de ses connaissances, et surtout l'esprit philosophique par lequel il a su les éclairer [1].

1. Encyclopédie : La phrase : « *Ce grand homme... par lequel il a su les éclairer* » n'est pas dans l'Encyclopédie. »

Nous finirons par une observation qui ne paraîtra pas surprenante à des philosophes. Ce n'est guère de leur vivant que les grands hommes dont nous venons de parler ont changé la face des sciences. Nous avons déjà vu pourquoi Bacon n'a point été chef de secte ; deux raisons se joignent à celle que nous en avons apportée. Ce grand philosophe a écrit plusieurs de ses ouvrages dans une retraite à laquelle ses ennemis l'avaient forcé, et le mal qu'ils avaient fait à l'homme d'État n'a pu manquer de nuire à l'auteur. D'ailleurs, uniquement occupé d'être utile, il a peut-être embrassé trop de matières, pour que ses contemporains dussent se laisser éclairer à la fois sur un si grand nombre d'objets. On ne permet guère aux grands génies d'en savoir tant ; on veut bien apprendre quelque chose d'eux sur un sujet borné ; mais on ne veut pas être obligé à réformer toutes ses idées sur les leurs. C'est en partie pour cette raison que les ouvrages de Descartes ont essuyé en France après sa mort plus de persécution que leur auteur n'en avait souffert en Hollande pendant sa vie : ce n'a été qu'avec beaucoup de peine que les écoles ont enfin osé admettre une physique qu'elles s'imaginaient être contraire à celle de Moïse. Newton, il est vrai, a trouvé dans ses contemporains moins de contradiction ; soit que les découvertes géométriques par lesquelles il s'annonça, et dont on ne pouvait lui disputer ni la propriété, ni la réalité, eussent accoutumé à l'admiration pour lui, et à lui rendre des hommages qui n'étaient ni trop subits, ni trop forcés ; soit que par sa supériorité il imposât silence à l'envie ; soit enfin, ce qui paraît plus difficile à croire, qu'il eût affaire à une nation moins injuste que les autres. Il a eu l'avantage singulier de voir sa philosophie généralement reçue en Angleterre de son vivant, et d'avoir tous ses compatriotes pour partisans et pour admirateurs. Cependant il s'en fallait bien que le reste de l'Europe fît alors le même accueil à ses ouvrages. Non seulement ils étaient inconnus en France, mais la philosophie scolastique y dominait encore, lorsque Newton avait déjà renversé la physique cartésienne ; et les tourbillons étaient détruits avant que nous songeassions à les adopter. Nous avons été aussi longtemps à les soutenir qu'à les recevoir. Il ne faut qu'ouvrir nos livres, pour voir avec surprise qu'il n'y a pas encore trente [1] ans qu'on a commencé en France à renoncer au cartésianisme. Le premier qui ait osé parmi nous se déclarer ouvertement newtonien, est l'auteur du *Discours sur la figure des astres*, qui joint à des connaissances géométriques très étendues, cet esprit philosophique avec lequel elles ne se trouvent pas toujours, et ce talent d'écrire auquel on ne croira plus qu'elles nuisent, quand on aura lu ses ouvrages. **M. de Maupertuis** a cru qu'on pouvait être bon citoyen, sans adopter aveuglément la physique de son pays ; et pour attaquer cette physique, il a eu besoin d'un courage dont on doit lui savoir gré. En effet notre nation, singulièrement avide de nouveautés dans les matières de goût, est au contraire en matière de science très attachée aux opinions anciennes. Deux dispositions si contraires en apparence ont leur principe dans plusieurs causes, et surtout dans cette

---

1. Encyclopédie : « *vingt* ans ».

ardeur de jouir qui semble constituer notre caractère.
Tout ce qui est du ressort du sentiment n'est pas fait
pour être longtemps cherché, et cesse d'être agréable,
dès qu'il ne se présente pas tout d'un coup; mais aussi
l'ardeur avec laquelle nous nous y livrons s'épuise
bientôt; et l'âme dégoûtée aussitôt que remplie, vole
vers un nouvel objet qu'elle abandonnera de même.
Au contraire, ce n'est qu'à force de méditation que
l'esprit parvient à ce qu'il cherche : mais par cette
raison il veut jouir aussi longtemps qu'il a cherché,
surtout lorsqu'il ne s'agit que d'une philosophie hypo-
thétique et conjecturale [1], beaucoup plus riante que
des calculs et des combinaisons exactes. Les physiciens attachés à leurs théories, avec le même zèle et
par les mêmes motifs que les artisans à leurs pratiques, ont sur ce point beaucoup plus de ressemblance
avec le peuple qu'ils ne s'imaginent. Respectons toujours Descartes; mais abandonnons sans peine des
opinions qu'il eût combattues lui-même un siècle plus
tard. Surtout ne confondons point sa cause avec celle
de ses sectateurs. Le génie qu'il a montré en cherchant dans la nuit la plus sombre une route nouvelle,
quoique trompeuse, n'était qu'à lui : ceux qui l'ont
osé suivre les premiers dans les ténèbres ont au moins
marqué du courage; mais il n'y a plus de gloire à
s'égarer sur ses traces depuis que la lumière est
venue. Parmi le peu de savants qui défendent encore
sa doctrine, il eût désavoué lui-même ceux qui n'y
tiennent que par un attachement servile à ce qu'ils
ont appris dans leur enfance, ou par je ne sais quel

1. Encyclopédie : « *conjecturable* ».

préjugé national, la honte de la philosophie. Avec de tels motifs on peut être le dernier de ses partisans; mais on n'aurait pas eu le mérite d'être son premier disciple, ou plutôt on eût été son adversaire, lorsqu'il n'y avait que de l'injustice à l'être. Pour avoir le droit d'admirer les erreurs d'un grand homme, il faut savoir les reconnaître, quand le temps les a mises au grand jour. Aussi les jeunes gens qu'on regarde d'ordinaire comme d'assez mauvais juges, sont peut-être les meilleurs dans les matières philosophiques et dans beaucoup d'autres, lorsqu'ils ne sont pas dépourvus de lumière; parce que tout leur étant également nouveau, ils n'ont d'autre intérêt que celui de bien choisir.

Ce sont en effet les jeunes géomètres, tant de [1] France que des pays étrangers, qui ont réglé le sort des deux philosophies. L'ancienne est tellement proscrite, que ses plus zélés partisans n'osent plus même nommer ces tourbillons dont ils remplissaient autrefois leurs ouvrages. Si le newtonianisme venait à être détruit de nos jours par quelque cause que ce pût être, injuste ou légitime, les sectateurs nombreux qu'il a maintenant joueraient sans doute alors le même rôle qu'ils ont fait jouer à d'autres. Telle est la nature des esprits : telles sont les suites de l'amour-propre qui gouverne les philosophes du moins autant que les autres hommes, et de la contradiction que doivent éprouver toutes les découvertes, ou même ce qui en a l'apparence.

Il en a été de Locke à peu près comme de Bacon,

---

1. Encyclopédie : « *en* ».

de Descartes et de Newton. Oublié longtemps pour Rohault et pour Regis, et encore assez peu connu de la multitude, il commence enfin à avoir parmi nous des lecteurs et quelques partisans. C'est ainsi que les personnages illustres, souvent trop au-dessus de leur siècle, travaillent presque toujours en pure perte pour leur siècle même ; c'est aux âges suivants qu'il est réservé de recueillir le fruit de leurs lumières. Aussi les restaurateurs des sciences ne jouissent-ils presque jamais de toute la gloire qu'ils méritent ; des esprits [1] fort inférieurs la leur arrachent, parce que les grands hommes se livrent à leur génie, et les hommes [2] médiocres à celui de leur nation. Il est vrai que le témoignage que la supériorité ne peut s'empêcher de se rendre à elle-même, suffit pour la dédommager des suffrages vulgaires : elle se nourrit de sa propre substance ; et cette réputation dont on est si avide, ne sert souvent qu'à consoler la médiocrité des avantages que le talent a sur elle. On peut dire en effet que la renommée qui publie tout, raconte plus souvent ce qu'elle entend que ce qu'elle voit, et que les poètes qui lui ont donné cent bouches, devaient bien aussi lui donner un bandeau.

La philosophie, qui forme le goût dominant de notre siècle, semble par les progrès qu'elle fait parmi nous, vouloir réparer le temps qu'elle a perdu, et se venger de l'espèce de mépris que lui avaient marqué nos pères. Ce mépris est aujourd'hui retombé sur l'érudition, et n'en est pas plus juste pour avoir

1. Encyclopédie : « des *hommes* ». Même texte dans l'édition de 1759.
2. Encyclopédie : « les *gens* médiocres ».

changé d'objet. On s'imagine que nous avons tiré des ouvrages des anciens tout ce qu'il nous importait de savoir; et sur ce fondement on dispenserait volontiers de leur peine ceux qui vont encore les consulter. Il semble qu'on regarde l'antiquité comme un oracle qui a tout dit, et qu'il est inutile d'interroger; et l'on ne fait guère plus de cas aujourd'hui de la restitution d'un passage, que de la découverte d'un petit rameau de veine dans le corps humain. Mais comme il serait ridicule de croire qu'il n'y a plus rien à découvrir dans l'anatomie, parce que les anatomistes se livrent quelquefois à des recherches, inutiles en apparence, et souvent utiles par leurs suites, il ne serait pas moins absurde de vouloir interdire l'érudition, sous prétexte des recherches peu importantes auxquelles nos savants peuvent s'abandonner. C'est être ignorant ou présomptueux de croire que tout soit vu dans quelque matière que ce puisse être, et que nous n'ayons plus aucun avantage à tirer de l'étude et de la lecture des anciens.

L'usage de tout écrire aujourd'hui en langue vulgaire, a contribué sans doute à fortifier ce préjugé, et peut-être est [1] plus pernicieux que le préjugé même. Notre langue s'étant [2] répandue par toute l'Europe, nous avons cru qu'il était temps de la substituer à la langue latine, qui depuis la renaissance des lettres était celle de nos savants. J'avoue qu'un philosophe est beaucoup plus excusable d'écrire en français, qu'un Français de faire des vers latins; je veux bien

1. Encyclopédie : « et *est peut-être* ».
2. Encyclopédie : « *étant* ».

même convenir que cet usage a contribué à rendre
la lumière plus générale, si néanmoins c'est étendre
réellement l'esprit d'un peuple, que d'en étendre la
superficie. Cependant il résulte de là un inconvénient
que nous aurions [1] dû prévoir. Les savants des
autres nations à qui nous avons donné l'exemple, ont
cru avec raison qu'ils écriraient encore mieux dans
leur langue que dans la nôtre. L'Angleterre nous a
donc imités; l'Allemagne, où le latin semblait s'être
réfugié, commence insensiblement à en perdre l'usage :
je ne doute pas qu'elle ne soit bientôt suivie par les
Suédois, les Danois et les Russes [2]. Ainsi, avant la fin
du xviiie siècle, un philosophe qui voudra s'instruire
à fond des découvertes de ses prédécesseurs, sera
contraint de charger sa mémoire de sept à huit
langues différentes; et après avoir consumé à les
apprendre le temps le plus précieux de sa vie, il
mourra avant de commencer à s'instruire. L'usage de
la langue latine, dont nous avons fait voir le ridicule
dans les matières de goût, ne pourrait être que très
utile dans les ouvrages de philosophie, dont la clarté
et la précision doivent faire tout le mérite, et qui n'ont
besoin que d'une langue universelle et de convention.
Il serait donc à souhaiter qu'on rétablît cet usage :
mais il n'y a pas lieu de l'espérer. L'abus dont nous
osons nous plaindre est trop favorable à la vanité et
à la paresse, pour qu'on se flatte de le déraciner.
Les philosophes, comme les autres écrivains, veulent
être lus, et surtout de leur nation. S'ils se servaient

---

1. Encyclopédie : « que nous aurions *bien* dû prévoir ».
2. Encyclopédie : « les *Russiens* ».

d'une langue moins familière, ils auraient moins de bouches pour les célébrer, et on ne pourrait pas se vanter de les entendre. Il est vrai qu'avec moins d'admirateurs, ils auraient de meilleurs juges : mais c'est un avantage qui les touche peu, parce que la réputation tient plus au nombre qu'au mérite de ceux qui la distribuent.

En récompense, car il ne faut rien outrer, nos livres de science semblent avoir acquis jusqu'à l'espèce d'avantage qui[1] semblait devoir être particulier aux ouvrages de belles-lettres. Un écrivain respectable que notre siècle a[2] eu le bonheur de posséder longtemps, et dont je louerais ici les différentes productions, si je ne me bornais pas à l'envisager comme philosophe, a appris aux savants à secouer le joug du pédantisme. Supérieur dans l'art de mettre en leur jour les idées les plus abstraites, il a su par beaucoup de méthode, de précision et de clarté, les abaisser à la portée des esprits qu'on aurait cru les[3] moins faits pour les saisir. Il a même osé prêter à la philosophie les ornements qui semblaient lui être les plus étrangers, et qu'elle paraissait devoir s'interdire le plus sévèrement; et cette hardiesse a été justifiée par le succès le plus général et le plus flatteur. Mais semblable à tous les écrivains originaux, il a laissé bien loin derrière lui ceux qui ont cru pouvoir l'imiter.

L'auteur de l'*Histoire naturelle* a suivi une route toute différente. Rival de Platon et de Lucrèce, il a

1. Encyclopédie : « qu'*il* ».
2. Encyclopédie : « a *encore* le bonheur de posséder ».
3. Encyclopédie : « *le* ».

répandu dans son ouvrage, dont la réputation croît de jour en jour, cette noblesse et cette élévation de style qui sont si propres aux matières philosophiques, et qui dans les écrits du sage doivent être la peinture de son âme.

Cependant la philosophie, en songeant à plaire, paraît n'avoir pas oublié qu'elle est principalement faite pour instruire; c'est par cette raison que le goût des systèmes, plus propre à flatter l'imagination qu'à éclairer la raison, est aujourd'hui presque absolument banni des bons ouvrages. Un de nos meilleurs philosophes semble lui avoir porté les derniers coups [1]. L'esprit d'hypothèse et de conjecture pouvait être autrefois fort utile, et avait même été nécessaire pour la renaissance de la philosophie; parce qu'alors il s'agissait encore moins de bien penser, que d'apprendre à penser par soi-même. Mais les temps sont changés, et un écrivain qui ferait parmi nous l'éloge des systèmes viendrait trop tard. Les avantages que cet esprit peut procurer maintenant sont en trop petit nombre pour balancer les inconvénients qui en résultent; et si on prétend prouver l'utilité des systèmes par un très petit nombre de découvertes qu'ils ont occasionnées autrefois, on pourrait de même conseiller à nos géomètres de s'appliquer à la quadrature du cercle, parce que les efforts de plusieurs mathématiciens pour la trouver, nous ont produit quelques théorèmes. L'esprit de système [2] est dans la physique ce que la méta-

---

1. M. l'abbé de Condillac, de l'Académie royale des sciences de Prusse, dans son *Traité des systèmes*. (Note de d'Alembert.)
2. Encyclopédie : « *des* systèmes ».

physique est dans la géométrie. S'il est quelquefois nécessaire pour nous mettre dans le chemin de la vérité, il est presque toujours incapable de nous y conduire par lui-même. Éclairé par l'observation de la nature, il peut entrevoir les causes des phénomènes : mais c'est au calcul à assurer pour ainsi dire l'existence de ces causes, en déterminant exactement les effets qu'elles peuvent produire, et en comparant ces effets avec ceux que l'expérience nous découvre. Toute hypothèse dénuée d'un tel secours acquiert rarement ce degré de certitude, qu'on doit toujours chercher dans les sciences naturelles, et qui néanmoins se trouve si peu dans ces conjectures frivoles qu'on honore du nom de systèmes. S'il ne pouvait y en avoir que de cette espèce, le principal mérite du physicien serait, à proprement parler, d'avoir l'esprit de système, et de n'en faire jamais. A l'égard de l'usage des systèmes dans les autres sciences, mille expériences prouvent combien il est dangereux.

La physique est donc uniquement bornée aux observations et aux calculs; la médecine à l'histoire du corps humain, de ses maladies et de leurs remèdes; l'histoire naturelle à la description détaillée des végétaux, des animaux et des minéraux; la chimie à la composition et à la décomposition expérimentale des corps; en un mot toutes les sciences, renfermées dans les faits autant qu'il leur est possible, et dans les conséquences qu'on en peut déduire, n'accordent rien à l'opinion, que quand elles y sont forcées. Je ne parle point de la géométrie, de l'astronomie et de la mécanique, destinées par leur nature à aller toujours en se perfectionnant de plus en plus.

On abuse des meilleures choses. Cet esprit philosophique, si à la mode aujourd'hui, qui veut tout voir et ne rien supposer, s'est répandu jusque dans les belles-lettres; on prétend même qu'il est nuisible à leurs progrès, et il est difficile de se le dissimuler. Notre siècle porté à la combinaison et à l'analyse, semble vouloir introduire les discussions froides et didactiques dans les choses de sentiment. Ce n'est pas que les passions et le goût n'aient une logique qui leur appartient; mais cette logique a des principes tout différents de ceux de la logique ordinaire : ce sont ces principes qu'il faut démêler en nous et c'est, il faut l'avouer, de quoi une philosophie commune est peu capable. Livrée tout entière à l'examen des perceptions tranquilles de l'âme, il lui est bien plus facile d'en démêler les nuances que celles de nos passions, ou en général des sentiments vifs qui nous affectent. Et comment cette espèce de sentiments ne serait-elle pas difficile à analyser avec justesse? Si d'un côté, il faut se livrer à eux pour les connaître, de l'autre, le temps où l'âme en est affectée, est celui où elle peut les étudier le moins. Il faut pourtant convenir que cet esprit de discussion a contribué à affranchir notre littérature de l'admiration aveugle des anciens; il nous a appris à n'estimer en eux que les beautés que nous serions contraints d'admirer dans des modernes. Mais c'est peut-être aussi à la même source que nous devons je ne sais quelle métaphysique du cœur, qui s'est emparée de nos théâtres; s'il ne fallait pas l'en bannir entièrement, encore moins fallait-il l'y laisser régner. Cette anatomie de l'âme s'est glissée jusque dans nos conversations; on y disserte, on n'y parle plus; et nos sociétés ont perdu leurs principaux agréments, la chaleur et la gaieté.

Ne soyons donc pas étonnés que nos ouvrages d'esprit soient en général inférieurs à ceux du siècle précédent. On peut même en trouver la raison dans les efforts que nous faisons pour surpasser nos prédécesseurs. Le goût et l'art d'écrire font en peu de temps des progrès rapides, dès qu'une fois la véritable route est ouverte : à peine un grand génie a-t-il entrevu le beau, qu'il l'aperçoit dans toute son étendue; et l'imitation de la belle Nature semble bornée à de certaines limites qu'une génération ou deux tout au plus, ont bientôt atteintes; il ne reste à la génération suivante que d'imiter; mais elle ne se contente pas de ce partage; les richesses qu'elle a acquises autorisent le désir de les accroître; elle veut ajouter à ce qu'elle a reçu, et manque le but en cherchant à le passer. On a donc tout à la fois plus de principes pour bien juger, un plus grand fonds de lumières, plus de bons juges, et moins de bons ouvrages; on ne dit point d'un livre qu'il est bon, mais que c'est le livre d'un homme d'esprit. C'est ainsi que le siècle de Démétrius de Phalère a succédé immédiatement à celui de Démosthène, le siècle de Lucain et de Sénèque à celui de Cicéron et de Virgile, et le nôtre à celui de Louis XIV.

Je ne parle ici que du siècle en général, car je suis bien éloigné de faire la satire de quelques hommes d'un mérite rare avec qui nous vivons. La constitution physique du monde littéraire entraîne, comme celle du monde matériel, des révolutions forcées, dont il serait aussi injuste de se plaindre que du changement des saisons. D'ailleurs comme nous devons au siècle de Pline les ouvrages admirables de Quintilien et de Tacite, que la génération précédente n'aurait peut-être pas été en état de produire, le nôtre laissera à la postérité des monuments dont il a droit de se glorifier. Un poète célèbre par ses talents et par ses malheurs a effacé Malherbe dans ses odes, et Marot dans ses épigrammes et dans ses épîtres. Nous avons vu naître le seul poème épique que la France puisse opposer à ceux des Grecs, des Romains, des Italiens, des Anglais et des Espagnols. Deux hommes illustres, entre lesquels notre nation semble partagée, et que la postérité saura mettre chacun à sa place, se disputent la gloire du cothurne, et l'on voit encore avec un extrême plaisir leurs tragédies après celles de [1] Corneille et de Racine. L'un de ces deux hommes, le même à qui nous devons la **Henriade**, sûr d'obtenir parmi le très petit nombre de grands poètes une place distinguée et qui n'est qu'à lui, possède en même temps au plus haut degré un talent que n'a eu presque aucun poète, même dans un degré médiocre, celui d'écrire en prose. Personne n'a mieux connu l'art si rare de rendre sans effort chaque idée par le terme qui lui est propre, d'embellir tout sans se méprendre sur le coloris propre à chaque chose; enfin, ce qui caractérise plus qu'on ne pense les grands écrivains, de n'être jamais ni au-dessus, ni au-dessous de son sujet. Son Essai sur le siècle de Louis XIV est un morceau d'autant plus pré-

---

1. Encyclopédie : « des Corneille et des Racine ».

cieux, que l'auteur n'avait en ce genre aucun modèle, ni parmi les anciens, ni parmi nous. Son Histoire de Charles XII, par la rapidité et la noblesse du style, est digne du héros qu'il avait à peindre ; ses pièces fugitives supérieures à toutes celles que nous estimons le plus, suffiraient par leur nombre et par leur mérite pour immortaliser plusieurs écrivains. Que ne puis-je en parcourant ici ses nombreux et admirables ouvrages, payer à ce génie rare le tribut d'éloges qu'il mérite, qu'il a reçu tant de fois de ses compatriotes, des étrangers, et de ses ennemis, et auquel la postérité mettra le comble quand il ne pourra plus en jouir !

Ce ne sont pas là nos seules richesses. Un écrivain judicieux, aussi bon citoyen que grand philosophe, nous a donné sur les principes des lois un ouvrage décrié par quelques Français [1], applaudi par la nation et admiré de toute l'Europe ; ouvrage qui sera un monument immortel du génie et de la vertu de son auteur, et des progrès de la raison dans un siècle, dont le milieu sera une époque mémorable dans l'histoire de la philosophie. D'excellents auteurs ont écrit l'histoire [2] ancienne et moderne ; des esprits justes et éclairés l'ont approfondie ; la comédie a acquis un nouveau genre, qu'on aurait tort de rejeter, puisqu'il en résulte un plaisir de plus, et [3] que d'ailleurs ce genre même n'a pas été aussi inconnu des anciens

---

1. Encyclopédie : « par quelques Français *et estimé de toute l'Europe. D'excellents auteurs ont écrit l'histoire* », etc.

2. Encyclopédie : « ont écrit *l'histoire ; des esprits justes et éclairés* », etc.

3. Encyclopédie : « et *qui* n'a pas été aussi inconnu ». Même texte dans l'édition de 1759.

qu'on voudrait nous le persuader ; enfin nous avons plusieurs romans qui nous empêchent de regretter ceux du dernier siècle.

Les beaux-arts ne sont pas moins en honneur dans notre nation. Si j'en crois les amateurs éclairés, notre école de peinture est la première de l'Europe, et plusieurs ouvrages de nos sculpteurs n'auraient pas été désavoués par les anciens. La musique est peut-être de tous ces arts celui qui a fait depuis quinze ans le plus de progrès parmi nous. Grâce aux travaux d'un génie mâle, hardi et fécond, les étrangers qui ne pouvaient souffrir nos symphonies, commencent à les goûter, et les Français paraissent enfin persuadés que Lulli avait laissé dans ce genre beaucoup à faire. M. **Rameau**, en poussant la pratique de son art à un si haut degré de perfection, est devenu tout ensemble le modèle et l'objet de la jalousie d'un grand nombre d'artistes, qui le décrient en s'efforçant de l'imiter. Mais ce qui le distingue plus particulièrement, c'est d'avoir réfléchi avec beaucoup de succès sur la théorie de ce même art; d'avoir su trouver dans la base fondamentale le principe de l'harmonie et de la mélodie ; d'avoir réduit par ce moyen à des lois plus certaines et plus simples, une science livrée avant lui à des règles arbitraires ou dictées par une expérience aveugle. Je saisis avec empressement l'occasion de célébrer cet artiste philosophe dans un Discours destiné principalement à l'éloge des grands hommes. Son mérite, dont il a forcé notre siècle à [1] convenir, ne sera bien connu

---

1. Encyclopédie : « *de* ».

que quand le temps aura fait taire l'envie ; et son nom, cher à la partie de notre nation la plus éclairée, ne peut blesser ici personne. Mais dût-il déplaire à quelques prétendus Mécènes, un philosophe serait bien à plaindre, si même en matière de sciences et de goût, il ne se permettait pas de dire la vérité.

Voilà les biens que nous possédons. Quelle idée ne se formera-t-on pas de nos trésors littéraires, si l'on joint aux ouvrages de tant de grands hommes les travaux de toutes les compagnies savantes, destinées à maintenir le goût des sciences et des lettres, et à qui nous devons tant d'excellents livres ! De pareilles sociétés ne peuvent manquer de produire dans un État de grands avantages, pourvu qu'en les multipliant à l'excès, on n'en facilite point l'entrée à un trop grand nombre de gens médiocres; qu'on en bannisse toute inégalité propre à éloigner ou à rebuter des hommes faits pour éclairer les autres; qu'on n'y connaisse d'autre supériorité que celle du génie ; que la considération y soit le prix du travail; enfin que les récompenses y viennent chercher les talents, et ne leur soient point enlevées par l'intrigue. Car il ne faut pas s'y tromper : on nuit plus aux progrès de l'esprit en plaçant mal les récompenses qu'en les supprimant. Avouons même à l'honneur des lettres, que les savants n'ont pas toujours besoin d'être récompensés pour se multiplier. Témoin l'Angleterre, à qui les sciences doivent tant, sans que le gouvernement fasse rien pour elles. Il est vrai que la nation les considère, qu'elle les respecte même ; et cette espèce de récompense, supérieure à toutes les autres, est sans doute le moyen le plus sûr de faire fleurir les sciences et les arts; parce que c'est le gouvernement qui donne les places, et le public qui distribue l'estime. L'amour des lettres, qui est un mérite chez nos voisins, n'est encore à la vérité qu'une mode parmi nous, et ne sera peut-être jamais autre chose; mais quelque dangereuse que soit cette mode, qui pour un Mécène éclairé produit cent amateurs ignorants et orgueilleux, peut-être lui sommes-nous redevables de n'être pas encore tombés dans la barbarie où une foule de circonstances tendent à nous précipiter.

On peut regarder comme une des principales, cet amour du faux bel esprit qui protège l'ignorance, qui s'en fait honneur, et qui la répandra universellement tôt ou tard. Elle sera le fruit et le terme du mauvais goût; j'ajoute qu'elle en sera le remède. Car tout a des révolutions réglées, et l'obscurité se terminera par un nouveau siècle de lumière. Nous serons plus frappés du grand jour après avoir été quelque temps dans les ténèbres. Elles seront comme une espèce d'anarchie très funeste par elle-même, mais quelquefois utile par ses suites. Gardons-nous pourtant de souhaiter une révolution si redoutable; la barbarie dure des siècles, il semble que ce soit notre élément; la raison et le bon goût ne font que passer.

Ce serait peut-être ici le lieu de repousser les traits qu'un écrivain éloquent et philosophe [1] a lancés depuis peu contre les sciences et les arts, en les accusant de

---

1. M. Rousseau de Genève, auteur de la partie de l'*Encyclopédie* qui concerne la musique, et dont nous espérons que le public sera très satisfait, a composé un Discours fort éloquent, pour prouver que le rétablissement des sciences et des arts a corrompu les mœurs. Ce Discours a été couronné en 1750

corrompre les mœurs. Il nous siérait mal d'être de son sentiment à la tête d'un ouvrage tel que celui-ci; et l'homme de mérite dont nous parlons semble avoir donné son suffrage à notre travail par le zèle et le succès avec lequel il y a concouru. Nous ne lui reprocherons point d'avoir confondu la culture de l'esprit avec l'abus qu'on en peut faire; il nous répondrait sans doute que cet abus en est inséparable : mais nous le prierons d'examiner si la plupart des maux qu'il attribue aux sciences et aux arts ne sont point dus à des causes toutes différentes, dont l'énumération serait ici aussi longue que délicate. Les lettres contribuent certainement à rendre la Société plus aimable; il serait difficile de prouver que les hommes en sont meilleurs, et la vertu plus commune; mais c'est un privilège qu'on peut disputer à la morale même. Et pour dire encore plus, faudra-t-il proscrire les [1] lois parce que leur nom sert d'abri à quelques crimes, dont les auteurs seraient punis dans une république de sauvages? Enfin, quand nous ferions ici au désavantage des connaissances humaines un aveu dont nous sommes bien éloignés, nous le sommes encore plus de croire qu'on gagnât à les détruire : les vices nous resteraient, et nous aurions l'ignorance de plus.

Finissons cette histoire des sciences, en remarquant que les différentes formes de gouvernement, qui influent tant sur les esprits et sur la culture des

---

par l'Académie de Dijon, avec les plus grands éloges: il a été imprimé à Paris au commencement de l' (*cette*. Encycl.) année 1751, et a fait beaucoup d'honneur à son auteur. (Note de d'Alembert.)

1. Encyclopédie : « *des* ».

lettres, déterminent aussi les espèces de connaissances qui doivent principalement y fleurir, et dont chacune a son mérite particulier. Il doit y avoir en général dans une république plus d'orateurs, d'historiens et de philosophes, et dans une monarchie, plus de poètes, de théologiens et de géomètres. Cette règle n'est pourtant pas si absolue qu'elle ne puisse être altérée et modifiée par une infinité de causes.

∗ ∗ ∗

Après les réflexions et les vues générales que nous avons cru devoir placer à la tête de cette Encyclopédie, il est temps enfin d'instruire plus particulièrement le public sur l'ouvrage que nous lui présentons. Le *Prospectus*, qui a déjà été publié dans cette vue, et dont **M. Diderot**, mon collègue, est l'auteur, ayant été reçu de toute l'Europe avec les plus grands éloges, je vais en son nom le remettre ici de nouveau sous les yeux du public, avec les changements et les additions qui nous ont paru convenables à l'un et à l'autre.

∗ ∗ ∗

On ne peut disconvenir que depuis le renouvellement des lettres parmi nous, on ne doive en partie aux Dictionnaires les lumières générales qui se sont répandues dans la société, et ce germe de science qui dispose insensiblement les esprits à des connaissances plus profondes. L'utilité sensible de ces sortes d'ouvrages les a rendus si communs que nous sommes plutôt aujourd'hui dans le cas de les justifier que d'en faire l'éloge. On prétend qu'en multipliant les secours et la facilité de s'instruire, ils contribueront à éteindre le goût du travail et de l'étude. Pour nous, nous croyons être bien fondés à soutenir que c'est à la manie du bel esprit et à l'abus de la philosophie, plutôt qu'à la multitude des Dictionnaires, qu'il faut attribuer notre paresse et la décadence du bon goût. Ces sortes de collections peuvent tout au plus servir à donner quelques lumières à ceux qui sans ce secours n'auraient pas eu le courage de s'en procurer; mais elles ne tiendront jamais lieu de livres à ceux qui chercheront à s'instruire; les Dictionnaires par leur forme même ne sont propres qu'à être consultés, et se refusent à toute lecture suivie. Quand nous apprendrons qu'un homme de lettres, désirant d'étudier l'histoire à fond, aura choisi pour cet objet le Dictionnaire de Moreri, nous conviendrons du reproche que l'on veut nous faire. Nous aurions peut-être plus de raison d'attribuer l'abus prétendu dont on se plaint, à la multiplication des méthodes, des éléments, des abrégés et des bibliothèques, si nous n'étions persuadés qu'on ne saurait trop faciliter les moyens de s'instruire.

On abrégerait encore davantage ces moyens en réduisant à quelques volumes tout ce que les hommes ont découvert jusqu'à nos jours dans les sciences et dans les arts. Ce projet, en y comprenant même les faits historiques réellement utiles, ne serait peut-être pas impossible dans l'exécution; il serait du moins à souhaiter qu'on le tentât; nous ne prétendons aujourd'hui que l'ébaucher; et il nous débarrasserait enfin de tant de livres, dont les auteurs n'ont fait que se copier les uns les autres. Ce qui doit nous rassurer contre la satire des Dictionnaires, c'est qu'on pourrait faire le même reproche sur un fondement aussi peu solide aux journalistes les plus estimables. Leur but n'est-il pas essentiellement d'exposer en raccourci ce que notre siècle ajoute de lumières à celles des siècles précédents; d'apprendre à se passer des originaux, et d'arracher par conséquent ces épines que nos adversaires voudraient qu'on laissât? Combien de lectures inutiles dont nous serions dispensés par de bons extraits!

Nous avons donc cru qu'il importait d'avoir un Dictionnaire qu'on pût consulter sur toutes les matières des arts et des sciences, et qui servît autant à guider ceux qui se sentent le courage de travailler à l'instruction des autres, qu'à éclairer ceux qui ne s'instruisent que pour eux-mêmes.

Jusqu'ici, personne n'avait conçu un ouvrage aussi grand, ou du moins personne ne l'avait exécuté. Leibnitz, de tous les savants le plus capable d'en sentir les difficultés, désirait qu'on les surmontât. Cependant on avait des Encyclopédies, et Leibnitz ne l'ignorait pas, lorsqu'il en demandait une.

La plupart de ces ouvrages parurent avant le siècle dernier, et ne furent pas tout à fait méprisés. On trouva que, s'ils n'annonçaient pas beaucoup de génie, ils marquaient au moins du travail et des connaissances. Mais que serait-ce pour nous que ces Encyclopédies? Quel progrès n'a-t-on pas fait depuis dans les sciences et dans les arts? Combien de vérités découvertes aujourd'hui qu'on n'entrevoyait pas alors! La vraie philosophie était au berceau; la géométrie de l'infini n'était pas encore; la physique expérimentale se montrait à peine; il n'y avait point de dialectique; les lois de la saine critique étaient entièrement ignorées. Les auteurs célèbres en tout genre dont nous avons parlé dans ce Discours, et leurs illustres disciples, ou n'existaient pas, ou n'avaient pas écrit. L'esprit de recherche et d'émulation n'animait pas les savants; un autre esprit moins fécond peut-être, mais plus rare, celui de justesse et de méthode, ne s'était point soumis les différentes parties de la littérature, et les Académies, dont les travaux ont porté si loin les sciences et les arts, n'étaient pas instituées.

Si les découvertes des grands hommes et des compagnies savantes dont nous venons de parler offrirent dans la suite de puissants secours pour former un Dictionnaire encyclopédique, il faut avouer aussi que l'augmentation prodigieuse des matières rendit à d'autres égards un tel ouvrage beaucoup plus difficile. Mais ce n'est point à nous à juger si les successeurs des premiers Encyclopédistes ont été hardis ou présomptueux; et nous les laisserions tous jouir de leur réputation, sans en excepter Ephraïm **Chambers**, le plus connu d'entre eux, si nous n'avions des raisons particulières de peser le mérite de celui-ci.

L'*Encyclopédie* de Chambers dont on a publié à Londres un si grand nombre d'éditions rapides; cette Encyclopédie qu'on vient de traduire tout récemment en italien, et qui de notre aveu mérite en Angleterre et chez l'étranger les honneurs qu'on lui rend, n'eût peut-être jamais été faite, si avant qu'elle parût en anglais, nous n'avions eu dans notre langue des ouvrages où Chambers a puisé sans mesure et sans choix la plus grande partie des choses dont il a composé son Dictionnaire. Qu'en auraient donc pensé nos Français sur une traduction pure et simple? Il eût excité l'indignation des savants et le cri du public, à qui on n'eût présenté sous un titre fastueux et nouveau, que des richesses qu'il possédait depuis longtemps.

Nous ne refusons point à cet auteur la justice qui lui est due. Il a bien senti le mérite de l'ordre encyclopédique, ou de la chaine par laquelle on peut descendre sans interruption des premiers principes d'une science ou d'un art jusqu'à ses conséquences les plus éloignées, et remonter de ses conséquences les plus éloignées jusqu'à ses premiers principes; passer imperceptiblement de cette science ou de cet art à un autre, et s'il est permis de s'exprimer ainsi, faire sans s'égarer le tour du monde littéraire. Nous convenons avec lui que le plan et le dessein de son Dictionnaire sont excellents, et que si l'exécution en était portée à un certain degré de perfection, il contribuerait plus lui seul aux progrès de la vraie science que la moitié des livres connus. Mais, malgré toutes les obligations que nous avons à cet auteur, et l'utilité considérable que nous avons retirée de son travail, nous n'avons pu nous empêcher de voir qu'il restait beaucoup à y ajouter. En effet, conçoit-on que tout ce qui concerne les sciences et les arts puisse être renfermé en deux volumes *in-folio*? La nomenclature d'une matière si étendue en fournirait un elle seule, si elle était complète. Combien donc ne doit-il pas y avoir dans son ouvrage d'articles omis ou tronqués?

Ce ne sont point ici des conjectures. La traduction entière du Chambers nous a passé sous les yeux, et nous avons trouvé une multitude prodigieuse de choses à désirer dans les sciences; dans les arts libéraux, un mot où il fallait des pages; et tout à suppléer dans les arts mécaniques. Chambers a lu des livres, mais il n'a guère vu d'artistes; cependant il y a beaucoup de choses qu'on n'apprend que dans les ateliers. D'ailleurs il n'en est pas ici des omissions comme dans un autre ouvrage. Un article omis dans un Dictionnaire commun le rend seulement imparfait. Dans une Encyclopédie, il rompt l'enchaînement, et nuit à la forme et au fond; et il a fallu tout l'art d'Ephraïm Chambers pour pallier ce défaut.

Mais, sans nous étendre davantage sur l'Encyclopédie anglaise, nous annonçons que l'ouvrage de Chambers n'est point la base unique sur laquelle nous avons élevé; que l'on a refait un grand nombre de ses articles; que l'on n'a employé presque aucun des autres sans addition, correction ou retranchement, et qu'il rentre simplement dans la classe des auteurs que nous avons particulièrement consultés. Les éloges qui furent donnés il y a six ans au simple projet de la traduction de l'Encyclopédie anglaise, auraient été pour nous un motif suffisant d'avoir recours à cette Encyclopédie, autant que le bien de notre ouvrage n'en souffrirait pas.

La partie mathématique est celle qui nous a paru mériter le plus d'être conservée : mais on jugera par les changements considérables qui y ont été faits, du besoin que cette partie et les autres avaient d'une exacte revision.

Le premier objet sur lequel nous nous sommes écartés de l'auteur anglais, c'est l'arbre généalogique qu'il a dressé des sciences et des arts, et auquel nous avons cru devoir en substituer un autre. Cette partie de notre travail a été suffisamment développée plus haut. Elle présente à nos lecteurs le canevas d'un ouvrage qui ne se peut exécuter qu'en plusieurs volumes *in-folio*, et qui doit contenir un jour toutes les connaissances des hommes.

A l'aspect d'une matière aussi étendue, il n'est personne qui ne fasse avec nous la réflexion suivante. L'expérience journalière n'apprend que trop combien il est difficile à un auteur de traiter profondément de la science ou de l'art dont il a fait toute sa vie une étude particulière. Quel homme peut donc être assez hardi et assez borné pour entreprendre de traiter seul de toutes les sciences et de tous les arts?

Nous avons inféré de là que pour soutenir un poids aussi grand que celui que nous avions à porter, il était nécessaire de le partager; et sur-le-champ nous avons jeté les yeux sur un nombre suffisant de savants et d'artistes; d'artistes habiles et connus par leurs talents; de savants exercés dans les genres particuliers qu'on avait à confier à leur travail. Nous avons distribué à chacun la partie qui lui convenait; quelques-uns même étaient en possession de la leur, avant que nous nous chargeassions de cet ouvrage. Le public verra bientôt leurs noms, et nous ne craignons point qu'il nous les reproche[1]. Ainsi, chacun n'ayant été occupé que de ce qu'il entendait, a été en état de juger sainement de ce qu'en ont écrit les

---

1. Cette phrase ne figure ni dans l'édition de 1759 ni dans celle de 1763.

anciens et les modernes, et d'ajouter aux secours qu'il en a tirés, des connaissances puisées dans son propre fonds. Personne ne s'est avancé sur le terrain d'autrui, et ne s'est mêlé de ce qu'il n'a peut-être jamais appris; et nous avons eu plus de méthode, de certitude, d'étendue et de détails, qu'il ne peut y en avoir dans la plupart des lexicographes. Il est vrai que ce plan a réduit le mérite d'éditeur à peu de chose; mais il a beaucoup ajouté à la perfection de l'ouvrage; et nous penserons toujours nous être acquis assez de gloire, si le public est satisfait. En un mot, chacun de nos collègues a fait un Dictionnaire de la partie dont il s'est chargé, et nous avons réuni tous ces Dictionnaires ensemble.

Nous croyons avoir eu de bonnes raisons pour suivre dans cet ouvrage l'ordre alphabétique. Il nous a paru plus commode et plus facile pour nos lecteurs, qui désirant de s'instruire sur la signification d'un mot, le trouveront plus aisément dans un Dictionnaire alphabétique que dans tout autre. Si nous eussions traité toutes les sciences séparément, en faisant de chacune un Dictionnaire particulier, non seulement le prétendu désordre de la succession alphabétique aurait eu lieu dans ce nouvel arrangement; mais une telle méthode aurait été sujette à des inconvénients considérables par le grand nombre de mots communs à différentes sciences, et qu'il aurait fallu répéter plusieurs fois, ou placer au hasard. D'un autre côté, si nous eussions traité de chaque science séparément et dans un discours suivi, conforme à l'ordre des idées, et non à celui des mots, la forme de cet ouvrage eût été encore moins commode pour le plus grand nombre de nos lecteurs, qui n'y auraient rien trouvé qu'avec peine; l'ordre encyclopédique des sciences et des arts y eût peu gagné, et l'ordre encyclopédique des mots, ou plutôt des objets par lesquels les sciences se communiquent et se touchent, y aurait infiniment perdu. Au contraire, rien de plus facile dans le plan que nous avons suivi que de satisfaire à l'un et à l'autre : c'est ce que nous avons détaillé ci-dessus. D'ailleurs, s'il eût été question de faire de chaque science ou de chaque art un traité particulier dans la forme ordinaire, et de réunir seulement ces différents traités sous le titre d'Encyclopédie, il eût été bien plus difficile de rassembler pour cet ouvrage un si grand nombre de personnes, et la plupart de nos collègues auraient sans doute mieux aimé donner séparément leur ouvrage, que de le voir confondu avec un grand nombre d'autres. De plus, en suivant ce dernier plan, nous eussions été forcés de renoncer presque entièrement à l'usage que nous voulions faire de l'Encyclopédie anglaise, entraînés tant par la réputation de cet ouvrage, que par l'ancien *Prospectus*, approuvé du public, et auquel nous désirions de nous conformer. La traduction entière de cette Encyclopédie nous a été remise entre les mains par les libraires qui avaient entrepris de la publier; nous l'avons distribuée à nos collègues, qui ont mieux aimé se charger de la revoir, de la corriger, et de l'augmenter, que de s'engager, sans avoir, pour ainsi dire, aucuns matériaux préparatoires. Il est vrai qu'une grande partie de ces matériaux leur a été inutile, mais du moins elle a servi à leur faire entreprendre plus volontiers le travail qu'on espérait d'eux; travail auquel plusieurs se seraient peut-être refusés, s'ils avaient prévu ce qu'il devait leur coûter de soins. D'un autre côté quelques-uns de ces savants, en possession de leur partie longtemps avant que nous fussions éditeurs, l'avaient déjà fort avancée en suivant l'ancien projet de l'ordre alphabétique. Il nous eût par conséquent été impossible de changer ce projet, quand même nous aurions été moins disposés à l'approuver. Nous savions enfin, ou du moins nous avions lieu de croire, qu'on n'avait fait à l'auteur anglais, notre modèle, aucunes difficultés sur l'ordre alphabétique auquel il s'était assujetti. Tout se réunissait donc pour nous obliger de rendre cet ouvrage conforme à un plan que nous aurions suivi par choix, si nous en eussions été les maîtres.

La seule opération dans notre travail qui suppose quelque intelligence, consiste à remplir les vides qui séparent deux sciences ou deux arts, et à renouer la chaîne dans les occasions où nos collègues se sont reposés les uns sur les autres de certains articles, qui paraissant appartenir également à plusieurs d'entre eux, n'ont été faits par aucun. Mais afin que la personne chargée d'une partie ne soit point comptable des fautes qui pourraient se glisser dans des morceaux surajoutés, nous aurons l'attention de distinguer ces morceaux par une étoile. Nous tiendrons exactement la parole que nous avons donnée; le travail d'autrui sera sacré pour nous, et nous ne manquerons pas de consulter l'auteur, s'il arrive dans le cours de l'édition que son ouvrage nous paraisse demander quelque changement considérable.

Les différentes mains que nous avons employées ont apposé à chaque article comme le sceau de leur style particulier, ainsi que celui du style propre à la matière et à l'objet d'une partie. Un procédé de chimie ne sera point du même ton que la description des bains et des théâtres anciens, ni la manœuvre d'un serrurier, exposée comme les recherches d'un théologien sur un point de dogme ou de discipline. Chaque chose a son coloris, et ce serait confondre les genres que de les réduire à une certaine uniformité. La pureté du style, la clarté et la précision sont les seules qualités qui puissent être communes à tous les articles, et nous espérons qu'on les y remarquera. S'en permettre davantage, ce serait s'exposer à la monotonie et au dégoût qui sont presque inséparables des ouvrages étendus, et que l'extrême variété des matières doit écarter de celui-ci.

Nous en avons dit assez pour instruire le public de la nature d'une entreprise à laquelle il a paru s'intéresser; des avantages généraux qui en résulteront, si elle est bien exécutée; du bon ou du mauvais succès de ceux qui l'ont tentée avant nous; de l'étendue de son objet; de l'ordre auquel nous nous sommes assujettis; de la distribution qu'on a faite de chaque partie, et de nos fonctions d'éditeurs. Nous allons maintenant passer aux principaux détails de l'exécution.

Toute la matière de l'Encyclopédie peut se réduire à trois chefs : les sciences, les arts libéraux et les arts mécaniques. Nous commencerons par ce qui concerne les sciences et les arts libéraux; et nous finirons par les arts mécaniques.

On a beaucoup écrit sur les sciences. Les traités sur les arts libéraux se sont multipliés sans nombre, la république des lettres en est inondée. Mais combien peu donnent les vrais principes! Combien d'autres les noient dans une affluence de paroles, ou les perdent dans des ténèbres affectées! Combien dont l'autorité en impose, et chez qui une erreur placée à côté d'une vérité, ou décrédite celle-ci, ou s'accrédite elle-même à la faveur de ce voisinage! On eût mieux fait sans doute d'écrire moins et d'écrire mieux.

Entre tous les écrivains, on a donné la préférence à ceux qui sont généralement reconnus pour les meilleurs. C'est de là que les principes ont été tirés. A leur exposition claire et précise, on a joint des exemples ou des autorités constamment reçues. La coutume vulgaire est de renvoyer aux sources, ou de citer d'une manière vague, souvent infidèle, et presque toujours confuse; en sorte que dans les différentes parties dont un article est composé, on ne sait exactement quel auteur on doit consulter sur tel ou tel point, ou s'il faut les consulter tous, ce qui rend la vérification longue et pénible. On s'est attaché, autant qu'il a été possible, à éviter cet inconvénient, en citant dans le corps même des articles les auteurs sur le témoignage desquels on s'est appuyé; rapportant leur propre texte quand il est nécessaire; comparant partout les opinions; balançant les raisons; proposant des moyens de douter ou de sortir de doute; décidant même quelquefois; détruisant autant qu'il est en nous les erreurs et les préjugés; et tâchant surtout de ne les pas multiplier,

8.

et de ne les point perpétuer, en protégeant sans examen des sentiments rejetés, ou en proscrivant sans raison des opinions reçues. Nous n'avons pas craint de nous étendre quand l'intérêt de la vérité et l'importance de la matière le demandaient, sacrifiant l'agrément toutes les fois qu'il n'a pu s'accorder avec l'instruction.

Nous ferons ici sur les définitions une remarque importante. Nous nous sommes conformés dans les articles généraux des sciences à l'usage constamment reçu dans les Dictionnaires et dans les autres ouvrages, qui veut qu'on commence en traitant d'une science par en donner la définition. Nous l'avons donnée aussi, la plus simple même et la plus courte qu'il nous a été possible. Mais il ne faut pas croire que la définition d'une science, surtout d'une science abstraite, en puisse donner l'idée à ceux qui n'y sont pas du moins initiés. En effet, qu'est-ce qu'une science? sinon un système de règles ou de faits relatifs à un certain objet; et comment peut-on donner l'idée de ce système à quelqu'un qui serait absolument ignorant de ce que le système renferme? Quand on dit de l'arithmétique, que c'est la science des propriétés des nombres, la fait-on mieux connaître à celui qui ne la sait pas, qu'on ne ferait connaître la pierre philosophale en disant que c'est le secret de faire de l'or? La définition d'une science ne consiste proprement que dans l'exposition détaillée des choses dont cette science s'occupe, comme la définition d'un corps est la description détaillée de ce corps même; et il nous semble d'après ce principe que ce qu'on appelle définition de chaque science serait mieux placé à la fin qu'au commencement du livre qui en traite : ce serait alors le résultat extrêmement réduit de toutes les notions qu'on aurait acquises. D'ailleurs, que contiennent ces définitions pour la plupart, sinon des expressions vagues et abstraites, dont la notion est souvent plus difficile à fixer que celle de la science même? Tels sont les mots *science, nombre* et *propriété*, dans la définition déjà citée de l'arithmétique. Les termes généraux sans doute sont nécessaires, et nous avons vu dans ce discours quelle en est l'utilité : mais on pourrait les définir, un abus forcé des signes, et la plupart des définitions, un abus tantôt volontaire, tantôt forcé des termes généraux. Au reste, nous le répétons, nous nous sommes conformés sur ce point à l'usage, parce que ce n'est pas à nous à le changer, et que la forme même de ce Dictionnaire nous en empêchait. Mais en ménageant les préjugés, nous n'avons point dû appréhender d'exposer ici des idées que nous croyons saines. Continuons à rendre compte de notre ouvrage.

L'empire des sciences et des arts est un monde éloigné du vulgaire, où l'on fait tous les jours des découvertes, mais dont on a bien des relations fabuleuses. Il était important d'assurer les vraies, de prévenir sur les fausses, de fixer des points d'où l'on partit, et de faciliter ainsi la recherche de ce qui reste à trouver. On ne cite des faits, on ne compare des expériences, on n'imagine des méthodes, que pour exciter le génie à s'ouvrir des routes ignorées, et à s'avancer à des découvertes nouvelles, en regardant comme le premier pas celui où les grands hommes ont terminé leur course. C'est aussi le but que nous

nous sommes proposé, en alliant aux principes des sciences et des arts libéraux l'histoire de leur origine et de leurs progrès successifs ; et si nous l'avons atteint, de bons esprits ne s'occuperont plus à chercher ce qu'on savait avant eux. Il sera facile dans les productions à venir sur les sciences et sur les arts libéraux, de démêler ce que les inventeurs ont tiré de leur fonds, d'avec ce qu'ils ont emprunté de leurs prédécesseurs : on appréciera les travaux ; et ces hommes avides de réputation et dépourvus de génie, qui publient hardiment des vieux systèmes comme des idées nouvelles, seront bientôt démasqués. Mais, pour parvenir à ces avantages, il a fallu donner à chaque matière une étendue convenable, insister sur l'essentiel, négliger les minuties, et éviter un défaut assez commun, celui de s'appesantir sur ce qui ne demande qu'un mot, de prouver ce qu'on ne conteste point, et de commenter ce qui est clair. Nous n'avons ni épargné, ni prodigué les éclaircissements. On jugera qu'ils étaient nécessaires partout où nous en avons mis, et qu'ils auraient été superflus où l'on n'en trouvera pas. Nous nous sommes encore bien gardés d'accumuler les preuves où nous avons cru qu'un seul raisonnement solide suffisait, ne les multipliant que dans les occasions où leur force dépendait de leur nombre et de leur concert.

Les articles qui concernent les éléments des sciences ont été travaillés avec tout le soin possible ; ils sont en effet la base et le fondement des autres. C'est par cette raison que les éléments d'une science ne peuvent être bien faits que par ceux qui ont été fort loin au delà ; car ils renferment le système des principes généraux qui s'étendent aux différentes parties de la science ; et pour connaître la manière la plus favorable de présenter ces principes, il faut en avoir fait une application très étendue et très variée.

Ce sont là toutes les précautions que nous avions à prendre. Voilà les richesses sur lesquelles nous pouvions compter ; mais il nous en est survenu d'autres que notre entreprise doit, pour ainsi dire, à sa bonne fortune. Ce sont des manuscrits qui nous ont été communiqués par des amateurs ou fournis par des savants, entre lesquels nous nommerons ici **M. Formey**, secrétaire perpétuel de l'Académie royale des sciences et des belles-lettres de Prusse. Cet illustre académicien avait médité un Dictionnaire tel à peu près que le nôtre, et il nous a généreusement sacrifié la partie considérable qu'il en avait exécutée, et dont nous ne manquerons pas de lui faire honneur. Ce sont encore des recherches, des observations, que chaque artiste ou savant, chargé d'une partie de notre Dictionnaire, renfermait dans son cabinet, et qu'il a bien voulu publier par cette voie. De ce nombre seront presque tous les articles de grammaire générale et particulière. Nous croyons pouvoir assurer qu'aucun ouvrage connu ne sera ni aussi riche, ni aussi instructif que le nôtre sur les règles et les usages de la langue française, et même sur la nature, l'origine et le philosophique des langues en général. Nous ferons donc part au public, tant sur les sciences que sur les arts libéraux, de plusieurs fonds littéraires dont il n'aurait peut-être jamais eu connaissance.

Mais ce qui ne contribuera guère moins à la perfection de ces deux branches importantes, ce sont les secours obligeants que nous avons reçus de tous côtés : protection de la part des grands, accueil et communication de la part de plusieurs savants; bibliothèques publiques, cabinets particuliers, recueils, portefeuilles, etc., tout nous a été ouvert, et par ceux qui cultivent les lettres, et par ceux qui les aiment. Un peu d'adresse et beaucoup de dépense ont procuré ce qu'on n'a pu obtenir de la pure bienveillance; et les récompenses ont presque toujours calmé les inquiétudes réelles, ou les alarmes simulées de ceux que nous avions à consulter.

M. **Falconet**, médecin consultant du roi et membre de l'Académie royale des belles-lettres, possesseur d'une bibliothèque aussi nombreuse et aussi étendue que ses connaissances, mais dont il fait un usage encore plus estimable, celui d'obliger les savants en la leur communiquant sans réserve, nous a donné à cet égard tous les secours que nous pouvions souhaiter. Cet homme de lettres citoyen, qui joint à l'érudition la plus variée les qualités d'homme d'esprit et de philosophe, a bien voulu aussi jeter les yeux sur quelques-uns de nos articles, et nous donner des conseils et des éclaircissements utiles.

Nous ne sommes pas moins sensibles aux obligations que nous avons à M. l'abbé **Sallier**, garde de la bibliothèque du Roi : il nous a permis, avec cette politesse qui lui est naturelle, et qu'animait encore le plaisir de favoriser une grande entreprise, de choisir dans le riche fonds dont il est dépositaire tout ce qui pouvait répandre de la lumière ou des agréments sur notre Encyclopédie. On justifie, nous pourrions même dire qu'on honore le choix du prince, quand on sait se prêter ainsi à ses vues. Les sciences et les beaux-arts ne peuvent donc trop concourir à illustrer par leurs productions le règne d'un souverain qui les favorise. Pour nous, spectateurs de leurs progrès et leurs historiens, nous nous occuperons seulement à les transmettre à la postérité. Qu'elle dise à l'ouverture de notre Dictionnaire, tel était alors l'état des sciences et des beaux-arts. Qu'elle ajoute ses découvertes à celles que nous aurons enregistrées, et que l'histoire de l'esprit humain et de ses productions aille d'âge en âge jusqu'aux siècles les plus reculés. Que l'Encyclopédie devienne un sanctuaire où les connaissances des hommes soient à l'abri des temps et des révolutions. Ne serons-nous pas trop flattés d'en avoir posé les fondements? Quel avantage n'aurait-ce pas été pour nos pères et pour nous, si les travaux des peuples anciens, des Égyptiens, des Chaldéens, des Grecs, des Romains, etc., avaient été transmis dans un ouvrage encyclopédique, qui eût exposé en même temps les vrais principes de leurs langues! Faisons donc pour les siècles à venir ce que nous regrettons que les siècles passés n'aient pas fait pour le nôtre. Nous osons dire que si les anciens eussent exécuté une Encyclopédie comme ils ont exécuté tant de grandes choses, et que ce manuscrit se fût échappé seul de la fameuse Bibliothèque d'Alexandrie, il eût été capable de nous consoler de la perte des autres.

Voilà ce que nous avions à exposer au public sur les sciences et les beaux-arts. La partie des arts mécaniques ne demandait ni moins de détails, ni moins de soins. Jamais peut-être il ne s'est trouvé tant de difficultés rassemblées, et si peu de secours dans les livres pour les vaincre. On a trop écrit sur les sciences : on n'a pas assez bien écrit sur la plupart des arts libéraux ; on n'a presque rien écrit sur les arts mécaniques ; car qu'est-ce que le peu qu'on en rencontre dans les auteurs, en comparaison de l'étendue et de la fécondité du sujet ? Entre ceux qui en ont traité, l'un n'était pas assez instruit de ce qu'il avait à dire, et a moins rempli son sujet que montré la nécessité d'un meilleur ouvrage. Un autre n'a qu'effleuré la matière, en la traitant plutôt en grammairien et en homme de lettres, qu'en artiste. Un troisième est à la vérité plus riche et plus ouvrier : mais il est en même temps si court, que les opérations des artistes et la description de leurs machines, cette matière capable de fournir seule des ouvrages considérables, n'occupe que la très petite partie du sien. Chambers n'a presque rien ajouté à ce qu'il a traduit de nos auteurs. Tout nous déterminait donc à recourir aux ouvriers.

On s'est adressé aux plus habiles de Paris et du royaume : on s'est donné la peine d'aller dans leurs ateliers, de les interroger, d'écrire sous leur dictée, de développer leurs pensées, d'en tirer les termes propres à leurs professions, d'en dresser des tables et de les définir, de converser avec ceux de qui on avait obtenu des mémoires, et (précaution presque indispensable) de rectifier dans de longs et fréquents entretiens avec les uns, ce que d'autres avaient imparfaitement, obscurément, et quelquefois infidèlement expliqué. Il est des artistes qui sont en même temps gens de lettres, et nous en pourrions citer ici ; mais le nombre en serait fort petit. La plupart de ceux qui exercent les arts mécaniques, ne les ont embrassés que par nécessité, et n'opèrent que par instinct. A peine entre mille en trouve-t-on une douzaine en état de s'exprimer avec quelque clarté sur les instruments qu'ils emploient et sur les ouvrages qu'ils fabriquent. Nous avons vu des ouvriers qui travaillent depuis quarante années sans rien connaître à leurs machines. Il a fallu exercer avec eux la fonction dont se glorifiait Socrate, la fonction pénible et délicate de faire accoucher les esprits, *obstetrix animorum*.

Mais il est des métiers si singuliers et des manœuvres si déliées, qu'à moins de travailler soi-même, de mouvoir une machine de ses propres mains, et de voir l'ouvrage se former sous ses propres yeux, il est difficile d'en parler avec précision. Il a donc fallu plusieurs fois se procurer les machines, les construire, mettre la main à l'œuvre ; se rendre, pour ainsi dire, apprenti et faire soi-même de mauvais ouvrages pour apprendre aux autres comment on en fait de bons.

C'est ainsi que nous nous sommes convaincus de l'ignorance dans laquelle on est sur la plupart des objets de la vie, et de la difficulté de sortir de cette ignorance. C'est ainsi que nous nous sommes mis en état de démontrer que l'homme de lettres qui sait le plus sa langue, ne connaît pas la vingtième partie des mots ; que, quoique chaque art ait la sienne, cette langue est encore bien imparfaite ; que c'est par l'extrême habitude de converser les uns avec les autres, que les ouvriers s'entendent, et beaucoup plus par le retour des conjonctures que par l'usage des termes. Dans un atelier c'est le moment qui parle, et non l'artiste.

Voici la méthode qu'on a suivie pour chaque art. On a traité : 1° De la matière, des lieux où elle se trouve, de la manière dont on la prépare, de ses bonnes et mauvaises qualités, de ses différentes espèces, des opérations par lesquelles on la fait passer, soit avant que de l'employer, soit en la mettant en œuvre.

2° Des principaux ouvrages qu'on en fait, et de la manière de les faire.

3° On a donné le nom, la description et la figure des outils et des machines, par pièces détachées et par pièces assemblées; la coupe des moules et d'autres instruments dont il est à propos de connaître l'intérieur, leurs profils, etc.

4° On a expliqué et représenté la main-d'œuvre et les principales opérations dans une ou plusieurs planches, où l'on voit tantôt les mains seules de l'artiste, tantôt l'artiste entier en action, et travaillant à l'ouvrage le plus important de son art.

5° On a recueilli et défini le plus exactement qu'il a été possible les termes propres de l'art.

Mais le peu d'habitude qu'on a et d'écrire et de lire des écrits sur les arts rend les choses difficiles à expliquer d'une manière intelligible. De là naît le besoin de figures. On pourrait démontrer par mille exemples, qu'un Dictionnaire pur et simple de définitions, quelque bien qu'il soit fait, ne peut se passer de figures, sans tomber dans des descriptions obscures ou vagues; combien donc à plus forte raison ce secours ne nous était-il pas nécessaire? Un coup d'œil sur l'objet ou sur sa représentation en dit plus qu'une page de discours.

On a envoyé des dessinateurs dans les ateliers. On a pris l'esquisse des machines et des outils : on n'a rien omis de ce qui pouvait les montrer distinctement aux yeux. Dans le cas où une machine mérite des détails par l'importance de son usage et par la multitude de ses parties, on a passé du simple au composé. On a commencé par assembler dans une première figure autant d'éléments qu'on en pouvait apercevoir sans confusion. Dans une seconde figure, on voit les mêmes éléments avec quelques autres. C'est ainsi qu'on a successivement formé la machine la plus compliquée, sans aucun embarras ni pour l'esprit ni pour les yeux. Il faut quelquefois remonter de la connaissance de l'ouvrage à celle de la machine, et d'autres fois descendre de la connaissance de la machine à celle de l'ouvrage. On trouvera à l'article ART quelques réflexions sur les avantages de ces méthodes, et sur les occasions où il est à propos de préférer l'une à l'autre.

Il y a des notions qui sont communes à presque tous les hommes, et qu'ils ont dans l'esprit avec plus de clarté qu'elles n'en peuvent recevoir du discours. Il y a aussi des objets si familiers, qu'il serait ridicule d'en faire des figures. Les arts en offrent d'autres si composés, qu'on les représenterait inutilement. Dans les deux premiers cas, nous avons supposé que le lecteur n'était pas entièrement dénué de bon sens et d'expérience; et dans le dernier, nous renvoyons à l'objet même. Il est en tout un juste milieu, et nous avons tâché de ne le point manquer ici. Un seul art dont on voudrait tout représenter et tout dire, fournirait des volumes de discours et de planches. On ne finirait jamais, si l'on se proposait de rendre en figures tous les états par lesquels passe un morceau de fer avant que d'être transformé en aiguille. Que le discours suive le procédé de l'artiste dans le dernier détail, à la bonne heure. Quant aux figures, nous les avons restreintes aux mouvements importants de l'ouvrier et aux seuls moments de l'opération, qu'il est très facile de peindre et très difficile d'expliquer. Nous nous en sommes tenus aux circonstances essentielles, à celles dont la représentation, quand elle est bien faite, entraîne nécessairement la connaissance de celles qu'on ne voit pas. Nous n'avons pas voulu ressembler à un homme qui ferait planter des guides à chaque pas dans une route, de crainte que les voyageurs ne s'en écartassent. Il suffit qu'il y en ait partout où ils seraient exposés à s'égarer.

Au reste, c'est la main-d'œuvre qui fait l'artiste, et ce n'est point dans les livres qu'on peut apprendre à manœuvrer. L'artiste rencontrera seulement dans notre ouvrage des vues qu'il n'eût peut-être jamais eues [1], et des observations qu'il n'eût faites qu'après plusieurs années de travail. Nous offrirons au lecteur studieux ce qu'il eût appris d'un artiste en le voyant opérer, pour satisfaire sa curiosité ; et à l'artiste, ce qu'il serait à souhaiter qu'il apprît du philosophe pour s'avancer à la perfection.

1. Encyclopédie : « vues ».

Nous avons distribué dans les sciences et dans les arts libéraux les figures et les planches, selon le même esprit et la même économie que dans les arts mécaniques; cependant nous n'avons pu réduire le nombre des unes et des autres à moins de six cents. Les deux volumes qu'elles formeront ne seront pas la partie la moins intéressante de l'ouvrage, par l'attention que nous aurons de placer au *verso* d'une planche l'explication de celle qui sera vis-à-vis, avec des renvois aux endroits du Dictionnaire auxquels chaque figure sera relative. Un lecteur ouvre un volume de planches, il aperçoit une machine qui pique sa curiosité; c'est, si l'on veut, un moulin à poudre, à papier, à soie, à sucre, etc.; il lira vis-à-vis, fig. 50, 51 ou 60, etc., moulin à poudre, moulin à sucre, moulin à papier, moulin à soie, etc. Il trouvera ensuite une explication succincte de ces machines avec les renvois aux articles Poudre, Sucre, Papier, Soie, etc.

La gravure répondra à la perfection des dessins, et nous espérons que les planches de notre *Encyclopédie* surpasseront autant en beauté celles du Dictionnaire anglais, qu'elles les surpassent en nombre. Chambers a trente planches; l'ancien projet en promettait cent vingt, et nous en donnerons six cents au moins. Il n'est pas étonnant que la carrière se soit étendue sous nos pas; elle est immense, et nous ne nous flattons pas de l'avoir parcourue.

Malgré les secours et les travaux dont nous venons de rendre compte, nous déclarons sans peine, au nom de nos collègues et au nôtre, qu'on nous trouvera toujours disposés à convenir de notre insuffisance, et à profiter des lumières qui nous seront communiquées. Nous les recevrons avec reconnaissance, et nous nous y conformerons avec docilité, tant nous sommes persuadés que la perfection dernière d'une Encyclopédie est l'ouvrage des siècles. Il a fallu des siècles pour commencer; il en faudra pour finir : mais nous serons satisfaits d'avoir contribué à jeter les fondements d'un ouvrage utile.

Nous aurons toujours la satisfaction intérieure de n'avoir rien épargné pour réussir : une des preuves que nous en apporterons, c'est qu'il y a des parties dans les sciences et dans les arts qu'on a refaites jusqu'à trois fois. Nous ne pouvons nous dispenser de dire à l'honneur des libraires associés, qu'ils n'ont jamais refusé de se prêter à ce qui pouvait contribuer à les perfectionner toutes. Il faut espérer que le concours d'un aussi grand nombre de circonstances, telles que les lumières de ceux qui ont travaillé à l'ouvrage, les secours des personnes qui s'y sont intéressées, et l'émulation des éditeurs et des libraires produira quelque bon effet.

De tout ce qui précède, il s'ensuit que dans l'ouvrage que nous annonçons, on a traité des sciences et des arts, de manière qu'on n'en suppose aucune connaissance préliminaire; qu'on y expose ce qu'il [1] importe de savoir sur chaque matière; que les articles s'expliquent les uns par les autres, et que par conséquent la difficulté de la nomenclature n'embarrasse nulle part. D'où nous inférons que cet ouvrage pourra, du moins un jour, tenir lieu de bibliothèque dans tous les genres à un homme du monde; et dans

---

1. Encyclopédie : « ce *qui* importe ».

tous les genres, excepté le sien, à un savant de profession; qu'il développera les vrais principes des choses; qu'il en marquera les rapports; qu'il contribuera à la certitude, et au progrès des connaissances humaines; et qu'en multipliant le nombre des vrais savants, des artistes distingués et des amateurs éclairés, il répandra dans la société de nouveaux avantages.

On [1] trouvera à la tête de chaque volume les noms

1. Encyclopédie : « Il ne nous reste plus qu'à nommer les savants à qui le public doit cet ouvrage autant qu'à nous. Nous suivrons autant qu'il est possible, en les nommant, l'ordre encyclopédique des matières dont ils se sont chargés. Nous avons pris ce parti, pour qu'il ne paraisse point que nous cherchions à assigner entre eux aucune distinction de rang et de mérite. Les articles de chacun seront désignés dans le corps de l'ouvrage par des lettres particulières, dont on trouvera la liste immédiatement après ce discours.

Nous devons l'histoire naturelle à M. Daubenton, docteur en médecine, de l'Académie royale des sciences, garde et démonstrateur du cabinet d'histoire naturelle, recueil immense, rassemblé avec beaucoup d'intelligence et de soin, et qui dans des mains aussi habiles ne peut manquer d'être porté au plus haut degré de perfection. M. Daubenton est le digne collègue de M. de Buffon dans le grand ouvrage sur l'*Histoire naturelle*, dont les trois premiers volumes déjà publiés, ont eu, successivement, trois éditions rapides, et dont le public attend la suite avec impatience. On a donné dans le *Mercure* de mars 1751 l'article Abeille, que M. Daubenton a fait pour l'*Encyclopédie*, et le succès général de cet article nous a engagé à insérer dans le second volume du *Mercure* de juin 1751 l'article Agate. On a vu par ce dernier, que M. Daubenton sait enrichir l'*Encyclopédie* par des remarques et des vues nouvelles et importantes sur la partie dont il s'est chargé, comme on a vu dans l'article Abeille la précision et la netteté avec lesquelles il sait présenter ce qui est connu.

La théologie est de M. Mallet, docteur en théologie de la faculté de Paris, de la maison et société de Navarre, et professeur royal en théologie à Paris. Son savoir et son mérite seul,

des savants auxquels le public doit cet ouvrage autant qu'à nous et dont le nombre et le zèle augmentent de jour en jour.

sans aucune sollicitation de sa part, l'ont fait nommer à la chaire qu'il occupe, ce qui n'est pas un petit éloge dans le siècle où nous vivons. M. l'abbé Mallet est aussi l'auteur de tous les articles d'histoire ancienne et moderne; matière dans laquelle il est très versé, comme on le verra bientôt par l'ouvrage important et curieux qu'il prépare en ce genre. Au reste, on observera que les articles d'histoire de notre Encyclopédie ne s'étendent pas aux noms de rois, de savants et de peuples, qui sont l'objet particulier du Dictionnaire de Moreri, et qui auraient presque doublé le nôtre. Enfin, nous devons encore à M. l'abbé Mallet tous les articles qui concernent la poésie, l'éloquence, et en général la littérature. Il a déjà publié en ce genre deux ouvrages utiles et remplis de réflexions judicieuses. L'un est son *Essai sur l'étude des Belles-Lettres*, et l'autre ses *Principes pour la lecture des poètes*. On voit, par le détail où nous venons d'entrer, combien M. l'abbé Mallet, par la variété de ses connaissances et de ses talents, a été utile à ce grand ouvrage, et combien l'*Encyclopédie* lui a d'obligation. Elle ne pouvait lui en trop avoir.

La grammaire est de M. du Marsais, qu'il suffit de nommer.

La métaphysique, la logique et la morale, de M. l'abbé Yvon, métaphysicien profond et, ce qui est encore plus rare, d'une extrême clarté. On peut en juger par les articles qui sont de lui dans ce premier volume, entre autres par l'article AGIR auquel nous renvoyons non par préférence, mais parce qu'étant court, il peut faire juger en un moment combien la philosophie de M. l'abbé Yvon est saine, et sa métaphysique nette et précise. M. l'abbé Pestré, digne par son savoir et par son mérite de seconder M. l'abbé Yvon, l'a aidé dans plusieurs articles de morale. Nous saisissons cette occasion d'avertir que M. l'abbé Yvon prépare, conjointement avec M. l'abbé de Prades, un ouvrage sur la religion, d'autant plus intéressant, qu'il sera fait par deux hommes d'esprit et par deux philosophes.

La jurisprudence est de M. Toussaint, avocat en parlement et membre de l'Académie royale des sciences et des belles-lettres de Prusse; titre qu'il doit à l'étendue de ses connaissances, et à son talent pour écrire, qui lui ont fait un nom dans la littérature.

Le blason est de M. Eidous, ci-devant ingénieur des armées

J'ai fait ou revu tous les articles de *mathématiques* et de *physique générale*, j'ai aussi suppléé quelques articles, mais en très petit nombre, dans les autres de Sa Majesté Catholique, et à qui la république des lettres est redevable de la traduction de plusieurs bons ouvrages de différents genres.

L'arithmétique et la géométrie élémentaire ont été revues par M. l'abbé de la Chapelle, censeur royal et membre de la Société royale de Londres. Ses *Institutions de géométrie* et son *Traité des sections coniques* ont justifié par leur succès l'approbation que l'Académie des sciences a donnée à ces deux ouvrages.

Les articles de fortification, de tactique, et en général d'art militaire, sont de M. Le Blond, professeur de mathématiques des pages de la grande écurie du roi, très connu du public par plusieurs ouvrages justement estimés, entre autres par ses *Éléments de fortification* réimprimés plusieurs fois; par son *Essai sur la castramétation*; par ses *Éléments de la guerre des sièges*, et par son *Arithmétique et géométrie de l'officier*, que l'Académie des sciences a approuvée avec éloge.

La coupe des pierres est de M. Goussier, très versé et très intelligent dans toutes les parties des mathématiques et de la physique, et à qui cet ouvrage a beaucoup d'autres obligations, comme on le verra plus bas.

Le jardinage et l'hydraulique sont de M. d'Argenville, conseiller du roi en ses Conseils, maître ordinaire en sa Chambre des comptes de Paris, des Sociétés royales des sciences de Londres et de Montpellier, et de l'Académie des Arcades de Rome. Il est auteur d'un ouvrage intitulé : *Théorie et pratique du jardinage*, avec un traité d'hydraulique, dont quatre éditions faites à Paris, et deux traductions, l'une en anglais, l'autre en allemand, prouvent le mérite et l'utilité reconnue. Comme cet ouvrage ne regarde que les jardins de propreté, et que l'auteur n'y a considéré l'hydraulique que par rapport aux jardins, il a généralisé ces deux matières dans l'Encyclopédie, en parlant de tous les jardins fruitiers, potagers, légumiers; on y trouvera encore une nouvelle méthode de tailler les arbres, et de nouvelles figures de son invention. Il a aussi étendu la partie de l'hydraulique, en parlant des plus belles machines de l'Europe pour élever les eaux, ainsi que des écluses et autres bâtiments que l'on construit dans l'eau. M. d'Argenville est encore avantageusement connu du

parties. Je me suis attaché, dans les articles de *mathématique transcendante*, à donner l'esprit général des méthodes, à indiquer les meilleurs ouvrages où

public par plusieurs ouvrages dans différents genres, entre autres par son *Histoire naturelle* éclaircie dans deux de ses principales parties, la lithologie et la conchyliologie. Le succès de la première partie de cette histoire a engagé l'auteur à donner dans peu la seconde, qui traitera des minéraux.

La marine est de M. Bellin, censeur royal et ingénieur ordinaire de la marine, aux travaux duquel sont dues plusieurs cartes que les savants et les navigateurs ont reçues avec empressement. On verra par nos planches de marine que cette partie lui est bien connue.

L'horlogerie et la description des instruments astronomiques sont de M. J.-B. Le Roy, qui est l'un des fils du célèbre M. Julien Le Roy, et qui joint aux instructions qu'il a reçues en ce genre d'un père si estimé dans toute l'Europe, beaucoup de connaissances des mathématiques et de la physique, et un esprit cultivé par l'étude des belles-lettres.

L'anatomie et la physiologie sont de M. Tarin, docteur en médecine, dont les ouvrages sur cette matière sont connus et approuvés des savants.

La médecine, la matière médicale et la pharmacie, de M. de Vandenesse, docteur régent de la Faculté de médecine de Paris, très versé dans la théorie et la pratique de son art.

La chirurgie, de M. Louis, chirurgien gradué, démonstrateur royal au collège de Saint-Côme, et conseiller commissaire pour les extraits de l'Académie royale de chirurgie. M. Louis, déjà très estimé, quoique fort jeune, par les plus habiles de ses confrères, avait été chargé de la partie chirurgicale de ce Dictionnaire par le choix de M. de la Peyronie, à qui la chirurgie doit tant, et qui a bien mérité d'elle et de l'*Encyclopédie*, en procurant M. Louis à l'une et à l'autre.

La chimie est de M. Malouin, docteur régent de la Faculté de médecine de Paris, censeur royal, et membre de l'Académie royale des sciences ; auteur d'un traité de chimie, dont il y a eu deux éditions, et d'une chimie médicinale que les Français et les étrangers ont fort goûtée.

La peinture, la sculpture, la gravure, sont de M. Landois, qui joint à la connaissance de ces beaux-arts beaucoup d'esprit et de talent pour écrire.

L'architecture, de M. Blondel, architecte célèbre, non seule-

l'on peut trouver sur chaque objet les détails les plus importants, et qui n'étaient point de nature à entrer dans cette *Encyclopédie*; à éclaircir ce qui m'a paru

ment par plusieurs ouvrages qu'il a fait exécuter à Paris, et par d'autres dont il a donné les dessins, et qui ont été exécutés chez différents souverains, mais encore par son *Traité de la Décoration des édifices*, dont il a gravé lui-même les planches, qui sont très estimées. On lui doit aussi la dernière édition de Daviler, et trois volumes de *l'Architecture française*, en six cents planches; ces trois volumes seront suivis de cinq autres. L'amour du bien public et le désir de contribuer à l'accroissement des arts en France, lui a fait établir en 1744 une école d'architecture, qui est devenue en peu de temps très fréquentée. M. Blondel, outre l'architecture qu'il y enseigne à ses élèves, fait professer dans cette école par des hommes habiles les parties des mathématiques, de la fortification, de la perspective, de la coupe des pierres, de la peinture, de la sculpture, etc., relatives à l'art de bâtir. On ne pouvait donc, à toutes sortes d'égards, faire un meilleur choix pour l'*Encyclopédie*.

M. Rousseau, de Genève, dont nous avons déjà parlé, et qui possède en philosophe et en homme d'esprit la théorie et la pratique de la musique, nous a donné les articles qui concernent cette science. Il a publié, il y a quelques années, un ouvrage intitulé : *Dissertation sur la musique moderne*. On y trouve une nouvelle manière de noter la musique, à laquelle il n'a peut-être manqué pour être reçue, que de n'avoir point trouvé de prévention pour une plus ancienne.

Outre les savants que nous venons de nommer, il en est d'autres qui nous ont fourni pour l'*Encyclopédie* des articles entiers et très importants, dont nous ne manquerons pas de leur faire honneur.

M. Le Monnier, des Académies royales des sciences de Paris et de Berlin, et de la Société royale de Londres, et médecin ordinaire de Sa Majesté à Saint-Germain-en-Laye, nous a donné les articles qui concernent l'*aimant* et l'*électricité*, deux matières importantes qu'il a étudiées avec beaucoup de succès, et sur lesquelles il a donné d'excellents Mémoires à l'Académie des sciences dont il est membre.

Nous avons averti dans ce volume que les articles AIMANT et AIGUILLE AIMANTÉE sont entièrement de lui, et nous ferons de même pour ceux qui lui appartiendront dans les autres volumes.

M. de Cahusac, de l'Académie des belles-lettres de Montau-

n'avoir pas été éclairci suffisamment, ou ne l'avoir point été du tout; enfin à donner, autant qu'il m'a été possible, dans chaque matière, des principes métaphysiques exacts, c'est-à-dire simples [1].

Mais ce travail, tout considérable qu'il est, l'est beaucoup moins que celui de M. **Diderot**, mon collègue. Il est auteur de la partie de cette *Encyclopédie* la plus étendue, la plus importante, la plus désirée du public, et, j'ose le dire, la plus difficile à remplir; c'est la description des arts. M. Diderot l'a faite sur des mémoires qui lui ont été fournis par des ouvriers ou par des amateurs [2], ou sur les connaissances qu'il a été puiser lui-même chez les ouvriers, ou enfin sur des métiers qu'il s'est donné la peine de voir, et dont quelquefois il a fait construire des modèles pour les étudier plus à son aise. A ce détail qui est immense, et dont il s'est acquitté avec beaucoup de soin, il en a joint un autre qui ne l'est pas moins, en suppléant dans les différentes parties de l'*Encyclopédie* un nombre prodigieux d'articles qui manquaient. Il s'est livré à ce travail, avec

---

ban, auteur de *Zénéide*, que le public revoit et applaudit si souvent sur la scène française, des *Fêtes de l'amour et de l'hymen*, et de plusieurs autres ouvrages qui ont eu beaucoup de succès sur le théâtre lyrique, nous a donné les articles Ballet, Danse, Opéra, Décoration, et plusieurs autres moins considérables qui se rapportent à ces quatre principaux; nous aurons soin de désigner chacun de ceux que nous lui devons. On trouvera dans le second volume l'article Ballet, qu'il a rempli de recherches curieuses et d'observations importantes. Nous espérons qu'on verra dans toute son étendue l'étude approfondie et raisonnée qu'il a faite du théâtre lyrique. »

1. Encyclopédie : « *On peut en voir un essai dans ce volume aux articles* Action, Application, Arithmétique universelle, etc. »

2. Encyclopédie : « *dont on lira bientôt les noms* ».

un courage digne des plus beaux siècles de la philosophie [1], un désintéressement qui honore les lettres, et un zèle digne de la reconnaissance de tous ceux qui les aiment ou qui les cultivent, et en particulier des personnes qui ont concouru au travail de l'*Encyclopédie*. On verra par les différents volumes de cet ouvrage [2] combien le nombre d'articles qu'il lui doit [3] est considérable. Parmi ces articles, il y en a de très étendus, et en grande quantité [4]. Le grand succès de l'article ART qu'il avait imprimé [5] séparément quelques mois avant la publication du premier volume, l'a encouragé à donner aux autres tous ses soins; et je crois pouvoir assurer qu'ils sont dignes d'être comparés à celui-là, quoique dans des genres différents. Il est inutile de répondre ici à la critique injuste de quelques gens du monde, qui peu accoutumés sans doute à tout ce qui demande la plus légère attention, ont trouvé cet article ART trop raisonné et trop métaphysique, comme s'il était possible que cela fût autrement. Tout article qui a pour objet un terme abstrait et général, ne peut être bien traité, sans remonter à des principes philosophiques, toujours un peu difficiles pour ceux qui ne sont pas dans l'usage de réfléchir. Au reste, nous devons avouer ici que nous avons vu avec plaisir un

---

1. Encyclopédie : « *avec un désintéressement qui honore les lettres et un zèle digne, etc.* »
2. Encyclopédie : « *par ce volume* ».
3. Encyclopédie : « *que lui doit cet ouvrage* ».
4. Encyclopédie : « *comme* ACIER, AIGUILLE, ARDOISE, ANATOMIE, ANIMAL, AGRICULTURE, etc. »
5. Encyclopédie : « *qu'il a publié séparément il y a quelques mois* ».

très grand nombre de gens du monde entendre parfaitement cet article. A l'égard de ceux qui l'ont critiqué, nous souhaitons que sur les articles qui auront un objet semblable, ils aient le même reproche à nous faire [1].

1. Encyclopédie : « Plusieurs autres personnes, sans nous avoir fourni des articles entiers, ont procuré à l'*Encyclopédie* des secours importants. Nous avons déjà parlé dans le *Prospectus* et dans ce Discours de M. l'abbé Sallier et de M. Formey.

M. le comte d'Hérouville de Claye, lieutenant général des armées du roi, et inspecteur général d'infanterie, que ses connaissances profondes dans l'art militaire n'empêchent point de cultiver les lettres et les sciences avec succès, a communiqué des mémoires très curieux sur la minéralogie dont il a fait exécuter en relief plusieurs travaux, comme le cuivre, l'alun, le vitriol, la couperose, etc., en quatorze usines. On lui doit aussi des mémoires sur le colza, la garance, etc.

M. Falconet, médecin consultant du roi et membre de l'Académie royale des belles-lettres, possesseur d'une bibliothèque aussi nombreuse et aussi étendue que ses connaissances, mais dont il fait un usage encore plus estimable, celui d'obliger les savants en la leur communiquant sans réserve, nous a donné à cet égard tous les secours que nous pouvions souhaiter. Cet homme de lettres citoyen, qui joint à l'érudition la plus variée les qualités d'homme d'esprit et de philosophe, a bien voulu aussi jeter les yeux sur quelques-uns de nos articles, et nous donner des conseils et des éclaircissements utiles.

M. Dupin, fermier général, connu pour son amour pour les lettres et pour le bien public, a procuré sur les salines tous les éclaircissements nécessaires.

M. Morand, qui fait tant d'honneur à la chirurgie de Paris et aux différentes académies dont il est membre, a communiqué quelques observations importantes; on en trouvera dans ce volume à l'article Artériotomie.

MM. de Prades et Yvon, dont nous avons déjà parlé avec l'éloge qu'ils méritent, ont fourni plusieurs mémoires relatifs à l'histoire de la philosophie et quelques-uns sur la religion. M. l'abbé Pestré nous a aussi donné quelques mémoires sur la philosophie, que nous aurons soin de désigner dans les volumes suivants.

M. Deslandes, ci-devant commissaire de la marine, a fourni

Voilà ce que nous avions à dire sur cette collection immense. Elle se présente avec tout ce qui peut intéresser pour elle : l'impatience que l'on a témoi-

sur cette matière des remarques importantes dont on a fait usage. La réputation qu'il s'est acquise par ses différents ouvrages doit faire rechercher tout ce qui vient de lui.

M. Le Romain, ingénieur en chef de l'île de la Grenade, a donné toutes les lumières nécessaires sur les sucres, et sur plusieurs autres machines qu'il a eu occasion de voir et d'examiner dans ses voyages, en philosophe et en observateur attentif.

M. Venelle, très versé dans la physique et dans la chimie, sur laquelle il a présenté à l'Académie des sciences d'excellents mémoires, a fourni des éclaircissements utiles et importants sur la minéralogie.

M. Goussier, déjà nommé au sujet de la coupe des pierres, et qui joint la pratique du dessin à beaucoup de connaissances de la mécanique, a donné à M. Diderot la figure de plusieurs instruments et leur explication. Mais il s'est particulièrement occupé des figures de l'*Encyclopédie* qu'il a toutes revues et presque toutes dessinées; de la lutherie en général, et de la facture de l'orgue, machine immense qu'il a détaillée sur les mémoires de M. Thomas, son associé dans ce travail.

M. Rogeau, habile professeur de mathématiques, a fourni des matériaux sur le monnayage, et plusieurs figures qu'il a dessinées lui-même ou auxquelles il a veillé.

On juge bien que sur ce qui concerne l'imprimerie et la librairie, les libraires associés nous ont donné par eux-mêmes tous les secours qu'il nous était possible de désirer.

M. Prevost, inspecteur des verreries, a donné des lumières sur cet art important.

La brasserie a été faite sur un mémoire de M. Longchamp, qu'une fortune considérable et beaucoup d'aptitude pour les lettres n'ont point détaché de l'état de ses pères.

M. Buisson, fabricant de Lyon, et ci-devant inspecteur des manufactures, a donné des mémoires sur la teinture, sur la draperie, sur la fabrication des étoffes riches, sur le travail de la soie, son tirage, moulinage, ovalage, etc., et des observations sur les arts relatifs aux précédents, comme ceux de dorer les lingots, de battre l'or et l'argent, de les tirer, de les filer, etc.

M. La Bassée a fourni les articles de passementerie, dont le

gnée de la voir paraître; les obstacles qui en ont retardé la publication, les circonstances qui nous ont forcés à nous en charger; le zèle avec lequel

détail n'est bien connu que de ceux qui s'en sont particulièrement occupés.

M. Douet s'est prêté à tout ce qui pouvait instruire sur l'art du gazier qu'il exerce.

M. Barrat, ouvrier excellent dans son genre, a monté et démonté plusieurs fois, en présence de M. Diderot, le métier à bas, machine admirable.

M. Pichard, marchand fabricant bonnetier, a donné des lumières sur la bonneterie.

MM. Bonnet et Laurent, ouvriers en soie, ont monté et fait travailler, sous les yeux de M. Diderot, un métier à velours, etc., et un autre en étoffe brochée : on en verra le détail à l'article **Velours**.

M. Papillon, célèbre graveur en bois, a fourni un mémoire sur l'histoire et la pratique de son art.

M. Fournier, très habile fondeur de caractères d'imprimerie, en a fait autant pour la fonderie des caractères.

M. Favre a donné des mémoires sur la serrurerie, taillanderie, fonte des canons, etc., dont il est bien instruit.

M. Mallet, potier d'étain, à Melun, n'a rien laissé à désirer sur la connaissance de son art.

M. Hill, Anglais de nation, a communiqué une verrerie anglaise exécutée en relief et tous ses instruments, avec les explications nécessaires.

MM. de Puisieux, Charpentier, Mabile et de Vienne ont aidé M. Diderot dans la description de plusieurs arts. M. Eidous a fait en entier les articles de maréchalerie et de manège, et M. Arnauld, de Senlis, ceux qui concernent la pêche et la chasse.

Enfin, un grand nombre d'autres personnes bien intentionnées ont instruit M. Diderot sur la fabrication des ardoises, les forges, la fonderie, refenderie, trifilerie, etc. La plupart de ces personnes étant absentes, on n'a pu disposer de leur nom sans leur consentement; on les nommera pour peu qu'elles le désirent. Il en est de même de plusieurs autres dont les noms ont échappé. A l'égard de celles dont les secours n'ont été d'aucun usage, on se croit dispensé de les nommer.

Nous publions ce premier volume dans le temps précis pour lequel nous l'avions promis. Le second volume est déjà sous

nous nous sommes livrés à ce travail, comme s'il eût été de notre choix; les éloges que les bons citoyens ont donnés à l'entreprise; les secours innombrables et de toute espèce que nous avons reçus; la protection que le gouvernement nous doit et paraît vouloir nous accorder [1]; des ennemis tant faibles que puissants, qui ont cherché, quoiqu'en vain, à étouffer l'ouvrage avant sa naissance; enfin des auteurs sans cabale et sans intrigue, qui n'attendent d'autre récompense de leurs soins et de leurs efforts que la satisfaction d'avoir bien mérité de leur patrie. Nous ne chercherons point à comparer ce Dictionnaire aux autres; nous reconnaissons avec plaisir qu'ils nous ont tous été utiles; et notre travail ne consiste point à décrier celui de personne. C'est au public qui lit à nous juger : nous croyons devoir le distinguer de celui qui parle.

presse; nous espérons que le public n'attendra point les autres, ni les volumes des figures; notre exactitude à lui tenir parole ne dépendra que de notre vie, de notre santé et de notre repos. Nous avertissons aussi, au nom des libraires associés, qu'en cas d'une seconde édition, les additions et corrections seront données dans un volume séparé à ceux qui auront acheté la première. Les personnes qui nous fourniront quelques secours pour la suite de cet ouvrage, seront nommées à la tête de chaque volume. »

1. Encyclopédie : « *la protection du gouvernement.* » L'édition de 1763 porte en note : « Ceci était vrai en 1751, lorsque ce Discours a paru pour la première fois. »

FIN DU DISCOURS PRÉLIMINAIRE

Explication détaillée du système des connaissances humaines.

Les êtres physiques agissent sur les sens. Les impressions de ces êtres en excitent les perceptions dans l'entendement. L'entendement ne s'occupe de ses perceptions que de trois façons, selon ses trois facultés principales, la mémoire, la raison, l'imagination. Ou l'entendement fait un dénombrement pur et simple de ses perceptions par la mémoire: ou il les examine, les compare, et les digère par la Raison; ou il se plait à les imiter et à les contrefaire par l'imagination. D'où résulte une distribution générale de la connaissance humaine, qui parait assez bien fondée, en *histoire* qui se rapporte à la *mémoire*, en *philosophie* qui émane de la *raison*, et en *poésie* qui nait de l'*imagination*.

MÉMOIRE, D'OÙ HISTOIRE

L'histoire est des *faits*; et les faits sont ou de *Dieu*, ou de l'*homme*, ou de la *nature*. Les faits qui sont de Dieu appartiennent à l'*histoire sacrée*. Les faits qui sont de l'homme appartiennent à l'*histoire civile*; et les faits qui sont de la nature se rapportent à l'*histoire naturelle*.

HISTOIRE
I. Sacrée. — II. Civile. — III. Naturelle.

I. L'*histoire sacrée* se distribue en *histoire sacrée* ou *ecclésiastique*; l'*histoire des prophéties*, où le récit a précédé l'événement, est une branche de l'*histoire sacrée*.

II. L'*histoire civile*, cette branche de l'histoire universelle, *cujus fidei exempla majorum, vicissitudines rerum, fundamenta prudentiae civilis, hominum denique nomen et fama commissa sunt*, se distribue, suivant ses objets, en *histoire civile proprement dite*, et en *histoire littéraire*.

Les Sciences sont l'ouvrage de la réflexion et de la lumière naturelle des hommes. Le chancelier Bacon a donc raison de dire dans son admirable ouvrage *De dignitate et augmento scientiarum*, que l'histoire du monde, sans l'histoire des savants, c'est la statue de Polyphème à qui on a arraché l'œil.

L'*histoire civile* proprement dite peut se sous-diviser en *mémoires*, en *antiquités*, et en *histoire complète*. S'il est vrai que l'histoire soit la peinture des temps passés, les *antiquités* en sont des dessins presque toujours endommagés, et l'*histoire complète*, un tableau dont les *mémoires* sont des études.

III. La distribution de l'*histoire naturelle* est donnée par la différence des *faits* de la nature, et la différence des faits de la nature, par la différence des *états* de la nature. Ou la nature est uniforme et suit un cours réglé, tel qu'on le remarque généralement dans les *corps célestes*, les *animaux*, les *végétaux*, etc., ou elle semble forcée et dérangée de son cours ordinaire, comme dans les *monstres* ; ou elle est contrainte et pliée à différents usages, comme dans les *arts*. La nature fait tout, ou dans son *cours ordinaire et réglé*, ou dans ses *écarts*, ou dans son *emploi*. *Uniformité de la nature*, première partie d'histoire naturelle. *Erreurs* ou *écarts de la nature*, seconde partie d'histoire naturelle. *Usages de la nature*, troisième partie d'histoire naturelle.

Il est inutile de s'étendre sur les avantages de l'*histoire de la nature uniforme*. Mais si l'on nous demande à quoi peut servir l'*histoire de la nature monstrueuse*, nous répondrons, à passer des prodiges de ses *écarts* aux merveilles de l'*art* ; à l'égarer encore ou à la remettre dans son chemin ; et surtout à corriger la témérité des propositions générales, *ut axiomatum corrigatur iniquitas*.

Quant à l'*histoire de la nature pliée à différents usages*, on en pourrait faire une branche de l'histoire civile ; car l'art en général est l'industrie de l'homme appliquée par ses besoins ou par son luxe, aux productions de la Nature. Quoi qu'il en soit, cette application ne se fait qu'en deux manières, ou en rapprochant, ou en éloignant les corps naturels. L'homme peut quelque chose ou ne peut rien, selon que le rapprochement ou l'éloignement des corps naturels est ou n'est pas possible.

L'*histoire de la nature uniforme* se distribue suivant ses principaux objets, en *histoire céleste* ou *des astres, de leurs mouvements, apparences sensibles,* etc., sans en expliquer la cause par des systèmes, des hypothèses, etc., il ne s'agit ici que de phénomènes purs. En *histoire des météores,* comme *vents, pluies, tempêtes, tonnerres, aurores boréales,* etc. En *histoire de la terre et de la mer,* ou *des montagnes, des fleuves, des rivières, des courants, du flux et reflux, des sables, des terres, des forêts, des îles, des figures, des continents,* etc. En *histoire des minéraux,* en *histoire des végétaux,* et en *histoire des animaux.* D'où résulte une *histoire des éléments,* de la *nature apparente,* des *effets sensibles,* des *mouvements,* etc., du *feu,* de l'*air,* de la *terre* et de l'*eau.*

L'*histoire de la nature monstrueuse* doit suivre la même division. La nature peut opérer des prodiges dans les cieux, dans les régions de l'air, sur la surface de la terre, dans ses entrailles, au fond des mers, etc., en tout et partout.

L'*histoire de la nature employée* est aussi étendue que les différents usages que les hommes font de ses productions dans les arts, les métiers et les manufactures. Il n'y a aucun effet de l'industrie de l'homme, qu'on ne puisse rappeler à quelque production de la nature. On rappellera au travail et à l'emploi de l'or et de l'argent, les arts du *monnayeur,* du *batteur d'or,* du *fileur d'or,* du *tireur d'or,* du *planeur,* etc. ; au travail et à l'emploi des pierres précieuses, les arts du *lapidaire,* du *diamantaire,* du *joaillier,* du *graveur en pierres fines,* etc. ; au travail et à l'emploi du fer, les *grosses forges,* la *serrurerie,* la *taillanderie,* l'*armurerie,* l'*arquebuserie,* la *coutellerie*, etc.; au travail et à l'emploi du verre, la *verrerie*, les *glaces*, l'*art du miroitier*, du *vitrier*, etc.; au travail et à l'emploi des peaux, les arts de *chamoiseur*, *tanneur*, *peaussier*, etc.; au travail et à l'emploi de la laine et de la soie, son *tirage*, son *moulinage*, les arts de *drapiers*, *passementiers*, *galonniers*, *boutonniers*, ouvriers en velours, satins, damas, *étoffes brochées*, *lustrines*, etc.; au travail et à l'emploi de la terre, la *poterie de terre*, la *faïence*, la *porcelaine*, etc.; au travail et à l'emploi de la pierre, la partie mécanique de l'*architecte*, du *sculpteur*, du *stuccateur*, etc.; au travail et à l'emploi des bois, la *menuiserie*, la *charpenterie*, la *marquetterie*, la *tabletterie*, etc., et ainsi de toutes les autres matières, et de tous les autres arts, qui sont au nombre de plus de deux cent cinquante. On a vu dans le *Discours préliminaire* comment nous nous sommes proposé de traiter de chacun.

Voilà tout l'*historique* de la connaissance humaine; ce qu'il en faut rapporter à la *mémoire*; et ce qui doit être la matière première du philosophe.

RAISON, D'OÙ PHILOSOPHIE

La PHILOSOPHIE, ou la portion de la connaissance humaine qu'il faut rapporter à la raison, est très étendue. Il n'est presque aucun objet aperçu par les sens, dont la réflexion n'ait fait une science. Mais dans la multitude de ces objets, il y en a quelques-uns qui se font remarquer par leur importance, *quibus abscinditur infinitum*, et auxquels on peut rapporter toutes les Sciences. Ces chefs sont *Dieu*, à la connaissance duquel l'homme s'est élevé par la réflexion sur l'histoire naturelle et sur l'histoire sacrée; l'*homme*, qui est sûr de son existence par conscience ou sens interne; la *nature*, dont l'homme a appris l'histoire par l'usage des sens extérieurs. *Dieu*, l'*homme* et la *nature*, nous fourniront donc une distribution générale de la *philosophie* ou de la *Science* (car ces mots sont synonymes); et la *philosophie* ou *Science*, sera *Science de Dieu*, *Science de l'homme*, et *Science de la nature*.

PHILOSOPHIE OU SCIENCE

I. Science de Dieu. — II. Science de l'homme. — III. Science de la Nature.

I. Le progrès naturel de l'esprit humain est de s'élever des individus aux espèces, des espèces aux genres, des genres prochains aux genres éloignés, et de former à chaque pas une Science; ou du moins d'ajouter une branche nouvelle à quelque Science déjà formée; ainsi la notion d'une intelligence incréée et infinie, etc., que nous rencontrons dans la nature, et que l'histoire sacrée nous annonce, et celle d'une intelligence créée, finie, et unie à un corps que nous apercevons dans l'homme et que nous supposons dans la brute, nous ont conduit à la notion d'une Intelligence créée, finie, qui n'aurait point de corps ; et de là, à la notion générale de l'Esprit. De plus les propriétés générales des êtres, tant spirituels que corporels, étant l'*existence*, la *possibilité*, la *durée*, la *substance*, l'*attribut*, etc., on a examiné ces propriétés, et on en a formé l'*Ontologie*, ou *Science de l'être en général*. Nous avons donc eu dans un ordre renversé, d'abord l'*Ontologie*; ensuite la *Science de l'Esprit*, ou la *Pneumatologie*, ou ce qu'on appelle communément *Métaphysique particulière* : et cette Science s'est distribuée en *Science de Dieu*, ou *Théologie naturelle*, qu'il a plu à Dieu de rectifier et de sanctifier par la *Révélation*, d'où *Religion* et *Théologie proprement dite*; d'où par abus, *Superstition*. En doctrine des *esprits bien et malfaisants*, ou des *anges* et des *démons*; d'où *divination* et la chimère de la *magie noire*. En *Science de l'âme*, qu'on a sous-divisée en *Science de l'âme raisonnable* qui conçoit, et en *Science de l'âme sensitive* qui se borne aux sensations.

II. *Science de l'homme*. La distribution de la Science de l'homme nous est donnée par celle de ses facultés. Les facultés principales de l'homme sont l'*entendement* et la *volonté*; l'*entendement*, qu'il faut diriger à la *vérité*: la *volonté*, qu'il faut plier à la *vertu*. L'un est le but de la *logique*, l'autre est celui de la *morale*.

La *logique* peut se distribuer en *art de penser*, en *art de retenir ses pensées*, et en *art de les communiquer*.

L'*art de penser* a autant de branches que l'entendement a d'opérations principales. Mais on distingue dans l'entendement quatre opérations principales, l'*appréhension*, le *jugement*, le *raisonnement*, et la *méthode*. On peut rapporter à l'*appréhension*, la *doctrine des idées* ou *perceptions* ; au *jugement*, celle des *propositions* ; au *raisonnement* et à la *méthode*, celle de l'*induction* et de la *démonstration*.

Mais dans la *démonstration*, ou l'on remonte de la chose à démontrer aux premiers principes, ou l'on descend des premiers principes à la chose à démontrer : d'où naissent l'*analyse* et la *synthèse*.

L'*art de retenir* a deux branches, la *Science de la mémoire même*, et la *Science des suppléments de la mémoire*. La mémoire, que nous avons considérée d'abord comme une faculté purement passive, et que nous considérons ici comme une puissance active que la raison peut perfectionner, est ou *naturelle*, ou *artificielle*. La *mémoire naturelle* est une affection des organes ; l'*artificielle* consiste dans la *prénotion* et dans l'*emblème* ; la *prénotion* sans laquelle rien en particulier n'est présent à l'esprit ; l'*emblème* par lequel l'*imagination* est appelée au secours de la mémoire.

Les *représentations artificielles* sont le *supplément de la mémoire*. L'*écriture* est une de ces représentations : mais on se sert en écrivant, ou de *caractères courants*, ou de *caractères particuliers*. On appelle la collection des premiers, l'*alphabet* ; les autres se nomment *chiffres* : d'où naissent les arts de *lire*, d'*écrire*, de *déchiffrer*, et la Science de l'*orthographe*.

L'*art de transmettre* se distribue en *Science de l'instrument du discours*, et en *Science des qualités du discours*. La Science de l'instrument du discours s'appelle *grammaire*. La Science des qualités du discours, *rhétorique*.

La *grammaire* se distribue en Science des *signes*, de la *prononciation*, de la *construction*, et de la *syntaxe*. Les *signes* sont les sons articulés ; la *prononciation* ou *prosodie*, l'art de les articuler ; la *syntaxe*, l'art de les appliquer aux différentes vues de l'esprit, et la *construction*, la connaissance de l'ordre qu'ils doivent avoir dans le discours, fondé sur l'usage et sur la réflexion. Mais il y a d'autres signes de la pensée que les sons articulés : savoir le *geste* et les *caractères*. Les *caractères* sont ou *idéaux*, ou *hiéroglyphiques*, ou *héraldiques*. *Idéaux*, tels que ceux des Indiens qui marquent chacun une idée, et qu'il faut par conséquent multiplier autant qu'il y a d'êtres réels. *Hiéroglyphiques*, qui sont l'écriture du monde dans son enfance. *Héraldiques*, qui forment ce que nous appelons la *science du blason*.

C'est aussi à l'*art de transmettre*, qu'il faut rapporter la *critique*, la *pédagogique*, et la *philologie*. La *critique* qui restitue dans les auteurs les endroits corrompus, donne des éditions, etc. La *pédagogique* qui traite du choix des études, et de la manière d'enseigner. La *philologie* qui s'occupe de la connaissance de la littérature universelle.

C'est à l'*art d'embellir le discours* qu'il faut rapporter la *versification*, ou le *mécanique de la poésie*. Nous omettrons la distribution de la rhétorique dans ses différentes parties, parce qu'il n'en découle ni science, ni art, si ce n'est peut-être la *pantomime*, du geste ; et du geste et de la voix, la *déclamation*.

La *morale*, dont nous avons fait la seconde partie de la Science de l'homme, est ou *générale*, ou *particulière*. Celle-ci se distribue en *jurisprudence naturelle, économique et politique*. La *jurisprudence naturelle* est la Science des devoirs de l'homme seul ; l'*économique*, la Science des devoirs de l'homme en famille ; la *politique*, celle des devoirs de l'homme en société. Mais la *morale* serait incomplète, si ces traités n'étaient précédés de celui de la *réalité du bien et du mal moral* ; de la *nécessité de remplir ses devoirs, d'être bon, juste, vertueux*, etc., c'est l'objet de la morale générale.

Si l'on considère que les sociétés ne sont pas moins obligées d'être vertueuses que les particuliers, on verra naître les devoirs des sociétés, qu'on pourrait appeler *Jurisprudence naturelle* d'une société ; *économique* d'une société ;

commerce intérieur, extérieur, de terre et de mer; et *politique* d'une société.

III. *Science de la Nature*. Nous distribuerons la Science de la Nature en *physique* et *mathématique*. Nous tenons encore cette distribution de la réflexion et de notre penchant à généraliser. Nous avons pris par les sens la connaissance des individus réels : *soleil, lune, Sirius*, etc. Astres; *air, feu, terre, eau,* etc., Éléments : *pluies, neiges, grêles, tonnerres.* etc., Météores; et ainsi du reste de l'histoire naturelle. Nous avons pris en même temps la connaissance des abstraits, *couleur, son, saveur, odeur, densité, rareté, chaleur, froid, mollesse, dureté, fluidité, solidité, raideur, élasticité, pesanteur, légèreté,* etc., *figure, distance, mouvement, repos, durée, étendue, quantité, impénétrabilité.*

Nous avons vu par la réflexion que de ces abstraits, les uns convenaient à tous les individus corporels, comme *étendue, mouvement, impénétrabilité,* etc. Nous en avons fait l'objet de la *physique générale,* ou métaphysique des corps; et ces mêmes propriétés, considérées dans chaque individu en particulier, avec les variétés qui les distinguent, comme la *dureté,* le *ressort,* la *fluidité,* etc., sont l'objet de la *physique particulière.*

Une autre propriété plus générale des corps, et que supposent toutes les autres, savoir la *quantité,* a formé l'objet des mathématiques. On appelle *quantité* ou *grandeur* tout ce qui peut être augmenté et diminué.

La *quantité,* objet des *mathématiques,* pouvait être considérée, ou seule et indépendamment des individus réels, et des individus abstraits dont on en tenait la connaissance; ou dans ces individus réels et abstraits; ou dans leurs effets recherchés d'après des causes réelles ou supposées; et cette seconde vue de la réflexion a distribué les *mathématiques* en *mathématiques pures, mathématiques mixtes, physico-mathématiques.*

La *quantité abstraite,* objet des mathématiques pures, est ou *nombrable,* ou *étendue.*

La *quantité abstraite nombrable* est devenue l'objet de

l'*arithmétique*; et la *quantité abstraite étendue*, celui de la *géométrie*.

L'*arithmétique* se distribue en *arithmétique numérique* ou *par chiffres*, et en *algèbre* ou *arithmétique universelle par lettres*, qui n'est autre chose que le calcul des grandeurs en général, et dont les opérations ne sont proprement que des opérations arithmétiques indiquées d'une manière abrégée : car, à parler exactement, il n'y a calcul que de nombres.

L'*algèbre* est *élémentaire*, ou *infinitésimale*, selon la nature des quantités auxquelles on l'applique. L'*infinitésimale* est ou *différentielle* ou *intégrale* : *différentielle*, quand il s'agit de descendre de l'expression d'une quantité finie, ou considérée comme telle, à l'expression de son accroissement, ou de sa diminution instantanée ; *intégrale*, quand il s'agit de remonter de cette expression à la quantité finie même.

La *géométrie*, ou a pour objet primitif les propriétés du cercle et de la ligne droite, ou embrasse dans ses spéculations toutes sortes de courbes : ce qui la distribue en *élémentaire* et en *transcendante*.

Les *mathématiques mixtes* ont autant de divisions et de sous-divisions, qu'il y a d'êtres réels dans lesquels la *quantité* peut être considérée. La *quantité* considérée dans les corps en tant que mobiles, ou tendant à se mouvoir, est l'objet de la *mécanique*. La *mécanique* a deux branches, la *statique*, et la *dynamique*. La *statique* a pour objet la *quantité* considérée dans les corps en équilibre, et tendant seulement à se mouvoir. La *dynamique* a pour objet la *quantité* considérée dans les corps actuellement mus. La *statique* et la *dynamique* ont chacune deux parties. La *statique* se distribue en *statique proprement dite*, qui a pour objet la *quantité* considérée dans les corps solides en équilibre, et tendant seulement à se mouvoir; et en *hydrostatique*, qui a pour objet la *quantité* considérée dans les corps fluides en équilibre, et tendant seulement à se mouvoir. La *dynamique* se distribue en *dynamique proprement dite*, qui a pour objet la quantité considérée dans les corps solides actuellement mus; et en *hydrodynamique*, qui a pour objet la quantité considérée dans les corps fluides actuellement mus. Mais si l'on considère la *quantité* dans les *eaux* actuellement mues, l'*hydrodynamique* prend alors le nom d'*hydraulique*. On pourrait rapporter la *navigation* à l'hydrodynamique, et la *balistique*, ou le jet des bombes, à la mécanique.

La *quantité* considérée dans les mouvements des corps célestes donne l'*astronomie géométrique* : d'où la *cosmographie* ou *description de l'univers*, qui se divise en *uranographie* ou *description du ciel*; en *hydrographie* ou *description des eaux*; et en *géographie*; d'où encore la *chronologie*, et la *gnomonique* ou *l'art de construire des cadrans*.

La *quantité* considérée dans la lumière donne l'*optique*. Et la *quantité* considérée dans le mouvement de la lumière, les différentes branches d'*optique*. Lumière mue en ligne directe, *optique proprement dite*; lumière réfléchie dans un seul et même milieu, *catoptrique*; lumière rompue en passant d'un milieu dans un autre, *dioptrique*. C'est à l'*optique* qu'il faut rapporter la *perspective*.

La *quantité* considérée dans le son, dans sa véhémence, son mouvement, ses degrés, ses réflexions, sa vitesse, etc., donne l'*acoustique*.

La *quantité* considérée dans l'air, sa pesanteur, son mouvement, sa condensation, raréfaction, etc., donne la *pneumatique*.

La *quantité* considérée dans la possibilité des événements donne l'*art de conjecturer*; d'où naît l'*analyse des jeux de hasard*.

L'objet des sciences mathématiques étant purement intellectuel, il ne faut pas s'étonner de l'exactitude de ses divisions.

La *physique particulière* doit suivre la même distribution que l'histoire naturelle. De l'histoire, prise par les sens, des *astres*, de leurs *mouvements*, *apparences sensibles*, etc., la réflexion a passé à la recherche de leur origine, des causes de leurs phénomènes, etc., et a produit la science qu'on appelle *astronomie physique*, à laquelle il faut rapporter la *science de leurs influences*, qu'on nomme *astrologie*; d'où l'*astrologie physique*, et la chimère de l'*astrologie judiciaire*. De l'histoire, prise par les sens, des *vents*, des *pluies*, *grêles*, *tonnerres*, etc., la réflexion a passé à la recherche de leurs origines, causes, effets, etc., et a produit la science qu'on appelle *météorologie*.

De l'histoire, prise par les sens, de la *mer*, de la *terre*, des *fleuves*, des *rivières*, des *montagnes*, des *flux* et *reflux*, etc., la réflexion a passé à la recherche de leurs causes, origines, etc., et a donné lieu à la *cosmologie* ou *science de l'univers*, qui se distribue en *uranologie* ou *science du ciel*, en *aérologie* ou *science de l'air*, en *géologie* ou *science des continents*, et en *hydrologie* ou *science des eaux*. De l'histoire des *mines*, prise par les sens, la réflexion a passé à la recherche de leur formation, travail, etc., et a donné lieu à la Science qu'on nomme *minéralogie*. De l'histoire des *Plantes*, prise par les sens, la réflexion a passé à la recherche de leur économie, propagation, culture, végétation, etc., et a engendré la *botanique*, dont l'*agriculture* et le *jardinage* sont deux branches.

De l'histoire des *animaux*, prise par les sens, la réflexion a passé à la recherche de leur conservation, propagation, usage, organisation, etc., et a produit la Science qu'on nomme *zoologie*; d'où sont émanés la *médecine*, la *vétérinaire*, et le *manège*; la *chasse*, la *pêche* et la *fauconnerie*; l'*anatomie simple et comparée*. La *médecine* (suivant la division de Boerhaave) ou s'occupe de l'économie du corps humain et *raisonne* son anatomie, d'où naît la *physiologie*; ou s'occupe de la manière de le garantir des maladies, et s'appelle *hygiène*; ou considère le corps malade, et traite des causes, des différences, et des symptômes des maladies, et s'appelle *pathologie*; ou a pour objet les signes de la vie, de la santé, et des maladies, leur diagnostic et pronostic, et prend le nom de *séméiotique*; ou enseigne l'art de guérir, et se sous-divise en *diète*, *pharmacie* et *chirurgie*, les trois branches de la *thérapeutique*.

L'*hygiène* peut se considérer relativement à la *santé* du corps, à sa *beauté*, et à ses *forces*; et se sous-diviser en *hygiène proprement dite*, en *cosmétique*, et en *athlétique*. La *cosmétique* donnera l'*orthopédie* ou l'*art de procurer aux membres une belle conformation*; et l'*athlétique* donnera la *gymnastique*, ou l'*art de les exercer*.

De la connaissance expérimentale ou de l'histoire prise par les sens, des *qualités extérieures sensibles, apparentes*, etc., de *corps naturels*, la réflexion nous a conduit à la recherche artificielle de leurs propriétés intérieures et occultes ; et cet art s'est appelé *chimie*. La *chimie* est imitatrice et rivale de la nature : son objet est presque aussi étendu que celui de la nature même: ou elle *décompose* les êtres ; ou elle les *revivifie*, ou elle les *transforme*, etc.

La *chimie* a donné naissance à l'*alchimie* et à la *magie naturelle*. La *métallurgie* ou l'*art de traiter les métaux en grand* est une branche importante de la *chimie*. On peut encore rapporter à cet art la *teinture*.

La nature a ses écarts, et la raison ses abus. Nous avons rapporté les *monstres* aux écarts de la nature ; et c'est à l'abus de la raison qu'il faut rapporter toutes les sciences et tous les arts, qui ne montrent que l'avidité, la méchanceté, la superstition de l'homme, et qui le déshonorent.

Voilà tout le *philosophique* de la connaissance humaine, et ce qu'il en faut rapporter à la raison.

IMAGINATION, D'OÙ POÉSIE

L'*histoire* a pour objet les individus réellement-existants, ou qui ont existé ; et la poésie, les individus imaginés à l'imitation des êtres historiques. Il ne serait donc pas étonnant que la poésie suivît une des distributions de l'histoire. Mais les différents genres de poésie, et la différence de ses sujets, nous en offrent deux distributions très naturelles. Ou le sujet d'un poème est *sacré*, ou il est *profane* : ou le poète raconte des choses passées, ou il les rend présentes, en les mettant en action ; ou il donne du corps à des êtres abstraits et intellectuels. La première de ces poésies sera *narrative*; la seconde, *dramatique*; la troisième, *parabolique*. Le *poëme épique*, le *madrigal*, l'*épigramme*, etc., sont ordinairement de poésie *narrative*. La *tragédie*, la *comédie*, l'*opéra*, l'*églogue*, etc., de poésie *dramatique*; et les *allégories*, etc., de poésie *parabolique*.

POÉSIE

I. Narrative. — II. Dramatique. — III. Parabolique.

Nous n'entendons ici par *poésie* que ce qui est fiction. Comme il peut y avoir versification sans poésie, et poésie sans versification, nous avons cru ne devoir regarder la *versification* que comme une qualité du style, et la renvoyer à l'art oratoire. En revanche, nous rapporterons l'*architecture*, la *musique*, la *peinture*, la *sculpture*, la *gravure*, etc., à la poésie; car il n'est pas moins vrai de dire du peintre qu'il est un poète, que du poète qu'il est un peintre, et du sculpteur ou graveur, qu'il est un peintre en relief ou en creux, que du musicien qu'il est un peintre par les sons. Le *poète*, le *musicien*, le *peintre*, le *sculpteur*, le *graveur*, etc., imitent ou contrefont la nature; mais l'un emploie le *discours*; l'autre, les *couleurs*; le troisième, le *marbre*, l'*airain*, etc., et le dernier l'*instrument* ou la *voix*. La *musique* est *théorique* ou *pratique*; *instrumentale* ou *vocale*. A l'égard de l'*architecte*, il n'imite la nature qu'imparfaitement par la symétrie de ses ouvrages. (Voyez le Discours préliminaire.)

La poésie a ses monstres comme la nature; il faut mettre de ce nombre toutes les productions de l'imagination déréglée, et il peut y avoir de ces productions en tous genres.

Voilà toute la *partie poétique* de la connaissance humaine, ce qu'on en peut rapporter à l'*imagination*, et la fin de notre distribution généalogique (ou si l'on veut mappemonde) des sciences et des arts, que nous craindrions peut-être d'avoir trop détaillée, s'il n'était de la dernière importance de bien connaître nous-mêmes, et d'exposer clairement aux autres, l'objet d'une ENCYCLOPÉDIE.

Observations sur la division des sciences du chancelier Bacon.

I. Nous avons avoué en plusieurs endroits du *Prospectus*, que nous avions l'*obligation principale* de notre arbre encyclopédique au chancelier Bacon. L'éloge qu'on a lu de ce grand homme dans le *Prospectus* paraît même avoir contribué à faire connaître à plusieurs personnes les ouvrages du philosophe anglais. Ainsi, après un aveu aussi formel, il ne doit être permis ni de nous accuser de plagiat, ni de chercher à nous en faire soupçonner.

II. Cet aveu n'empêche pas néanmoins qu'il n'y ait un très grand nombre de choses, surtout dans la branche philosophique, que nous ne devons nullement à Bacon : il est facile au lecteur d'en juger. Mais, pour apercevoir le rapport et la différence des deux arbres, il ne faut pas seulement examiner si on y a parlé des mêmes choses, il faut voir si la disposition est la même. Tous les arbres encyclopédiques se ressemblent nécessairement par la matière; l'ordre seul et l'arrangement des branches peuvent les distinguer. On trouve à peu près les mêmes noms des sciences dans l'arbre de Chambers et dans le nôtre. Rien n'est cependant plus différent.

III. Il ne s'agit point ici des raisons que nous avons eues de suivre un autre ordre que Bacon. Nous en avons exposé quelques-unes : il serait trop long de détailler les autres, surtout dans une matière d'où l'arbitraire ne saurait être tout à fait exclu. Quoi qu'il en soit, c'est aux philosophes, c'est-à-dire à un très petit nombre de gens, à nous juger sur ce point.

IV. Quelques divisions, comme celles des mathématiques en pures et en mixtes, qui nous sont communes avec Bacon, se trouvent partout, et sont par conséquent à tout le monde. Notre division de la médecine est de Boerhaave : on en a averti, dans le *Prospectus*.

V. Enfin, comme nous avons fait quelques changements à l'arbre du *Prospectus*, ceux qui voudront comparer cet arbre du *Prospectus* avec celui de Bacon, doivent avoir égard à ces changements.

VI. Voilà les principes d'où il faut partir pour faire le parallèle des deux arbres avec un peu d'équité et de philosophie.

Système général de la connaissance humaine, suivant le chancelier Bacon.

Division générale de la science humaine en *Histoire*, *Poésie* et *Philosophie*, selon les trois facultés de l'entendement, *mémoire*, *imagination*, *raison*.

Bacon observe que cette division peut aussi s'appliquer à la théologie. On avait suivi dans un endroit du Prospectus *cette dernière idée : mais on l'a abandonnée depuis, parce qu'elle a paru plus ingénieuse que solide.*

I

Division de l'*histoire* en *naturelle* et *civile*.

L'histoire naturelle se divise en histoire des *productions de la nature*, histoire des *écarts de la nature*, histoire des *emplois de la nature* ou des *arts*.

Seconde division de l'histoire naturelle tirée de *sa fin* et de *son usage* en *histoire proprement dite* et *histoire raisonnée*.

Division des productions de la nature en *histoire des choses célestes*, des *météores*, de l'*air*, de la *terre* et de la *mer*, des *éléments*, des *espèces particulières d'individus*.

Division de l'histoire civile en *ecclésiastique*, en *littéraire*, et en *civile* proprement dite.

Première division de l'histoire civile proprement dite en *mémoires, antiquités*, et *histoire complète*.

Division de l'histoire complète en *chroniques, vies* et *relations*.

Division de l'histoire des temps en *générale* et en *particulière*.

Autre division de l'histoire des temps en *annales* et *journaux*.

Seconde division de l'histoire civile en *pure* et en *mixte*.

Division de l'histoire ecclésiastique en *histoire ecclésiastique particulière, histoire des prophéties*, qui contient la prophétie et l'accomplissement, et *histoire* de ce que Bacon appelle *Némésis* ou la *Providence*, c'est-à-dire de l'accord qui se remarque quelquefois entre la volonté révélée de Dieu et sa volonté secrète.

Division de la partie de l'histoire qui roule sur les *dits notables* des hommes, en *lettres* et *apophtegmes*.

II

Division de la poésie en *narrative, dramatique*, et *parabolique*.

III

Division générale de la science en *théologie sacrée* et *philosophie*.

Division de la philosophie en *science de Dieu, science de la nature, science de l'homme*.

Philosophie première ou *science des axiomes*, qui s'étend à toutes les branches de la philosophie. Autre branche de cette philosophie première, qui traite des qualités *transcendantes* des êtres, *peu, beaucoup, semblable, différent, être, non-être*, etc.

Science des anges et des esprits, suite de la science de Dieu, ou *théologie naturelle*.

Division de la science de la nature ou philosophie naturelle en *spéculative* et *pratique*.

Division de la science spéculative de la nature en *physique particulière* et *métaphysique* ; la première ayant pour objet la cause efficiente et la matière ; et la métaphysique, la cause finale et la forme.

Division de la physique en *science des principes des choses, science de la formation des choses* ou *du monde*, et *science de la variété des choses*.

Division de la science de la variété des choses en *science des concrets*, et *science des abstraits*.

Division de la science des concrets dans les mêmes branches que l'histoire naturelle.

Division de la science des abstraits en *science des propriétés particulières des différents corps*, comme *densité, légèreté, pesanteur, élasticité, mollesse*, etc., et *science des mouvements* dont le chancelier Bacon fait une énumération assez longue, conformément aux idées des scolastiques.

Branches de la philosophie spéculative, qui consistent dans les *problèmes naturels*, et les *sentiments des anciens philosophes*.

Division de la métaphysique en *science des formes*, et *science des causes finales*.

Division de la science pratique de la nature en *mécanique* et *magie naturelle*.

Branches de la science pratique de la nature, qui consistent dans le *dénombrement des richesses humaines, naturelles, ou artificielles*, dont les hommes jouissent et dont ils ont joui, et le *catalogue des polychrestes*.

Branche considérable de la philosophie naturelle, tant spéculative que pratique, appelée *mathématiques*. Division des mathématiques en *pures* et en *mixtes*. Division des mathématiques pures en *géométrie* et *arithmétique*. Division des mathématiques mixtes en *perspective, musique, astronomie, cosmographie, architecture, science des machines*, et quelques autres.

Division de la science de l'homme en *science de l'homme* proprement dite, et science civile.

Division de la science de l'homme en *science du corps humain* et *science de l'âme humaine*.

Division de la science du corps humain en *médecine, cosmétique, athlétique,* et *science des plaisirs des sens.*

Division de la médecine en trois parties, *art de conserver la santé, art de guérir les maladies, art de prolonger la vie. Peinture, musique,* etc., branche de la science des plaisirs.

Division de la science de l'âme en science du *souffle divin,* d'où est sortie l'âme *raisonnable,* et science de l'âme *irrationnelle,* qui nous est commune avec les brutes, et qui est produite du limon de la terre.

Autre division de la science de l'âme en *science de la substance de l'âme, science de ses facultés,* et *science de l'usage et de l'objet de ses facultés :* de cette dernière résultent la *divination naturelle et artificielle,* etc.

Division des facultés de l'âme sensible, en *mouvement* et *sentiment.*

Division de la science de l'usage et de l'objet des facultés de l'âme en *logique* et *morale.*

Division de la logique en *art d'inventer, de juger, de retenir et de communiquer.*

Division de l'art d'inventer en *invention des sciences* ou *des arts,* et *invention des arguments.*

Division de l'art de juger en *jugement par induction,* et *jugement par syllogisme.*

Division de l'art du syllogisme en *analyse* et *principes* pour démêler facilement le vrai du faux. *Science de l'analogie,* branche de l'art de juger.

Division de l'art de retenir en science de *ce qui peut aider la mémoire,* et science de la *mémoire même.*

Division de la science de la mémoire en *prénotion* et *emblème.*

Division de la science de communiquer en *science de l'instrument du discours, science de la méthode du discours,* et *science des ornements du discours,* ou *rhétorique.*

Division de la science de l'instrument du discours en *science générale des signes,* et en *grammaire,* qui se divise en *science du langage* et *science de l'écriture.*

Division de la science des signes en *hiéroglyphes* et *gestes*, et en *caractères réels*.

Seconde division de la grammaire en *littéraire* et *philosophique*.

Art de la versification et *prosodie*, branches de la science du langage.

Art de déchiffrer, branche de l'art d'écrire.

Critique et *pédagogie*, branches de l'art de communiquer.

Division de la morale en *science de l'objet* que l'âme doit se proposer, c'est-à-dire du bien moral, et *science de la culture de l'âme*. L'auteur fait à ce sujet beaucoup de divisions qu'il est inutile de rapporter.

Division de la science civile en *science de la conversation, science des affaires*, et *science de l'état*. Nous en omettons les divisions.

L'auteur finit par quelques réflexions sur l'usage de la *théologie sacrée*, qu'il ne divise en aucunes branches.

Voilà dans son ordre naturel, et sans démembrement ni mutilation, l'arbre du chancelier Bacon. On voit que l'article de la *logique* est celui où nous l'avons le plus suivi, encore avons-nous cru devoir y faire plusieurs changements. Au reste, nous le répétons, c'est aux philosophes à nous juger sur ces changements que nous avons faits : nos autres lecteurs prendront sans doute peu de part à cette question, qu'il était pourtant nécessaire d'éclaircir; et ils ne se souviendront que de l'aveu formel que nous avons fait dans le *Prospectus*, d'avoir l'*obligation principale* de notre arbre au chancelier Bacon; aveu qui doit nous concilier tout juge impartial et désintéressé.

ANALYSE DU DISCOURS PRÉLIMINAIRE

Le Discours préliminaire.

Descartes, pour faciliter la tâche de son lecteur, lui avait indiqué les six parties dont se compose le *Discours de la méthode.* Dans le *Discours sur l'histoire universelle,* Bossuet plaça en marge du texte des sommaires d'où sont sorties les divisions actuelles par chapitres. D'Alembert, en écrivant le *Discours préliminaire* pour l'Encyclopédie, nous a laissé le soin d'en trouver les divisions principales et leur liaison. Pour l'étudier avec profit, il faut commencer par en reconstruire le plan, ce qui n'est pas sans difficultés, avec un auteur qui se réserve d'éclairer chaque page par la suivante, sans qu'on puisse dire toutefois, comme M. Joseph Bertrand, qu'il manque de méthode. Les notes où nous rapprocherons les différents passages qui s'éclairent les uns les autres complèteront l'analyse aussi exacte que possible dont il faut nécessairement les faire précéder.

Analyse du Discours préliminaire.

La fonction des éditeurs de l'Encyclopédie consiste principalement à mettre en ordre des matériaux dont la partie la plus considérable leur a été entièrement fournie (p. 11-12).

L'ouvrage a deux objets : c'est une Encyclopédie et un Dictionnaire raisonné des sciences, des arts et des métiers. De là le plan et la division du *Discours préliminaire* : il doit exposer l'ordre et l'enchainement des connaissances humaines (p. 12-75); il doit, par l'histoire des sciences, des arts (qui comprend celle des lettres), montrer ce qui a été acquis, et comment on l'a acquis, par suite de quelle manière il convient de transmettre ces connaissances aux lecteurs (p. 75-126).

A ces deux divisions de leur ouvrage, considéré comme Encyclopédie et comme Dictionnaire raisonné, il faut joindre le *Prospectus* dont Diderot est l'auteur, mais auquel les deux éditeurs ont fait en commun des changements et des additions (p. 126-151); puis l'indication des noms des savants auxquels le public doit l'ouvrage (p. 151-158); la conclusion dans laquelle d'Alembert rappelle que cette collection immense se présente aux lecteurs avec tout ce qui peut intéresser en sa faveur (p. 158-161); enfin l'Explication détaillée du système des connaissances humaines, des Observations sur la division des sciences du chancelier Bacon et son Système général de la connaissance humaine.

PREMIÈRE PARTIE, ENCYCLOPÉDIE (P. 12-75)

Il s'agit de renfermer dans un système *un* les branches infiniment variées de la science humaine. Le premier pas à faire dans cette recherche, c'est d'examiner la généalogie et la filiation de nos connaissances, les causes qui ont dû les faire naitre, et les caractères qui les distinguent, en un mot de remonter jusqu'à l'origine et à la génération des idées (p. 12-57). Quand on a fait cette histoire philosophique de l'origine de nos idées, il est possible de former un arbre généalogique ou encyclopédique, de donner le système général des sciences et des arts (p. 57-75).

Nos connaissances sont directes ou réfléchies. Les connaissances directes sont celles que nous recevons par les sens : la première chose que nos sensations nous apprennent, c'est notre existence; la seconde, c'est l'existence des objets extérieurs (p. 15-17). Les connaissances réfléchies que l'esprit acquiert en opérant sur les directes, en les unissant et en les combinant, constituent la philosophie, quand elles portent sur nous-mêmes et sur les objets extérieurs (p. 17-47). Elles produisent les Beaux-Arts, quand nous imaginons et composons des êtres semblables à ceux qui sont l'objet de nos idées directes, c'est-à-dire quand nous imitons la nature (p. 47-51).

Quelles sont les branches principales de la philosophie? Par les premières idées réfléchies que nos sensations occasionnent, viennent les notions purement intellectuelles du vice et de la vertu, le principe et la nécessité des lois, la spiritualité de l'âme, l'existence de Dieu et nos devoirs envers lui, en un mot, les vérités dont nous avons le besoin le plus prompt et le plus indispensable (p. 17-22).

De ces premières vérités, la nécessité de pourvoir à des besoins qui se multiplient sans cesse nous ramène aux corps. On en fait une étude générale (p. 22-39) et en même temps on s'applique à d'autres connaissances qui sont relatives à celle-ci (p. 39-47).

En considérant par abstraction les propriétés générales et communes des corps et en généralisant de plus en plus nos perceptions, nous créons successivement la géométrie, l'arithmétique, l'algèbre (p. 22-28); puis en leur rendant l'impénétrabilité, la mécanique (p. 28-29). De l'application de la géométrie et de la mécanique au monde des corps, naissent les sciences physico-mathématiques, astronomie, catoptrique, dioptrique, etc. (p. 28-30). Puis vient la physique générale et expérimentale, qui n'est qu'un recueil raisonné d'expériences et d'observations (p. 30-33).

Ainsi les connaissances certaines accordées à nos lumières naturelles sont concentrées entre deux limites, l'une est l'idée de nous-mêmes qui conduit à celle de l'Etre tout-puissant et de nos principaux devoirs; l'autre est la partie des mathématiques qui a pour objet les propriétés générales des corps, de l'étendue et de la grandeur. Entre les deux il y a un intervalle immense où quelques traits de lumière s'échappent de distance en distance à travers des nuages sans nombre (p. 33-39).

A ces connaissances dont nos besoins ont été la première origine se joignent la logique, la grammaire, l'éloquence. Puis l'homme, cherchant à embrasser le passé, le présent et l'avenir, crée l'histoire dont la chronologie et la géographie sont les rejetons et les soutiens: enfin la politique, espèce de morale d'un genre particulier et supérieur (p. 39-47).

La seconde opération de la réflexion, qui a pour objet l'imitation de la nature (p. 47-51), produit la peinture et la sculpture auxquelles on peut joindre l'architecture, puis la poésie et enfin la musique.

Comment discerner ces connaissances les unes des autres (p. 51-57)? D'abord par la manière dont notre esprit opère sur les objets et les différents usages qu'il en tire (p. 51-56). Ainsi les sciences et les arts se distinguent par la spéculation et la pratique; les arts mécaniques répondent aux règles qui portent sur les opérations du corps; les arts libéraux à celles qui portent sur les opérations de l'esprit. Des arts libéraux, on appelle beaux-arts ceux qui ont pour objet l'imitation de la nature. Il y a d'autres moyens de les discerner : la manière dont nos connaissances nous affectent et les différents jugements que notre âme porte de ses idées, désignés par les mots évidence, probabilité, sentiment et goût (p. 56-57).

Venons à la formation de l'arbre généalogique ou encyclopédique, qui rassemble toutes nos connaissances sous un même point de vue et sert à marquer leur origine et les liaisons qu'elles ont entre elles (p. 57-75). Il n'est pas assujetti servilement à l'histoire philosophique de l'origine de nos idées, mais il doit offrir le plus grand nombre de liaisons et de rapports entre les sciences, satisfaire le plus qu'il est possible à l'ordre encyclopédique de nos connaissances et à leur ordre généalogique. Notre âme s'occupe d'objets spirituels ou matériels, par des idées directes ou par des idées réfléchies : la mémoire répond aux connaissances directes, la raison et l'imagination aux connaissances réfléchies. De là les trois divisions générales du système, les trois objets généraux des connaissances humaines : l'histoire, la philosophie, les beaux-arts. La distribution générale des êtres en spirituels et en matériels fournit la sous-division des trois branches générales; Dieu, les esprits créés, l'homme, le monde corporel ou la nature fournissent les divisions de l'histoire et de la philosophie. L'imagination ne s'occupe que des êtres matériels dans la peinture, la sculpture, l'architecture, la poésie, la musique et leurs différentes divisions. De même l'arbre des gens de lettres comprend les érudits, dont la mémoire est le talent, les philosophes auxquels appartient la sagacité, les beaux-esprits qui ont l'agrément en partage (p. 57-71).

Pour concilier l'ordre encyclopédique avec l'ordre alphabétique (p. 71-75), on a employé trois moyens, le système figuré qui est à la tête de l'ouvrage, la science à laquelle chaque article se rapporte et la manière dont l'article est traité. Trois choses forment l'ordre encyclopédique : le nom de la science à laquelle l'article appartient; le rang de cette science dans l'arbre; la liaison de l'article avec d'autres dans la même science ou dans une science différente, liaison indiquée par les renvois ou facile à sentir, au moyen des termes techniques expliqués suivant leur ordre alphabétique. Mais il serait souvent absurde de vouloir trouver une liaison immédiate entre un article et un autre article pris à volonté, et il ne faut pas attribuer à l'arbre encyclopédique plus d'avantage que nous ne prétendons lui en donner.

SECONDE PARTIE, DICTIONNAIRE RAISONNÉ DES SCIENCES ET DES ARTS (P. 75-126)

L'histoire des sciences et des arts montre leur état présent et par quelle gradation on y est arrivé. On l'a esquissée de la Renaissance à la fin du xvii° siècle (p. 75-112); puis de 1700 à 1750 (p. 112-126).

Celui qui considère les progrès de l'esprit depuis la renaissance des lettres, trouve qu'on a commencé par l'érudition (p. 76-82), continué par les belles-lettres (p. 82-84) et les beaux-arts (p. 84-87); puis fini par la philosophie (p. 87-112).

Les chefs-d'œuvre que les anciens nous avaient laissés dans presque tous les genres ayant été oubliés pendant douze siècles, il fallut, pour sortir de la barbarie, une de ces révolutions qui font prendre à la terre une face nouvelle. L'étude des langues et de l'histoire fut la première à laquelle on se livra. De là une foule d'érudits profonds (p. 76-81).

Puis on aperçut les beautés que les anciens avaient répandues dans leurs ouvrages, on les copia servilement et le xvi° siècle eut en abondance des poètes, des orateurs et des historiens latins (p. 81-82).

Les gens de lettres cherchent ensuite à dire, dans les langues modernes, ce que les anciens avaient dit dans les leurs. Mais Ronsard défigure la langue française. Ensuite on pense d'après soi et alors éclosent tous les chefs-d'œuvre du dernier siècle en éloquence, en histoire, en poésie et dans les différents genres de littérature, avec Malherbe, Balzac, Port-Royal, Corneille, Racine, Despréaux, Molière, La Fontaine et Bossuet (p. 82-84).

Dans le même temps, les arts fleurissent avec Poussin, Puget, Le Sueur, Le Brun, Quinault, Lulli. Pourtant la renaissance de la peinture et de la sculpture a été beaucoup plus rapide que celle de la poésie et de la musique. C'est de l'Italie que nous avons reçu les sciences et surtout les beaux-arts et le bon goût (p. 84-87).

La philosophie ne faisait pas les mêmes progrès : les anciens n'étaient pas aussi parfaits comme philosophes que comme écrivains et on ne pouvait suppléer à l'étude de la nature par celle de leurs ouvrages. La scolastique nuisait aux progrès de la vraie philosophie. La philosophie grecque n'était pas même bien connue. Des théologiens, voulant mettre en sûreté leurs opinions particulières, les érigeaient en dogmes. D'autres croyaient la religion faite pour nous éclairer aussi sur le système du monde. Par l'abus de l'autorité spirituelle, réunie à la temporelle, peu s'en fallut qu'on ne défendît au genre humain de penser (p. 87-91).

D'illustres personnages préparaient de loin la lumière dont le monde devait être éclairé (p. 91-105). A leur tête se place Bacon dont les ouvrages méritent encore plus notre lecture que nos éloges (p. 92-96). Au chancelier Bacon succéda l'illustre Descartes : les mathématiques font aujourd'hui la partie la plus solide et la moins contestée de sa gloire; forcé de créer une physique toute nouvelle, il n'a pu la créer meilleure; sa métaphysique, aussi ingénieuse et aussi nouvelle, a eu le même sort à peu près (p. 96-100). Newton, à qui la route a été préparée par Huyghens (et par Descartes), donna à la philosophie une forme qu'elle semble devoir conserver (p. 100-103). Locke créa la métaphysique à peu près comme Newton avait créé la physique (p. 103-105). A côté de ces maîtres de l'esprit humain se placent plusieurs philosophes illustres qui ont beaucoup contribué à l'avancement des sciences : Galilée, Harvey, Huyghens, Pascal, Malebranche, Boyle, Vésale, Sydenham, Boerhaave et une infinité d'anatomistes et de physiciens célèbres; Leibnitz, dont la philosophie est aujourd'hui fort accueillie et fort combattue dans le nord de l'Europe (p. 105-107).

Ce n'est pas de leur vivant que ces grands hommes ont changé la face des sciences : Bacon n'a point été chef de secte; les ouvrages de Descartes ont été persécutés en France après sa mort; Newton n'y a eu de partisans que depuis Maupertuis; Locke a été oublié longtemps pour Rohault et pour Regis (p. 107-112).

La philosophie forme le goût dominant du xviiie siècle. L'érudition est méprisée (p. 112-115). Mais les ouvrages scientifiques ont acquis les avantages qui appartenaient aux ouvrages de belles-lettres, avec Fontenelle et Buffon. Condillac a porté les derniers coups au goût des systèmes (p. 115-117).

L'esprit philosophique a été nuisible aux progrès des belles-lettres, et les ouvrages d'esprit sont *en général* inférieurs à ceux du siècle précédent; mais nous avons J.-B. Rousseau, Crébillon et surtout Voltaire; Montesquieu, des historiens, des auteurs comiques et des romanciers. Nos peintres et nos sculpteurs sont remarquables; Rameau a porté la musique à une perfection jusque-là inconnue (p. 118-123).

Il faut en outre mentionner les travaux des compagnies savantes, qui, bien organisées, seront fort utiles aux progrès de l'esprit, sans corrompre les mœurs, quoi qu'en dise J.J. Rousseau (p. 123-126).

Le Prospectus.

Depuis la Renaissance des lettres, on doit aux Dictionnaires les lumières générales qui se sont répandues dans la société. Si le goût du travail et de l'étude s'éteint, la faute en est au bel esprit et à l'abus de la philosophie, plutôt qu'aux Dictionnaires (p. 126-128).

Mais les Encyclopédies ont paru avant le dernier siècle, et on a fait des progrès considérables, grâce aux grands hommes et aux compagnies savantes. Chambers a puisé dans des ouvrages français. Son plan et son dessein sont excellents. Toutefois il est incomplet (p. 128-131). On a refait un grand nombre de ses articles ; même la partie mathématique a subi des modifications considérables. On a changé son arbre généalogique des sciences et des arts. Notre ouvrage devant contenir un jour toutes les connaissances, nous avons choisi des collègues qui ont fait le Dictionnaire de leur partie et nous avons réuni tous ces Dictionnaires (p. 131-133).

Nous avons suivi l'ordre alphabétique, plus facile et plus commode pour nos lecteurs (p. 133-135). Nous avons rempli les vides qui séparent deux sciences ou deux arts. Chaque article a le style propre à son auteur, et celui qui convient à la matière traitée (p. 135-136).

La matière de l'Encyclopédie se réduit à trois chefs : les sciences, les arts libéraux, les arts mécaniques. Pour les sciences et les arts libéraux, on a donné la préférence aux auteurs reconnus pour les meilleurs. On a commencé en traitant d'une science par en donner la définition, qui toutefois serait mieux placée à la fin du livre (p. 136-139).

L'empire des sciences et des arts est un monde éloigné du vulgaire. On a allié aux principes des sciences et des arts libéraux l'histoire de leur origine et de leurs progrès successifs. Les articles qui concernent les éléments des sciences sont travaillés avec tout le soin possible (p. 139-141). Des amateurs ou des savants nous ont communiqué des manuscrits: des recherches nouvelles ont été publiées; des secours obligeants ont été reçus de tous côtés. La postérité, avec notre Dictionnaire, dira : tel était alors l'état des sciences et des beaux-arts; elle ajoutera ses découvertes à celles que nous aurons enregistrées (p. 141-143).

Il n'a été presque rien écrit sur les arts mécaniques. On s'est adressé aux plus habiles ouvriers, on s'est procuré des machines et on a fait soi-même de mauvais ouvrages pour apprendre aux autres comment on en fait de bons. On a suivi, pour chaque art, une méthode déterminée. On a donné 600 planches avec explication et renvois. En résumé, on a traité des sciences et des arts sans en supposer une connaissance préliminaire, de manière à ce que l'ouvrage tienne lieu de bibliothèque dans tous les genres à un homme du monde, et dans tous les genres, excepté le sien, à un savant de profession (p. 143-149).

Conclusion.

D'Alembert parle des auteurs : il a fait les articles de mathématique et de physique générale. Diderot a fait beaucoup plus; il a donné la description des métiers; il a suppléé, dans les différentes parties, un nombre prodigieux d'articles qui manquaient et a apporté à tous le même soin qu'à l'article *Art*. qui a eu un si grand succès. Cette collection se présente avec tout ce qui peut intéresser pour elle. Les auteurs n'attendent que la satisfaction d'avoir bien mérité de la patrie (p. 149).

NOTES

HISTORIQUES, SCIENTIFIQUES, LITTÉRAIRES ET PHILOSOPHIQUES

Note 1, p. 5. — Le succès du *Discours préliminaire* a été encore constaté par d'Alembert, p. 8, et dans une lettre à Mme du Deffand : « Il me semble que la Préface réussit : j'en suis fort aise, surtout à cause de l'ouvrage, auquel les persécutions des jésuites m'ont vivement intéressé. » Les louanges, dit la Harpe, furent prodiguées à ce beau Discours. Et lui-même, converti et ennemi des philosophes, place d'Alembert à côté de Pascal et de Buffon : « Trois hommes, dit-il, ont véritablement réuni le génie de la science et le talent d'écrire, Pascal, qui devina les mathématiques et y fut inventeur, tout en faisant les *Provinciales* et ses immortelles *Pensées*; Buffon, qui a décrit avec éloquence la nature animale qu'il étudiait en observateur, quoiqu'il ne l'ait pas toujours bien observée, et le géomètre créateur à qui nous devons le Discours préliminaire de l'Encyclopédie » (*Philosophie du XVIIIe siècle*, Dijon, 1821, t. I, p. 124). Et après avoir rappelé le vers de Gilbert qui se piquait d'*audace* et non de justice :

Il se croit un grand homme et fit une Préface.

il montre que le *Discours préliminaire* est un ouvrage et un bel ouvrage, régulier et noble, construit par une main ferme et sûre, dont toutes les proportions sont justes, les ornements choisis et qui suffirait pour assurer à son auteur une réputation d'écrivain et d'homme de lettres, d'un esprit juste et étendu, d'un goût sage et d'un style pur. Sans s'élever jusqu'au sublime, la méthode est sans pesanteur et la précision sans sécheresse, les jugements y sont sans passion. Un des adversaires de d'Alembert parle du *Discours* comme d'un « morceau de génie où brille un savoir exquis, revêtu de toutes les grâces du style; où l'on voit un esprit noble, élevé, vraiment philosophique ». De nos jours, on a parfois maltraité le Discours préliminaire (cf. n. 2), mais des écrivains non suspects de partialité en ont fait un grand éloge : « Le *Discours*, dit excellemment M. Brunel (*Les Philosophes et l'Académie française*, Paris, Hachette, 1884, p. 36), était du meilleur aloi, ferme, grave et modéré. Les droits de la raison y étaient revendiqués sans ambages, et pourtant sans forfanterie: une place y était faite, en dehors de la science, à une religion révélée; Descartes y était critiqué dans ses théories physiques et métaphysiques, non dans sa méthode; la philosophie y était même vantée avec mesure, enfermée dans ses justes limites, reconnue capable d'excès, d'empiétement sur le domaine du cœur et de l'imagination. Ainsi ce *Discours*, en exposant l'essentiel de la doctrine, ne disait rien de trop, n'offrait aucune matière à la censure, fermait la bouche à toute interprétation maligne, et commandait l'approbation de tout juge impartial. »

Note 2, p. 5-8. *Les critiques adressées au Discours préliminaire.* — Elles sont littéraires et d'Alembert ne croit pas nécessaire d'y répondre; elles sont exposées p. 5 et 6 (cf. note 35 pour la rhétorique des collèges, n. 60 pour les écrivains latins modernes, n. 73 pour Virgile). Il en est d'autres, p. 6 et 7, beaucoup plus graves, qui lui ont été faites par les *Nouvelles ecclésiastiques*, le Journal janséniste « pour qui Pascal devrait être une assez grande autorité ». A ce journaliste « plus malintentionné qu'orthodoxe », d'Alembert répondit dans deux passages de l'*Encyclopédie* qu'il reproduit en note à la Préface du 3ᵉ volume. Il parle des *Nouvelles* comme « d'un journal sans aveu » qui assure que les Académies sont peuplées d'incrédules, parce qu'on n'y croit pas aux miracles de Saint-Médard, qu'on n'y a point de convulsions et qu'on n'y prophétise pas la venue d'Élie, etc., etc. Il se sert de termes analogues, dans la *Destruction des jésuites* : « Le gazetier janséniste, excité seulement par le fanatisme et par la haine, car ce satirique imbécile n'en sait pas plus long, a reproché aux Jésuites de poursuivre dans les jansénistes un fantôme d'hérésie, et de ne pas courre sus aux philosophes, qui deviennent de jour en jour, selon lui, plus nombreux et plus insolents. » D'Alembert mentionne en outre (*Préface* du 3ᵉ volume) une critique insérée dans le *Journal des Savants* et désavouée par les journalistes, sur la demande qu'il avait adressée lui-même à Malesherbes. Les critiques de cette espèce répondent, en suivant l'ordre où elles sont rappelées, aux pages 20, 21, 22 — 16 (note 13) — 34, 35 — 67, 68 — 56, 57. Sur le reproche d'irréligion que d'Alembert estime immérité à son égard, cf. n. 26.

Enfin d'Alembert (p. 7) répond à ceux qui ont prétendu que le plan de son ouvrage lui a été fourni par Bacon. C'est ce que le P. Berthier, dans le *Journal de Trévoux*, insinuait déjà après avoir lu le Prospectus, le système figuré des connaissances humaines et l'explication de cette table, que Diderot avait fait paraître en novembre 1750.

On a quelquefois de nos jours jugé très sévèrement le *Discours préliminaire* : « La Préface, dit Papillon (*Histoire de la philosophie moderne*, II, p. 81), est un ouvrage peu sincère et très surfait, peu sincère parce que d'Alembert y dit beaucoup de choses qu'il ne pensait pas, et très surfait, parce qu'il ne s'y trouve rien d'original comme idée ou comme réflexion, et que comme style, d'Alembert a écrit des pages bien supérieures, entre autres les *Éloges des membres* de l'Académie française, qui sont des chefs-d'œuvre d'habileté, de goût et de fine critique, en même temps que des morceaux fort instructifs au point de vue de l'histoire littéraire. »

De son côté, M. Joseph Bertrand (*D'Alembert*, Paris, Hachette, 1889, p. 79) s'exprime ainsi : « D'Alembert s'élève contre le géomètre qui, en présence d'une belle œuvre de l'esprit demandait : qu'est-ce que cela prouve? Je me contenterais, ajoute-t-il, de demander qu'est-ce que cela apprend? Cette question adressée à la Préface de l'Encyclopédie resterait sans réponse. » Nous avons essayé dans notre Introduction de montrer que, pour la forme et pour le fond, on n'a pas eu tort de mettre le *Discours préliminaire* entre les mains des étudiants.

Dans la Préface du 3ᵉ volume (p. 2) d'Alembert rappelle que « l'envie eut recours à un petit nombre d'expressions équivoques... auxquelles il eût été facile et juste d'attacher un autre sens... tirées d'ouvrages approuvés et figurant dans des articles qui ne sont ni de lui ni de Diderot ». Mais il répond bien plus aux critiques de l'Encyclopédie qu'à ceux du *Discours préliminaire*. Ce qui est dit (p. 4, note) « du plus puissant de nos rois » a rapport à l'ouvrage imprimé par ordre de Louis XIV (*Traité des Droits de la reine sur différents états de la monarchie d'Espagne*) : « La loi fondamentale de l'État forme une liaison réciproque et éternelle... par une espèce de contrat qui destine le souverain à régner et les peuples à obéir » (p. 258 du tome I de l'éd. de 1763).

Note 3, p. 9. — D'Alembert écrit à d'Argenson (V. 14) pour s'excuser d'oser lui dédier cet ouvrage sans lui en avoir demandé la permission : « ou sa modestie n'aurait pas accepté cet hommage, ou elle aurait interdit tout éloge. » Quand d'Argenson eut quitté le ministère, d'Alembert lui dédia en 1752 l'*Essai d'une nouvelle théorie de la résistance des fluides*, puis une nouvelle édition de son *Traité de Dynamique* (IV, p. 358 et 366).

Note 4, p. 12. *Nous avions fait expressément la même déclaration dans le corps du Prospectus.* — Réponse au *Journal de Trévoux* (Diderot, Paris, Brière, 1821, I, p. 47), cf. n. 2, et p. 133. « Chacun de nos collègues a fait un Dictionnaire de la partie dont il s'est chargé et nous avons réuni tous ces Dictionnaires ensemble » (p. 135). « La seule opération dans notre travail qui suppose quelque intelligence, consiste à remplir les vides qui séparent deux sciences ou deux arts et à renouer la chaîne dans les occasions où nos collègues se sont reposés les uns sur les autres. » D'Alembert parle de même dans la *Préface* au troisième volume de l'Encyclopédie : « Notre fonction d'éditeurs consiste uniquement à mettre en ordre et à publier les articles que nous ont fournis nos collègues; à suppléer ceux qui n'ont point été faits, parce qu'ils étaient communs à des sciences différentes, à refondre quelquefois en un seul les articles qui ont été faits sur le même sujet par différentes personnes, désignées toutes en ce cas à la fin de l'article. » A ce rôle d'éditeurs, il faut joindre celui d'auteurs. A la fin du *Discours*, d'Alembert indique (p. 151-158) ce que Diderot et lui-même ont fourni à l'Encyclopédie. Parmi les articles que d'Alembert, en dehors des mathématiques et de la physique générale, écrivit pour les sept premiers volumes, il faut surtout citer l'article *Collège*, vive critique de l'éducation donnée par l'Université, et *Genève*, qui provoqua les réclamations des pasteurs genevois, comme la *Lettre à d'Alembert sur les Spectacles* de J.-J. Rousseau. Quant à Diderot, il donna près de 1000 articles sur les arts mécaniques et traita de philosophie, de morale, d'esthétique, d'histoire de la philosophie, etc. (art. Autorité, Aristotélisme, Beau, Encyclopédie, Épicurisme, Immortalité, etc.).

Note 5, p. 12. « *L'ouvrage comme* Encyclopédie. » — Diderot fait, dans le *Prospectus*, une brève mention des Encyclopédies qui parurent avant le xviie siècle et qui ne satisfirent point Leibnitz (p. 128). Il expose ensuite les défauts et les mérites de l'Encyclopédie de Chambers (p. 129-131), les raisons qui s'opposaient à ce qu'on en fit une traduction pure et simple, enfin ce qui en a été conservé par lui et ses collaborateurs. Il répond à ceux qui ont prétendu que cet ouvrage était impossible, en citant Bacon : *de impossibilitate ita statuo; ea omnia possibilia, et præstabilia censenda, quæ ab aliquibus perfici possunt, licet non a quibusvis: et quæ a multis conjunctim, licet non ab uno: et quæ in successione sæculorum, licet non eodem ævo; et denique quæ multorum cura et sumptu, licet non opibus et industria singulorum.* (De augm. scient. lib. II. cap. I.)

Sur les ouvrages antérieurs à celui de Diderot et d'Alembert, on peut consulter la *Grande Encyclopédie* (au mot *Encyclopédie*). Il convient d'y comprendre des œuvres qui ne portent pas ce nom, depuis *les Noces de Mercure et de la Philologie* de Martianus Capella et le *de Universo* de Raban Maur, jusqu'aux *Sommes* de théologie et de philosophie esquissées par Abélard et à celles qui ont illustré saint Thomas d'Aquin, au *Speculum majus* de Vincent de Beauvais et à l'*Opus majus* de Roger Bacon. En étudiant chronologiquement ces ouvrages, on pourrait faire une histoire curieuse de la spéculation, où l'on montrerait quels domaines ont été spécialement explorés aux différentes époques et quelles connaissances, mises au premier plan, ont été le centre autour duquel se sont groupées toutes les autres.

Note 6. p. 13. *Le premier pas que nous ayons à faire... jusqu'à l'origine et à la génération de nos idées... il ne saurait être déplacé en tête d'un Dictionnaire raisonné des connaissances humaines.* — Les idées et la façon même dont elles sont exprimées rappellent l'*Essai sur l'origine des connaissances humaines* de Condillac (p. 7) : « Il faut remonter à l'origine de nos idées, en développer la génération, les suivre jusqu'aux limites que la nature leur a prescrites, etc. » Voyez ce que d'Alembert dit du *Traité des Systèmes* (p. 116) et la note 23.

Note 7. p. 14. *Division de toutes nos connaissances en directes et en réfléchies.* — Dans le second livre de l'*Essai sur l'entendement humain*, Locke suppose qu'au commencement l'âme est une table rase, vide de tous caractères, sans aucune idée... L'expérience, dit-il, est le fondement de toutes nos connaissances : toutes nos idées nous viennent de la sensation, qui fournit à l'esprit les idées des qualités sensibles, et de la réflexion qui fournit à l'entendement les idées de ses propres opérations. Il semble que les mots « directes et réfléchies », qui impliquent une opposition familière à l'optique et indiquée d'ailleurs par ce qui suit : « *trouvant ouvertes toutes les portes de notre âme, y entrent sans résistance et sans effort* », appartiennent au *géomètre* d'Alembert.

Note 8, p. 14. *C'est à nos sensations que nous devons toutes nos idées... axiome pour les scolastiques...* (p. 99) *axiome péripatéticien*. — La plupart des philosophes du xviiie siècle admettent que toutes nos idées viennent des sensations, que les scolastiques ont pensé de même et n'ont fait en cela que suivre Aristote. C'est ce que soutiennent également Voltaire, La Mettrie, Helvétius, Condillac et son école, Garat, Degérando, Cabanis, etc. On trouve, il est vrai, dans le *Traité de l'âme* un certain nombre de textes qui, pris à part, pourraient faire considérer Aristote comme un précurseur de Locke : il y compare même l'âme à un feuillet où il n'y a rien actuellement d'écrit (III, 11), et comme on traduisit le mot grec γραμματεῖον par le mot latin *tabula*, Aristote devint le père de la théorie de la *table rase*. Mais il est impossible d'interpréter en ce sens sa doctrine, quand on tient compte de tous les textes. L'intellect passif ne saurait sans une image former ses conceptions; mais il n'en est pas de même de l'intellect actif, qui seul est impassible et pur. (*De anim.*, III, 5.) Voyez Ueberweg, *Grundriss der Geschichte der Philosophie*, I, 201; Ritter et Preller, *Historia philosophiæ græcæ et romanæ*, 309; Waddington, *Psychologie d'Aristote*, etc. Quant aux scolastiques, le *nihil est in intellectu quod non prius fuerit in sensu*, n'est nullement identique à la formule de Locke et de nos philosophes du xviiie siècle. Avant le xiiie siècle, ils ne s'occupent guère de l'origine de nos idées; à partir de cette époque l'attention qu'ils accordent aux commentateurs arabes, héritiers des néo-platoniciens, en ferait bien plutôt des précurseurs de Descartes et de Leibnitz. Les cartésiens furent combattus par les orthodoxes à cause de leurs affinités, réelles ou imaginaires, avec les jansénistes et les calvinistes, et firent condamner les idées innées. Les jésuites, dont l'influence fut si grande jusqu'au milieu du xviiie siècle, enseignèrent et firent adopter la doctrine qui tire toutes nos connaissances des sensations : le P. Buffier est un des premiers partisans de Locke. Quand La Mettrie eut uni cette doctrine au matérialisme, elle devint suspecte aux orthodoxes; ils la condamnèrent, chez l'abbé de Prades, en même temps que des tendances déistes. En vain on invoqua l'approbation que les jésuites de Trévoux avaient donnée à l'*Essai sur l'origine des connaissances humaines*, on cita les meilleurs professeurs de l'Université de Paris, qui dictaient ce système dans leurs cours. Les jésuites furent à leur tour accusés de favoriser le matérialisme et l'athéisme. Les jansénistes eurent, outre ce que leur avait fourni Pascal, une arme nouvelle pour les faire condamner : les jésuites, disent-ils, ont des points communs avec les Encyclopédistes, « par lesquels une société a été formée pour soutenir le matérialisme, pour détruire la religion, pour inspirer l'indépendance et nourrir la corruption des mœurs » (Omer de Fleury). La théorie de Locke, qui par ce côté continue Hobbes et Gassendi, a été combattue par Leibnitz dans les *Nouveaux Essais*. Reprise par Hume, elle a été critiquée par Kant. Enfin avec Stuart Mill et Spencer, elle a pris de nos jours une forme qui la rapproche en plus d'un point de la doctrine adverse.

Note **9**, p. 15, l. 1. *Le système des idées innées conserve encore quelques partisans.* — Parmi ces partisans, il faut citer des cartésiens. Le P. Boursier, auteur de l'*Action de Dieu sur les créatures, traité dans lequel on prouve la Prémotion physique* (1713), docteur en Sorbonne et janséniste, se rattache à Descartes, à Malebranche et il est loué par Voltaire. Le P. Roche, oratorien, combat Locke et Condillac, dans son *Traité de la nature de l'âme*, avec la métaphysique de Malebranche. L'abbé Genest met en vers la philosophie de Descartes (1716); le P. André, persécuté pour son attachement à Malebranche, compose des Discours sur le Beau qu'admire Diderot. D'Aguesseau applique le cartésianisme à la jurisprudence, et refuse à Voltaire un privilège pour les *Éléments de la philosophie de Newton*. Mairan, le disciple célèbre de Malebranche, cherche après Fontenelle, auquel il succède comme secrétaire de l'Académie des sciences, à défendre les fondements de la physique de Descartes. Le P. Paulian tente de concilier Newton et Descartes; le cardinal Gerdil expose encore la physique cartésienne, tandis que le cardinal de Polignac combat l'épicuréisme, dans l'*Anti-Lucrèce*, avec des armes cartésiennes. Jean Terrasson, dont d'Alembert fait l'éloge, défend Descartes contre Newton, soutient avec Fontenelle que les œuvres de l'esprit humain obéissent à la loi de perfectibilité, et développe ainsi une des doctrines cartésiennes qui ont obtenu le plus de succès au xviiie siècle. L'abbé de Pons, l'ami de la Motte, a été considéré par Sainte-Beuve comme un premier essai et un diminutif de parfait condillacien, comme un *idéologue* à la façon de Sicard et de Volney. Kéranflech, vanté par Villers, expose, dans un *Essai sur la raison* (1765), des idées cartésiennes et malebranchistes; l'abbé de Lignac combat Locke et Condillac, Buffon et Helvétius; toutefois il corrige Malebranche par Locke pour fonder le vrai système des idées. A ces cartésiens il faudra bientôt joindre les orthodoxes qui condamneront l'abbé de Prades (cf. note 7). Voir *F. Bouillier,* Histoire de la philosophie cartésienne.

Note 10, p. 14. « *Les formes substantielles ou les qualités occultes.* » — D'Alembert, p. 102, examine le reproche que certains savants font à Newton d'avoir ramené les *qualités occultes* des scolastiques et des anciens philosophes. Vides de sens pour les premiers, elles lui semblent n'avoir été chez les anciens que l'expression modeste de leur ignorance. En ce sens, d'Alembert admettrait volontiers des qualités occultes. Voltaire va plus loin : « On s'est moqué fort longtemps des qualités occultes; on doit se moquer de ceux qui n'y croient pas. Répétons cent fois que tout principe, tout premier ressort de quelque œuvre que ce puisse être du grand Démiourgos, est occulte et caché pour jamais aux mortels » (Dict. ph.). Mais ce n'est pas en sceptiques que les scolastiques parlaient de qualités occultes : « Les aristotéliciens, dit Newton dans son *Optique*, ont donné le nom de qualités occultes non à des qualités manifestes, mais à des qualités qu'ils supposent être cachées dans les corps et être les causes inconnues d'effets manifestes, telles que seraient les causes de la pesanteur, des attractions magnétiques et électriques et des fermentations, si nous supposions que ces forces et actions procédassent de qualités qui nous fussent inconnues et qui ne pussent jamais être découvertes. Ces sortes de qualités occultes arrêtent les progrès de la philosophie naturelle... Dire que chaque espèce de choses est douée d'une qualité occulte spécifique par laquelle elle agit et produit des effets sensibles, c'est ne rien dire du tout; mais déduire des phénomènes de la nature deux ou trois principes généraux de mouvement et nous expliquer ensuite comment les propriétés et les actions de toutes les choses corporelles découlent de ces principes, ce serait faire un progrès considérable dans la philosophie. » Il faudrait, pour être exact, chercher ce qu'étaient les qualités occultes pour chacun de ceux qui les ont invoquées et non les critiquer ou les admettre d'après l'opinion déraisonnable ou raisonnable que plus tard on s'en fait. Il en est de même des *formes substantielles*. Descartes s'en moque : « Je souscris ici volontiers au sentiment de M. le Recteur qui dit qu'il ne faut pas chasser sans sujet de leur ancien domaine de pauvres innocents, c'est-à-dire de ces êtres qu'on appelle formes substantielles ou qualités réelles. » Mais quand il les définit, il est singulièrement vague : « Par les formes substantielles on entend une certaine substance jointe à la matière et qui compose avec elle un certain tout purement corporel qui n'existe pas moins que la matière. » La forme substantielle est chez Aristote une chose fort intelligible, sinon une chose sur laquelle on puisse avoir des idées absolument précises (Métaphysique, VII, 4; VIII, 4, etc.); c'est, dans l'être et opposée à la matière, la forme de ce qui est en soi et par soi. Ainsi elle s'oppose à la forme accidentelle. En considérant les diverses espèces d'êtres, en se préoccupant surtout de l'immortalité de l'âme humaine, forme substantielle du corps, les scolastiques étaient arrivés à diviser les formes et à subdiviser les formes substantielles elles-mêmes de façons fort diverses. Mais leurs divisions et leurs distinctions sont loin d'être toujours sans fondement, au point de vue métaphysique, sinon au point de vue scientifique. On a condamné en bloc la scolastique comme on condamnait le moyen âge. Nous essayons de montrer dans notre *Introduction*, que souvent on jugeait fort mal à tous points de vue et que, presque toujours, on ignorait le moyen âge, au temps de Descartes et de d'Alembert. On peut voir, dans la *Revue philosophique* (mars 1892 et avril 1893), en quoi les travaux récents sur le néo-thomisme et la scolastique ont contribué à rétablir la vérité sur l'importance philosophique et scientifique du moyen âge.

Note **11**, p. 15. *Pourquoi supposer que nous ayons des notions purement intellectuelles, si nous n'avons besoin pour les former que de réfléchir sur nos sensations?* — Locke, qui a consacré le premier livre de son *Essai* à établir qu'il n'y a point de principes innés pour la spéculation ou pour la pratique, écrit au début : « Si j'avais affaire à des lecteurs dégagés de tout préjugé, je n'aurais pour les convaincre de la fausseté de cette supposition, qu'à leur montrer que les hommes peuvent acquérir toutes les connaissances qu'ils ont, par le simple usage de leurs facultés naturelles, sans le secours d'aucune impression innée et qu'ils peuvent arriver à une entière certitude de certaines choses, sans avoir besoin d'aucune de ces notions naturelles ou de ces principes innés ». Dans le *Traité des systèmes* (p. 94), Condillac dit : « Locke a employé tout le premier livre de son Essai à combattre les idées innées. Ses raisons, pour la plupart, me paraissent bonnes; mais il me semble qu'il ne prend pas la voie la plus courte pour dissiper cette erreur. Pour moi, j'ai cru devoir me borner à en montrer l'origine. Si j'avais voulu l'attaquer avec d'autres armes, je n'aurais presque pu les prendre que dans Locke; j'aime mieux renvoyer le lecteur à ce philosophe. » On s'aperçoit des progrès de la doctrine : d'Alembert fait, sans même en prévenir le lecteur, ce que Locke avait cru insuffisant pour les siens. Nous nous bornerons à rappeler que cette théorie des idées innées, si facilement réfutée par Locke, n'est pas celle de Descartes. On l'a souvent remarqué; mais quelque nom qu'on lui donne, il y a chez Locke et ses modernes successeurs une tendance à tout expliquer par l'expérience, qui les distingue de Descartes, de Leibnitz et de Kant.

Note 12, p. 15, l. 21. « *La première chose que nos sensations nous apprennent, c'est notre existence.* » — D'Alembert, qui avait eu pour maitre de philosophie un « cartésien à outrance », transforme le *je pense, donc je suis*, en JE SENS, *donc je suis*. Le xviiie siècle continue le xviie (Cf. *Taine*. les Origines de la France contemporaine, Ancien Régime, III, 1; *F. Picavet*, les Idéologues, Introduction).

Note 13, p. 15, l. 17. « *L'existence du monde extérieur.* » Cf. p. 19 : « *La communication réciproque des hommes, jointe à la ressemblance que nous apercevons entre nos sensations et celles de nos semblables, contribue peut-être à justifier le penchant invincible que nous avons à supposer l'existence de tous les objets qui nous frappent.* » — On sait quelles difficultés avait soulevées Descartes, dans les *Méditations*, sur l'existence et la nature du monde extérieur. On a pu dire (*Georges Lyon*, l'Idéalisme en Angleterre au xviiie siècle, p. 34) qu'une telle manière de démontrer la réalité du monde matériel équivaut bien plutôt à la compromettre sans retour. Pour Malebranche, il fait appel à la Bible : la foi lui apprend que Dieu a créé le ciel et la terre; il y a des corps, cela est démontré en toute rigueur, la foi supposée. Avec Berkeley, on arrive à l'idéalisme, pour lequel il n'y a plus de corps, mais des esprits et des idées (*esse est percipere aut percipi*). Dans les *Éléments de philosophie*, d'Alembert, qui connait Berkeley comme Descartes et Malebranche, réduit la question de l'existence des objets extérieurs à trois autres : 1° Comment concluons-nous de nos sensations l'existence de ces objets? 2° Cette conclusion est-elle démonstrative? 3° Enfin et comment parvenons-nous par ces sensations à nous former une idée des corps et de l'étendue? La première a pour objet une vérité de fait, et la solution en est susceptible de toute l'évidence possible : quand une partie de notre corps en touche une autre, notre sensation est double; elle est simple et sans réplique si nous touchons un corps étranger. En voilà assez pour distinguer le *nous* et pour reconnaitre d'abord en général la différence de ce qui est nôtre d'avec ce qui ne l'est pas.

Mais la conclusion ainsi obtenue est-elle démonstrative? Les philosophes, tout en convenant que notre penchant à juger de l'existence des corps est invincible, sont partagés sur ce point. Ceux qui affirment prétendent que Dieu nous tromperait, si nos sensations ne nous représentaient que des êtres fantastiques. Mais ils tombent dans deux inconvénients : 1° ils prouvent une vérité directe et primitive par une vérité réfléchie, tandis que toutes les écoles de philosophie cherchent dans l'existence des corps les preuves les plus solides de l'existence de Dieu; 2° il suffit de penser, pour ne pas croire que Dieu nous trompe, qu'il est assez puissant pour exciter en nous des sensations, sans qu'il y ait rien au dehors qui lui serve à les produire. La seule réponse raisonnable qu'on puisse opposer aux sceptiques est celle-ci. Les mêmes effets naissent des mêmes causes; or supposant, pour un moment, l'existence des corps, les sensations qu'ils nous feraient éprouver ne pourraient être ni plus vives, ni plus constantes, ni plus uniformes que celles que nous avons; donc nous devons supposer que les corps existent (même argument dans notre texte, p. 16).

Enfin la troisième question a des difficultés encore plus réelles et même insolubles en un certain sens. La sensation qui nous fait connaître l'étendue est aussi incompréhensible que l'étendue même, et nous devons nous résoudre à ignorer si l'être que nous appelons matière est semblable à l'idée que nous nous en formons. Il ne nous importe pas d'ailleurs de pénétrer dans l'essence des corps, pourvu que nous puissions déduire des propriétés que nous regardons comme primitives les propriétés secondaires, et que le système général des phénomènes, toujours uniforme et continu, ne nous présente nulle part de contradiction.

Cette solution toute positive, qui ne s'inspire pas de Turgot (*Dict. ph.* de Franck, art. D'ALEMBERT), puisqu'elle se trouve plus qu'en germe dans le *Discours préliminaire*, antérieur à l'art. EXISTENCE, suffit au savant, qui n'a pas à se prononcer entre les idéalistes et les réalistes. On remarquera les mots CAUSE, p. 16, l. 14, et AUCUN RAPPORT, l. 17 et 18, qui expliquent l'objection et la réponse rappelées p. 6, l. 33, 35 (note 2).

NOTE 14, p. 17. « *Ces philosophes dont parle Montaigne.* » — « Et quant aux philosophes, les voulez-vous faire juges des droicts d'un procez, des actions d'un homme? Ils en sont bien prests! Ils cherchent encores s'il y a vie, s'il y a mouvement, si l'homme est aultre chose qu'un bœuf; que c'est qu'agir et souffrir, quelles bestes ce sont que lois et justice » (I, ch. xxiv).

NOTE 15, p. 18, l. 1-10. *Les philosophes auraient mieux connu notre nature, s'ils s'étaient contentés de borner à l'exemption de la douleur le souverain bien de la vie présente.* — Épicure définissait le plaisir, l'absence de douleur, inspiré, ce semble, par l'ataraxie des pyrrhoniens et la métriopathie, recommandée par ces derniers à ceux qui ne pouvaient atteindre l'ataraxie. Montaigne dit (*Essais*, livre II, ch. xii) : « Notre bien-être, ce n'est que la privation d'être mal », et Locke (II, ch. xxi) : « Ce qui détermine la volonté à agir, n'est pas le plus grand bien, comme on le suppose ordinairement, mais plutôt quelque malaise (*uneasiness*) actuel et pour l'ordinaire, celui qui est le plus pressant ». Quant à ceux qui soutenaient que la douleur n'est point un mal, on sait qu'il s'agit des stoïciens. C'était, quoi qu'en disent Descartes, Pascal, Bossuet et d'Alembert, une grande et belle doctrine que celle pour laquelle la souffrance ne doit point diminuer l'homme, puisqu'elle n'affecte en rien sa valeur morale.

Note 16, p. 19, l. 8-12. « *La communication des idées, l'invention des signes, l'origine des sociétés, la formation des langues.* » — Locke (III, 1) écrit : « Dieu ayant fait l'homme pour être une créature sociable, non seulement lui a inspiré le désir et l'a mis dans la nécessité de vivre avec ceux de son espèce, mais de plus lui a donné la faculté de parler, pour que ce fût le grand instrument et le lien commun de cette société. C'est pourquoi l'homme a naturellement ses organes propres à former des sons articulés ou mots.... peut se servir de ces sons comme des signes de conception intérieure;... puis comme des termes généraux par où un seul mot est le signe d'une multitude d'existences particulières. » Condillac (*Essai sur l'origine*, II, p. 3), tout en admettant que Dieu a enseigné le langage aux hommes, suppose deux enfants de l'un et de l'autre sexe, égarés dans des déserts avant de connaître aucun signe, afin d'expliquer comment la chose aurait pu se faire par *des moyens naturels*. D'Alembert n'a recours qu'à ces derniers et ne fait plus intervenir Dieu. La séparation se fait entre la science et la théologie. Dans les *Eléments*, il va même plus loin et soutient que la religion n'a eu aucune part à la formation des sociétés.

Cf., p. 40-47, ce que d'Alembert dit de la science de la communication des idées, de la logique et de la grammaire; cf. note 33. — Sur « l'existence de *tous les objets qui nous frappent* », p. 19, l. 23-24, cf. note 13.

Note 17. p. 20, l. 8. « *Ce droit barbare d'inégalité, appelé loi du plus fort* » (cf. p. 3, n.); p. 20, l. 17-21, *Origine de l'idée du juste et de l'injuste... la loi naturelle.* — Selon d'Alembert, tous les membres de la société ont les mêmes droits, mais les plus forts oppriment les plus faibles qui trouvent cette conduite injuste. Pourquoi ont-ils les mêmes droits? D'Alembert ne le dit pas expressément; mais cela semble résulter de ce qu'ils ont même forme, mêmes perceptions, mêmes besoins et même intérêt à les satisfaire (p. 19, 20). Dans l'*Essai sur les gens de lettres*, il est plus explicite : tous les hommes sont égaux par le droit de la nature; le principe de cette égalité se trouve dans le besoin qu'ils ont les uns des autres et dans la nécessité où ils sont de vivre en société. C'est donc sur la nature de l'homme, au sens positif du mot, qu'il fonde le droit, la justice et la loi naturelle, d'où dérivent les premières lois humaines (p. 21). Quand Socrate discutant avec Hippias (Mém., IV, 4, 14), quand Antigone, dans Sophocle, parlaient de lois non écrites, c'est à la divinité qu'ils les rapportaient. De même les Stoïciens fondaient l'égalité des hommes, par laquelle ils justifiaient la condamnation de l'esclavage, sur la présence en chacun d'une portion de l'éther divin. Les chrétiens disaient que J.-C. est mort pour les sauver tous. D'Alembert laisse de côté les raisons religieuses ou métaphysiques et n'emploie que des raisons d'ordre positif : pour la plupart de ses contemporains, pour Voltaire lui-même, il affaiblit ainsi sa thèse. Pour nous, il a le mérite d'avoir un des premiers voulu faire une morale indépendante, capable de diriger ceux que ne satisfont ni les religions ni les métaphysiques. Sans doute il est facile de faire des objections à d'Alembert et à ceux qui l'ont suivi, mais on ne peut nier qu'ils aient fait en ce sens œuvre utile. D'Alembert laisse à la religion l'homme considéré en lui-même et occupé de faire son salut; la morale conduira l'homme dans la société, qui doit sa naissance à des motifs purement humains, et lui apprendra les devoirs de l'homme (lois naturelles et générales, écrites ou non écrites) dans la société générale, ceux des législateurs, des États, des citoyens, du philosophe (*Éléments de philosophie*, VIII).

On remarquera que d'Alembert soutient contre Locke et contre Montaigne l'universalité des principes de la morale (*le cri de la nature retentit chez les peuples même les plus sauvages*). Il s'en explique dans les *Éléments* (éd. Belin, I, 200) : « Je craindrais, dit-il, que cette différence (pour la manière de penser des hommes et des nations sur certaines vérités de morale), *qui n'est que trop vraie*, ne conduisît certains esprits peu attentifs à regarder ces vérités comme douteuses.... Il est des objets sur lesquels le philosophe doit éviter de donner même occasion à des sophismes. » Ainsi d'Alembert estime que Locke a dit vrai, mais, comme dans d'autres cas, la vérité peut être nuisible et d'Alembert parle comme Voltaire (*La Loi naturelle, Correspondance avec le prince royal de Prusse*), qui « défie le plus déterminé menteur, parmi les voyageurs, de dire qu'il y ait une peuplade, une famille où il soit permis de manquer à sa parole.

Note **18**, p. 21-22. — Cf. p. 47, l. 4 : « *la loi naturelle antérieure à toutes les conventions particulières et première loi des peuples* ». D'Alembert, comme Descartes, distingue l'âme et le corps, constate leur union, puis passe à Dieu. Sur la certitude de ces connaissances, cf. p. 33, 35 et note 25.

Note **19**, p. 24, l. 18. — Remarquer le passage où d'Alembert explique, par la *nécessité* et par l'*amusement*, l'étude que nous faisons de la nature. C'est par l'utilité qu'elle nous procure qu'il rend compte de la naissance de la physique : aussi est-il assez embarrassé pour montrer comment on en est venu à l'étude désintéressée. Avec Frédéric II, il va même jusqu'à accorder que la géométrie transcendante « n'est souvent qu'un luxe de savants oisifs » (29 janvier 1768). La difficulté est de même ordre que celle qui consiste à faire entrer dans la morale de l'intérêt le dévouement, la charité, le sacrifice. Aristote explique beaucoup plus aisément l'apparition de la science en affirmant que tous les hommes ont naturellement le désir de savoir... que connaître et savoir, dans le seul but de connaître et de savoir, est par excellence le caractère de la science et ce qu'il y a de plus scientifique (*Métaph.*, I, 1). De ce point de vue on comprend en effet que les hommes aient pu s'adonner aux recherches métaphysiques et théologiques avant d'avoir, par la science positive, tiré de la nature tout ce qu'elle peut fournir pour la satisfaction de leurs besoins. Mais celui auquel se place d'Alembert nous montre pourquoi il réhabilite les arts mécaniques (note 40).

Note **20**, p. 25, l. 13 sqq. — Sur ce que d'Alembert dit ici de l'espace considéré comme lieu des corps, il s'écarte des cartésiens qui regardent l'étendue et la matière comme une même chose (cf. éd. Belin, I, 1, p. 393. *Sur les lois de l'équilibre*). Mais ici encore il se dispense d'examiner la question métaphysique et ne cherche qu'à assurer la valeur de ses recherches scientifiques. Dans les *Éléments de philosophie*, il déclare, après avoir essayé de montrer que l'espace n'est qu'une simple capacité, propre à recevoir l'étendue impénétrable, que cette discussion est absolument étrangère et inutile à la mécanique. On peut rattacher cette question à la philosophie des mathématiques, sans admettre qu'elle soit *inutile* à la mécanique. (*Pierre Laloi et F. Picavet*, Philosophie pratique, Colin, p. 198.)

Note **21**, p. 26. — On rapprochera ce qui est dit de l'origine de la géométrie, de la comparaison entre la métaphysique, la géométrie, et la poésie (p. 64, 65).

De même on comparera les pages 29-32, où il est question de l'origine des sciences physico-mathématiques, aux pages 68-69 où il s'agit de la division de la science de la nature. D'une façon générale, on rapprochera les diverses parties de l'arbre encyclopédique, de l'exposition métaphysique de l'origine et de la liaison des sciences, comme de l'explication détaillée du système des connaissances humaines et de la table qui y est jointe. On se rendra ainsi un compte plus exact des idées de d'Alembert, de celles qui lui sont communes avec Diderot et Bacon, comme de ce qui lui appartient en propre (cf. notes 2, 4, 5, 40, 49, 74, etc.).

Note 22. p. 28. — L'éloge de l'algèbre, p. 29, celui de l'astronomie, p. 30-32, l'indication de la méthode à suivre en physique montrent en d'Alembert un disciple de Newton et de Descartes. On comprend mieux la raison des jugements qu'il porte (cf. n. 77, 81, etc.).

Note 23. p. 30, l. 20-22. L'*esprit systématique* et l'*esprit de système*. — Cf. ce que d'Alembert dit de Condillac et du *Traité des Systèmes* (p. 110), comme son projet de renfermer dans un *système* qui soit un les branches infiniment variées de la science humaine (p. 13, l. 21), du *système* des idées innées (p. 14, l. 27), du *système général* du monde (p. 31, l. 22), du *système général* des sciences et des arts (p. 58, l. 13), du *système* de nos connaissances (p. 59, l. 23), des *systèmes différents* de la connaissance humaine (p. 61, l. 5), du *système* des connaissances directes (p. 63, l. 12), du *système figuré* qui est à la tête de l'ouvrage (p. 71, 72, 74), du *système* encyclopédique (p. 95, l. 8), du vrai *système* du monde (p. 98, l. 23), de la théorie qu'il ne veut pas nommer *système* du monde (p. 101, l. 13 et 14), etc. On se convaincra que d'Alembert emploie ce mot en des sens fort différents. Pour saisir dans chaque passage ce qu'il veut dire, il faut tenir compte du contexte et consulter le *Traité des Systèmes* de Condillac, reproduit presque en entier et textuellement dans l'Encyclopédie : « Il est évident, dit celui-ci, qu'on ne peut qu'improprement appeler systèmes les ouvrages où l'on prétend expliquer la nature par le moyen de quelques principes abstraits... Nous ne pouvons faire de vrais systèmes que dans les cas où nous avons assez d'observations pour saisir l'enchainement des phénomènes. »

Note 24. p. 32. *Les géomètres abusent de l'application de l'algèbre à la physique... On a voulu réduire en calcul jusqu'à l'art de guérir.* — C'est à Descartes, selon Sprengel (Histoire de la médecine, traduction Jourdan, V, p. 132), qu'on doit en grande partie l'union de la médecine avec les mathématiques : « Quand on explique tous les changements et phénomènes des corps par la figure et le mouvement des atomes, alors la physiologie devient réellement une partie des mathématiques, car les lois du mouvement de ces atomes sont aussi susceptibles d'être déterminées et calculées que celles des mouvements de toute autre machine ». Les iatro-mécaniciens, comme d'ailleurs les animistes, sont des disciples de Descartes. Parmi les premiers figurent Borelli, dont les recherches sur les mouvements des animaux ont été reprises, avec des instruments plus perfectionnés et une méthode plus expérimentale, par M. Marey; Willis, qui accorde une place importante aux esprits animaux et qui le premier donne du cerveau une description méthodique et complète. Les iatro-chimistes ne sont qu'une des divisions des iatro-mécaniciens. Parmi eux on peut citer Sylvius, pour qui les liquides de l'économie animale sont presque exclusivement le siège des transformations physiologiques. Dans les humeurs se produisent l'ensemble des phénomènes chimiques dont résulte la vie; par leur altération chimique apparaissent les maladies : l'*humorisme* se répandit en Hollande et en Allemagne. Puis Boerhaave (1668-1738) fut le chef d'une école, dit Auguste Comte (III, p. 450), qui, « entreprenant une opération philosophique alors prématurée, fut entrainée par un sentiment exagéré et même vicieux de la subordination nécessaire de la biologie envers les parties antérieures et plus simples de la philosophie naturelle, à ne concevoir d'autre moyen de rendre enfin positive l'étude de la vie, que sa fusion, à titre de simple appendice, dans le système général de la physique inorganique ». C'est Boerhaave qui explique les phénomènes et les causes de la vie par les lois de l'hydraulique et de la statique (p. 33, l. 6), qui y ramène les causes de la santé et de la maladie. Le corps humain est une machine composée d'un nombre infini de vaisseaux de différents ordres remplis chacun d'une liqueur proportionnée : il y a santé quand les efforts réciproques des liqueurs et des solides se font équilibre, il y a maladie surtout quand les liqueurs dévient dans des vaisseaux qui ne leur sont point destinés. Le nom de Boerhaave appartient à l'histoire de la botanique par sa subdivision des monocotylédones et dicotylédones de Tournefort en gymnospermes et en angiospermes (plantes à graines nues et plantes à graines entourées d'enveloppes constituant le fruit); à l'histoire de la chimie, par des expériences analogues à celles de Hales sur la distillation des produits végétaux et les fluides élastiques qui s'en dégagent. D'Alembert a placé Boerhaave (p. 106) parmi les philosophes illustres qui ont contribué à l'avancement des sciences (n. 82). Les idées exposées sur l'usage des *mathématiques* dans la physique terrestre (p. 30-32), sont la reproduction parfois littérale de l'*Exposition du traité de l'équilibre et du mouvement des fluides* (1744).

Note 25, p. 33-39. *Les deux limites entre lesquelles sont concentrées presque toutes les connaissances certaines accordées à nos lumières naturelles.* — A une extrémité, la métaphysique et la morale. Dans la métaphysique (p. 34, 35), la génération des idées et leur développement est une science susceptible de toute la perfection qui doit la rendre complète (*Eléments*, éd. Belin, I, p. 136). Ailleurs la métaphysique nous offre peu de vérités clairement connues, une obscurité impénétrable dans celles dont nous ne pouvons douter et même une opposition très forte. C'est un grand pays, dont une petite partie est riche et bien connue, mais confine de tous côtés à de vastes déserts, où l'on trouve seulement de distance en distance quelques mauvais gîtes prêts à s'écrouler sur ceux qui s'y réfugient. Sur l'existence du monde extérieur (éd. Belin, I. p. 181, cf. notre note 13), d'Alembert se borne à donner une réponse plus positive que métaphysique: sur l'union du corps et de l'âme, l'inégalité des esprits, sur la distinction entre l'homme et l'animal, l'intelligence suprême a mis un voile que nous voudrions en vain arracher (*Eléments*, I, p. 187). Il est incontestable que la matière ne forme point en nous le principe pensant (I, p. 186), mais nous ne connaissons pas la nature de l'homme (p. 34, l. 16, et *Eléments*, I, 187). Il a fallu que Dieu se manifestât directement aux hommes, pour leur faire connaître évidemment son existence, vérité qu'ils portaient tous audedans d'eux-mêmes, mais que les uns n'y avaient pas reconnue et que les autres n'y voyaient qu'à travers un nuage. La preuve tirée du consentement des peuples ne pouvait avoir toute sa force avant l'Évangile (I, p. 188). La révélation seule peut répondre à certaines difficultés : la misère de l'homme ne paraît pas devoir être l'ouvrage d'un être infiniment bon et juste; les désordres de l'univers dans l'ordre moral, l'inégalité monstrueuse en apparence dans la distribution des biens et des maux; le triomphe trop fréquent du vice sur la vertu; la difficulté de supposer qu'un être infiniment puissant et infiniment sage n'ait pas créé le meilleur des mondes possibles, et l'impossibilité de concevoir que ce monde, tel qu'il est, soit le meilleur que Dieu pût créer; enfin l'incompatibilité apparente de la science de Dieu, de sa sagesse et de sa toute-puissance, avec la liberté de l'homme. Il est évident qu'il y a un Être éternel; il est différent du monde dont l'arrangement physique ne peut être l'ouvrage d'une matière brute et sans intelligence. Quant aux objections, on les résout avec les dogmes, ou l'on fait voir qu'il y en a de plus fortes dans le système de l'éternité et de la nécessité de la matière. Enfin on ne cherche l'existence de Dieu que dans les lois admirables de la nature. Pour l'immortalité de l'âme, la vertu, souvent malheureuse en ce monde, exige de la justice de Dieu des récompenses après la mort, et la révélation nous apprend pourquoi il ne nous les accorde pas en cette vie. (Cf. *Introduction*. Sur Dieu. cf. p. 67, l. 14; sur l'âme, p. 68, l. 3 sqq.)

La morale est peut-être la plus complète des sciences, pour les vérités qui en sont les principes et quant à l'enchaînement de ces vérités : une seule vérité de fait, incontestable, le besoin mutuel que les hommes ont les uns des autres et les devoirs réciproques que ce besoin leur impose; toutes les règles de la morale en dérivent par un enchaînement nécessaire (I, 137).

A l'autre extrémité, l'algèbre, la géométrie, la mécanique, sont seules marquées au sceau de l'évidence (p. 35), encore cela n'est-il vrai rigoureusement que de l'algèbre. D'Alembert oublie même de mentionner l'arithmétique, qu'il comprend sans doute dans l'algèbre, l'arithmétique générale.

Entre les deux termes, métaphysique et morale d'un côté, algèbre, géométrie et mécanique de l'autre, se trouve l'intervalle immense où les sciences, appuyées sur des principes physiques, n'ont qu'une certitude d'expérience ou même de pure supposition, p. 35, l. 23-24. Au premier rang viennent les sciences physico-mathématiques, qui tiennent de bien près par leur certitude aux vérités géométriques, p. 32, l. 10; puis vient la physique générale et expérimentale et l'histoire naturelle.

Quant aux connaissances relatives à celles-là (p. 39-47), logique, grammaire, éloquence, histoire, chronologie et géographie, politique, elles ont une certitude proportionnée à leur éloignement des mathématiques pures.

NOTE 26. p. 34-35. *Nécessité d'une religion révélée*. — On rapprochera les différents passages où d'Alembert a mentionné la religion. — p. 1, 2. En parlant des *Réflexions sur l'abus de la critique en matière de religion*, il condamne également le fanatisme de la superstition et celui de l'impiété et soutient qu'on n'a pu tirer une seule proposition répréhensible de ses ouvrages. — p. 4, n. Il est question des calomniateurs imbéciles par qui la religion serait déshonorée, si elle pouvait l'être. — p. 7. Il répond à ses critiques, que la religion chrétienne est d'un ordre supérieur au système encyclopédique des connaissances humaines. — p. 66, l. 3. C'est la révélation qui nous apprend l'existence des esprits créés —. p. 67. La théologie révélée, qui tient à l'histoire et à la philosophie, ne saurait être séparée de cette dernière. — p. 68. C'est de la théologie, naturelle ou révélée, que dérive la connaissance spéculative de l'âme. — p. 78, l. 8. A propos du moyen âge, il signale les ravages de la superstition. — p. 89-92. En parlant des théologiens qui craignaient les coups d'une raison aveugle, qui voulaient ériger en dogmes leurs opinions particulières ou qui croyaient la religion faite pour nous éclairer sur le système du monde, il montre le christianisme ajoutant à la philosophie les lumières qui lui manquent, et la philosophie réduisant les incrédules au silence. — p. 96, l. 22 et p. 106, l. 16. A propos de Descartes et de Pascal, il est question des ministres qui peut-être ne croyaient pas l'existence de Dieu et de la religion. Sur la position prise par d'Alembert à l'égard du christianisme, voir notre *Introduction*.

Note 27, p. 35-36. « *C'est à la simplicité de leur objet qu'elles sont principalement redevables de leur certitude... et parait vouloir leur échapper.* » — Ces deux pages remarquables sur la certitude des mathématiques sont la reproduction littérale des deux premières pages de l'Introduction au *Traité de Dynamique*, qui, publié en 1743, plaça son auteur au nombre des premiers géomètres de l'Europe. On y trouve en partie le principe sur lequel repose la classification d'A. Comte.

Note 27 bis, p. 37. « *Les axiomes.* » — Sur le peu de fécondité des axiomes, d'Alembert revient encore dans les *Éléments de philosophie* (I, éd. Belin, p. 131). Là aussi il insiste sur les définitions auxquelles on ne saurait donner trop de soin. (I, p. 270.)

Note 28, p. 38. « *L'enchainement de plusieurs vérités géométriques... des traductions plus ou moins différentes et plus ou moins compliquées de la même proposition.* » — C'est en développant cette façon de voir que Condillac a écrit la *Langue des Calculs* et Laromiguière, les *Paradoxes de Condillac*. Ce que d'Alembert dit, avec les réserves convenables, des théorèmes géométriques, Condillac et son disciple l'étendent à toutes les sciences. Cf. notre *Philosophie de Condillac* en tête de la première partie du *Traité des Sensations*, p. xc à xciii, et nos *Idéologues*, p. 532 à 536, p. 364-366.

Note 29, p. 39. « *L'Univers, pour qui saurait l'embrasser d'un seul point de vue, ne serait... qu'un fait unique et une grande vérité.* » Cette phrase nous montre, dans toute sa netteté,

12.

le talent de l'écrivain qui exprime avec une incomparable précision des idées grandes et neuves (n. 27, 25). Elle rappelle l'axiome éternel de Taine, *les Philosophes classiques* : « Au suprême sommet des choses, au plus haut de l'éther lumineux et inaccessible, se prononce l'axiome éternel et le retentissement prolongé de cette formule créatrice compose, par ses ondulations inépuisables, l'immensité de l'Univers ».

Note 30. p. 40-42. « *La logique.* » — Dans les *Éléments de philosophie*, d'Alembert ramène l'art du raisonnement à la comparaison des idées. Après avoir remarqué qu'il serait à souhaiter qu'on n'employât jamais que des démonstrations rigoureuses, il souhaite qu'on comprenne dans la logique un art de conjecturer. On s'en servirait dans la plupart des sciences telles que la physique, la médecine, la jurisprudence et l'histoire, lorsque sans être ni éclairés, ni convaincus, nous sommes forcés d'agir et de raisonner comme si nous l'étions. Ainsi on apprendrait à ne pas confondre avec le vrai rigoureux ce qui est simplement probable, à saisir dans le vraisemblable même les nuances qui séparent ce qui l'est davantage d'avec ce qui l'est moins. C'est une des tentatives les plus originales pour remplacer l'ancienne logique par une logique adaptée aux recherches expérimentales.

Note 31, p. 41. « *Il n'y a presque point de science ou d'art dont on ne pût à la rigueur et avec une bonne logique instruire l'esprit le plus borné.* » — Il est logique, quand on fait naître toutes nos connaissances des sensations, d'accorder une grande part à l'éducation. La Mettrie termine ainsi son *Histoire naturelle de l'âme* : « Point de sens, point d'idées, peu de sens, peu d'idées, *peu d'éducation*, peu d'idées ». Helvétius soutient que l'éducation seule fait l'inégalité des esprits et qu'il y a des méthodes sûres pour former des hommes de génie. D'Alembert se rapprocherait plutôt de Descartes qui, au début du *Discours de la méthode,* attribue à chacun la même quantité de bon sens ou de raison et voit, dans la méthode seule, la cause de nos progrès plus ou moins rapides.

Note 32, p. 41, l. 29. « *La lenteur... des opérations de l'esprit.* » — Les recherches sur la durée des actes psychiques forment aujourd'hui une partie importante de la psycho-physique. Voir surtout la *Psychologie allemande* de M. Ribot, ch. VIII.

Note 33, p. 42-44. « *La formation des langues* » (cf. p. 19, note 16). — D'Alembert semble résumer très brièvement la seconde partie de l'*Essai sur l'origine des connaissances humaines* de Condillac. Les « *prodiges des aveugles-nés et des sourds-muets de naissance* » font aussi songer à Diderot, dont la *Lettre sur les aveugles à l'usage de ceux qui voient*, et la *Lettre sur les sourds-muets à l'usage de ceux qui parlent et entendent* venaient de paraître. L'ouvrage si remarquable du président de Brosses sur la *Formation mécanique des langues et les principes physiques de l'étymologie* ne parut qu'en 1765. L'étude historique des langues, l'observation des enfants, ont de nos jours substitué aux conjectures et aux suppositions dont se contentait en général le xviii° siècle, des données positives, comparables en partie à celles que fournissent les sciences naturelles. L'*Origine du langage* de M. Paul Regnaud, *les Races et les Langues* de M. André Lefèvre, les travaux les plus récents en cette matière, suffiraient à le montrer. Sur les recherches philologiques des successeurs des Encyclopédistes, Destutt de Tracy, Degérando, Thurot, on peut consulter nos *Idéologues*.

Note 34, p. 41. « *On doit les orateurs à l'art.* » — D'Alembert fait allusion à la maxime célèbre : « *nascuntur poetæ, fiunt oratores* », qu'on justifie d'ordinaire par l'exemple de Démosthène. Il est évident que la nature et l'art contribuent à former l'orateur, comme le poète. On avait fait aux règles une trop large place : le xvii°, le xviii° et le xix° siècle ont insisté sur l'importance de l'élément trop sacrifié. D'Alembert parle comme Descartes, Pascal et Voltaire.

« J'estimais fort l'éloquence, dit le premier (Discours de la Méthode, I), et j'étais amoureux de la poésie : mais je pensais que l'une et l'autre étaient des dons de l'esprit plutôt que des fruits de l'étude. Ceux qui ont le raisonnement le plus fort et qui digèrent le mieux leurs pensées, afin de les rendre claires et intelligibles, peuvent toujours le mieux persuader ce qu'ils proposent, encore qu'ils ne parlassent que bas-breton et qu'ils n'eussent jamais appris de rhétorique ; et ceux qui ont les inventions les plus agréables et qui les savent exprimer avec le plus d'ornement et de douceur, ne laisseraient pas d'être les meilleurs poètes encore que l'art poétique leur fût inconnu. » Pascal dit de même, en songeant à ceux qui ne juraient que par les règles : « La vraie éloquence se moque de l'éloquence, la vraie morale se moque de la morale... Se moquer de la philosophie, c'est vraiment philosopher » (art. VII, 34).

Voltaire (art. *Éloquence*, Dict. ph.) dit, en faisant la part de la nature et de l'art : « L'éloquence est née avant les règles de la rhétorique... La nature rend les hommes éloquents dans les grands intérêts et dans les grandes passions... La nature fait donc l'éloquence et si on a dit que les poètes naissent et que les orateurs se forment, on l'a dit quand l'éloquence a été forcée d'étudier les lois, le génie des juges et la méthode du temps : la nature seule n'est éloquente que par élans. » Et Voltaire parle fort bien de la *Rhétorique* d'Aristote, dont tous les préceptes respirent la justesse éclairée d'un philosophe et la politesse d'un Athénien, et qui, en donnant les règles de l'éloquence, est éloquent avec simplicité. Cf. *Havet*, la Rhétorique d'Aristote, et les *Pensées de Pascal.*

Note **35**, p. 44, l. 27. « *Les puérilités pédantesques qu'on a honorées du nom de rhétorique... et qui sont à l'art oratoire ce que la scolastique est à la vraie philosophie.* » — Cf. p. 5 où il indique qu'on lui a reproché d'avoir ainsi parlé. Dans l'article *Collège,* d'Alembert a critiqué vivement le genre d'éducation qui lui a fait perdre tant de temps dans son enfance, en particulier les amplifications qui ont pour objet d'étendre une pensée, de circonduire et allonger des périodes, les discours en forme, presque toujours en latin, auxquels il voudrait substituer une rhétorique beaucoup plus en exemples qu'en préceptes, où l'on critiquerait les auteurs anciens en les comparant aux modernes, et que peut-être on devrait faire précéder par la philosophie. On lira, sur cette question de l'utilité de la rhétorique, Quintilien, *Instit. oratoire,* II, chap. xvi.

Note **36**, p. 45. « *L'Histoire.* » — D'Alembert a écrit des *Réflexions sur l'histoire et sur les différentes manières de l'écrire,* dans lesquelles il faut signaler quelques idées neuves, même quand on les compare au chapitre de Fénelon dans la *Lettre sur les occupations de l'Académie française* : « 1° Il faut chercher dans l'histoire le progrès des connaissances humaines, les degrés par lesquels les sciences et les arts se sont perfectionnés... C'est là seulement ce qui est intéressant; 2° il faut enseigner l'histoire à rebours, en commençant par les temps les plus proches de nous et en finissant par les plus reculés..., en ne surchargeant point d'abord la mémoire des enfants par des faits et des noms barbares, en ne leur faisant point apprendre les noms de Chilpéric et de Dagobert avant ceux de Henri IV et de Louis XIV; 3° il faut en faire le meilleur catéchisme de morale en réunissant, pour chaque état utile à la société, magistrats, guerriers, artisans, des actions et des paroles mémorables... qu'on ferait lire de bonne heure aux enfants destinés à chacun de ces états. » Ajoutons que d'Alembert croit que l'histoire des sciences et des arts excite le génie à s'ouvrir des routes nouvelles (n. 53). Avec Turgot, Voltaire et Condorcet, d'Alembert travaille à réhabiliter l'histoire, condamnée par les cartésiens, en montrant qu'elle est nécessaire pour atteindre le but poursuivi par Descartes lui-même.

Note 37, p. 46. « *La politique.* » — Remarquer que la politique est pour d'Alembert subordonnée à la morale. Aussi fait-il entrer dans celle-ci les devoirs des législateurs, des états et du citoyen (*Éléments de philosophie*). La morale d'ailleurs est pour d'Alembert à peu près une sociologie (Cf. *Introduction* et notes 17 et 25).

Note 38, p. 47. « *L'imitation de la nature.* » — A la page suivante, il s'agit de l'imitation « *de la belle nature* ». Il faut se rappeler le rôle que joue la nature au xviiie siècle. Le xviie siècle, a dit Villemain, s'occupe surtout de l'homme, le xviiie fait étudier la nature par ses savants: ses philosophes la célèbrent, ses poètes et ses prosateurs la chantent et la décrivent. Tout ce que dit d'Alembert des beaux-arts ne repose ni sur leur histoire ni sur leur psychologie. Diderot, en cette matière, est plus original. Toutefois sur la musique, d'Alembert exprime des idées ingénieuses : il ne faut pas oublier qu'il a fait un éloge enthousiaste de Rameau, p. 122, un des prédécesseurs de Wagner. Son ouvrage sur *la Liberté de la musique* est fort intéressant : il dénote tout à la fois un bon juge et un historien capable d'apprécier les efforts tentés alors pour faire entrer la musique dans une voie nouvelle.

Note 39, p. 51, l. 17 sqq. — Comme d'Alembert, Auguste Comte remarque que tous les travaux humains (*Philosophie positive*, 2e leçon) sont ou de spéculation ou d'action : mais il considère uniquement les connaissances théoriques. Même, dans celles-ci, il laisse de côté les sciences particulières et ne s'attache qu'aux générales. Ainsi il lui est possible, en limitant son objet, d'arriver à une classification plus exacte. Il commence d'ailleurs, comme son prédécesseur, par les phénomènes les plus généraux ou les plus simples : mais s'il va ensuite jusqu'aux phénomènes les plus particuliers, il tient compte de leur complexité de plus en plus grande. Cf. n. 27.

Note 40, p. 51 à 55. *Définition de l'art, distinction des arts en libéraux et en mécaniques, mépris injuste pour ces derniers;* — p. 143 à 149, *la manière dont on a traité des arts mécaniques* (Diderot) — p. 157, *le succès de l'art.* Art *et les critiques de ceux qui l'ont trouvé trop raisonné et trop métaphysique.* — En comparant ce que dit d'Alembert, dans le *Discours préliminaire*, à ce que dit Diderot dans l'article *Art*, on verra quelle différence il y a entre l'un et l'autre ! D'Alembert invoque des raisons scientifiques ou philosophiques pour expliquer la supériorité accordée aux arts libéraux et pour montrer que l'utilité bien supérieure des derniers compense suffisamment le travail que les premiers exigent de l'esprit et la difficulté d'y exceller. Diderot (*origine des sciences et des arts, spéculation et pratique d'un art, distribution des arts en libéraux et en mécaniques, but des arts en général, projet d'un traité général des arts mécaniques, ordre qu'il faudrait suivre dans un pareil traité, de la géométrie des arts, de la langue des arts, de la supériorité d'une manufacture sur une autre*), qui expose tant d'idées justes et profondes, est volontiers violent et agressif. « La supériorité accordée aux arts libéraux est un préjugé qui tend à remplir les villes d'orgueilleux raisonneurs et de contemplateurs inutiles, et les campagnes de petits tyrans ignorants, oisifs et dédaigneux... Qu'il sorte du sein des académies quelque homme qui descende dans les ateliers, qui y recueille les phénomènes des arts, et qui les expose dans un ouvrage qui détermine les artistes à lire, les philosophes à penser utilement et les grands à faire enfin un usage utile de leur autorité et de leurs récompenses, etc. » L'éloge des arts mécaniques, la nécessité pour l'enfant de savoir un métier « qui l'élève à l'état d'homme » (*Émile*, livre III), rappellent Diderot, et aussi l'abbé de Saint-Pierre, qui faisait apprendre à des enfants sans parents « un métier utile et solide... d'une nécessité indispensable, devant subsister toujours » (*d'Alembert, Éloge de Saint-Pierre*). On a soutenu que Rousseau devait à Diderot l'idée développée par lui avec tant d'éloquence dans son premier Discours. En réalité, Rousseau est peu original, si l'on ne tient compte que de l'invention des idées; il l'est, comme tous les orateurs de génie (cf., p. 124-125, le jugement qu'en porte d'Alembert), par la forme passionnée qu'il leur donne. Parmi ceux chez lesquels il puise, il faut placer au premier rang Buffon, Voltaire et Diderot.

On sait combien, depuis Diderot et d'Alembert, la façon ordinaire de juger est devenue différente. On a mis fort souvent les arts mécaniques au premier rang et il a été plus d'une fois nécessaire de justifier le travail intellectuel (*Pierre Laloi et F. Picavet, Philosophie pratique*, p. 258-260). Sur l'explication donnée au préjugé p. 52, l. 14 sqq., cf. note 17.

Note 41, p. 54-55. — La *fusée* est un petit cône, cannelé en spirale, autour duquel s'enroule la chaîne d'une montre qu'on monte ; l'*échappement* est le mécanisme par lequel la dernière roue de la machine transmet au balancier ou au pendule l'action du poids ou du ressort ; c'est lui qui arrête le mouvement du rouage pendant que le balancier achève une oscillation, qui modère et régularise le mouvement. En inventant l'échappement, on créa les horloges à roues dentées. On appelle pendule ou montre à *répétition*, celle qui répète l'heure quand on tire un cordon ou qu'on pousse un petit ressort.

Note 42, p. 56-57. — L'*évidence* et la *certitude* correspondent à ce que Descartes appelle l'intuition des *natures simples* (cf., p. 35, simplicité de l'objet des mathématiques), et à la *déduction*, qui saisit les rapports des choses composées aux natures simples. Pour les deux espèces de sentiment, conscience, évidence du cœur (cf., p. 7, où d'Alembert rappelle Pascal), et goût, on pourrait songer à un rapprochement fait souvent de nos jours, entre la morale et l'esthétique. — La conscience est invoquée d'une façon très différente par d'Alembert et par Rousseau. Chez Rousseau, qui sans cesse fait appel à la conscience et lui demande la solution de tous les problèmes, la morale rentre dans les systèmes dits de sentiment, comme chez Hutcheson, Hume, Adam Smith et Jacobi. D'Alembert, au contraire, fonde la morale (note 25) sur le besoin mutuel que les hommes ont les uns des autres : c'est un utilitaire. Rousseau et d'Alembert, en invoquant la conscience, rappellent Voltaire; mais le premier en est plus près. Voltaire et Rousseau ont l'un et l'autre inspiré Kant.

Note 43, p. 58. « *L'histoire philosophique... de l'origine de nos idées.* » — On reconnaît, à cette expression, un successeur de Descartes. D'Alembert, comme Condillac, comme Helvétius, comme Mably et Rousseau, *construit* avec quelques données nécessairement fausses parce qu'elles sont incomplètes, l'histoire des origines. La raison doit nous faire savoir comment les choses ont *pu* se produire; par cela même, elle nous apprend comment elles ont *dû* se produire. Ainsi Hégel et ses disciples, plus près de nos philosophes du xviiie siècle qu'ils ne le croyaient eux-mêmes, voulaient *à priori* constituer les sciences de la nature. Nous sommes aujourd'hui moins confiants, et nous essayons, en réunissant les documents, de quelque nature qu'ils soient, de savoir d'une façon précise ce qu'ils nous apprennent et ce qu'ils nous laissent ignorer.

Note 44, p. 59, l. 11. « *Notre étude primitive a dû être celle des individus.* » — Nos connaissances directes nous viennent par les sens (note 8); elles ne sauraient nous être données que par les individus. Car il n'y a que les êtres particuliers (lisez *individus*) qui existent (p. 74, l. 28, p. 94, l. 18).

Note 45, p. 61, l. 14. « *Les premiers hommes se plaçaient au centre du monde.* » — En plaçant la terre au centre du monde, on s'était habitué à soutenir que Dieu a fait toutes choses pour l'homme. On allait même jusqu'à dire que l'étude de celui-ci nous donne la connaissance de l'univers : le *microcosme* s'opposait ainsi au *macrocosme*. Quand Copernic fit tourner la terre autour du soleil, on crut que c'en était fait de la primauté de l'homme, et on le combattit comme un hérétique qui niait le soin particulier que Dieu a pris de sa créature privilégiée.

NOTE 46, p. 62-63. « *Cette foule de naturalistes qu'un philosophe moderne a eu tant de raison de censurer.* » — Buffon a condamné les classifications, les nomenclatures et critiqué vivement Tournefort et Linné : « Il n'existe, dit-il, réellement dans la nature que des individus (cf. note 44), et les genres, les ordres, et les classes n'existent que dans notre imagination. La nature ne peut pas se prêter totalement à ces divisions, puisqu'elle passe d'une espèce à une autre espèce et souvent d'un genre à un autre par des nuances imperceptibles, de sorte qu'il se trouve un grand nombre d'espèces moyennes et d'objets mi-partis, qu'on ne sait où placer et qui dérangent nécessairement le projet du système général. » On sait que Buffon refusa de laisser entrer au Jardin du Roi la méthode et la nomenclature de Linné, que les noms donnés par ce dernier aux plantes ne purent être inscrits que sous la tablette destinée à les étiqueter. Diderot, en 1754, dans les *Pensées sur l'interprétation de la nature*, s'attaque de même à Linné et aux méthodistes. Il ne faut pas cependant croire qu'il n'y a que de « l'arbitraire » dans une pareille division ; sans doute les classifications sont essentiellement provisoires et perfectibles ; mais celles de Cuvier et de Jussieu sont appuyées sur des caractères tout autres que ceux auxquels Linné faisait appel. A coup sûr, on ne saurait y voir, après les travaux de Darwin et de ses continuateurs, des nomenclatures *naturelles*, au sens où l'entendaient Cuvier et ses contemporains, mais on ne peut considérer comme purement artificielle une classification qui coordonne les caractères différents et les subordonne tous à la constitution du système nerveux, en s'assurant par l'expérience, aussi bien que par l'observation, qu'elle a saisi leur importance respective.

NOTE 47, p. 63. — On remarquera la distinction classique des deux imaginations : l'une, *imagination reproductrice* ou *mémoire imaginative*, qui n'est autre chose que la mémoire même des objets sensibles ; l'autre, l'*imagination créatrice*, qui est le talent de créer en imitant. Rien n'est plus difficile à définir que cette faculté créatrice : on en a fait quelquefois le produit du milieu, d'une névrose. La *Philosophie de l'art* de Taine offre une des explications les plus intéressantes qui aient été tentées.

Si d'Alembert n'a pas défini le génie d'une façon exacte, il a bien mis en lumière son pouvoir créateur et rapproché fort ingénieusement la métaphysique et la géométrie de la poésie (p. 65); mais ce qu'il dit (p. 77) de la manière dont se produisent les découvertes est tout à fait insuffisant.

Note 48, p. 62. « *L'Univers n'est qu'un vaste Océan.* » — On rapprochera cette belle comparaison de ce que dit Diderot (p. 139) de l'empire des sciences et des arts..., monde éloigné du vulgaire, où l'on fait tous les jours des découvertes, mais dont on a bien des relations fabuleuses. Kant et Littré ont usé d'images analogues : « Le pays de l'entendement pur, dit le premier, est une île que la nature elle-même a renfermée dans des bornes immuables. C'est le pays de la vérité environné d'un vaste et orageux océan, empire de l'illusion, où, au milieu du brouillard, maint banc de glace, qui disparaîtra bientôt, présente l'image trompeuse d'un pays nouveau et attire par de vaines apparences le navigateur vagabond qui cherche de nouvelles terres et s'engage en des expéditions périlleuses auxquelles il ne peut renoncer, mais dont il n'atteindra jamais le but. » — « Ce qui est au delà du savoir positif, dit le second, est inaccessible à l'esprit humain... Mais inaccessible ne veut pas dire nul ou non existant... C'est un Océan qui vient battre notre rive et pour lequel nous n'avons ni barque, ni voile, mais dont la claire vision est aussi salutaire que formidable. » Ne pourrait-on pas de ces comparaisons faire sortir le scepticisme de d'Alembert, la confiance en la raison victorieuse de tous les obstacles qui caractérise Diderot, le criticisme de Kant et le positivisme de Littré?

D'Alembert a trouvé bon nombre de comparaisons heureuses et expressives (cf. notes 25, 27, 29, etc.), pour marquer les limites de nos connaissances. Celle de l'Océan se trouve déjà chez Locke (*Essai*, Avant-propos, éd. de 1786, I, p. 105 à 109) : « Il en est de nous comme d'un pilote qui voyage sur mer... quoiqu'il ne puisse pas toujours reconnaître... toutes les différentes profondeurs de l'Océan. Lorsque les hommes viennent à pousser leurs recherches plus loin que leur capacité ne leur permet de faire, s'abandonnant sur ce vaste Océan où ils ne trouvent ni fond ni rive... ils s'engagent enfin dans un parfait pyrrhonisme. »

Note 49, p. 69. « *Le Prospectus.* » — D'Alembert dit, p. 5 et 126, que Diderot est l'auteur du Prospectus qui fait *une partie essentielle* du Discours, de la Table ou Système figuré des connaissances humaines et de l'explication de cette table. Il les a joints au Discours, parce qu'elles ne forment proprement avec lui qu'un même corps... Ce qu'il dit ici et p. 126 des changements et additions qui ont paru convenables à l'un et à l'autre, comme les rapprochements que nous avons faits (note 21) entre le Discours et le Prospectus, expliqueront à nos lecteurs pourquoi c'eût été mutiler et déformer l'œuvre de d'Alembert que d'en donner seulement les réflexions et les vues générales, qui se terminent avec l'histoire des sciences (p. 126).

Note 50, p. 70. — On remarquera que d'Alembert, comme tous les hommes du xviiie siècle, fait une part trop grande à la réflexion. Cela vient de ce qu'il tire toutes nos idées des sensations, avec Locke, mais aussi de ce qu'il juge, avec Descartes, que nous avons conscience de tout ce que nous pensons. Nous croyons aujourd'hui que la réflexion est une addition à la spontanéité, qui ne se trouve pas toujours avec elle. Les langues sont formées spontanément par les peuples, et il faut une réflexion très savante pour dégager les règles qui ont présidé à leur formation. De même les œuvres poétiques ou artistiques sont des produits de la spontanéité, et le poète n'arrive pas à la conscience claire des idées qui ont guidé son travail. Les théories psychologiques et physiologiques sur l'hérédité, l'association, l'inconscient, comme l'étude plus approfondie des œuvres d'art, sont venues modifier profondément les conceptions esthétiques. Ce que dit d'Alembert est vrai en partie de Théocrite, d'André Chénier et en général des poètes savants.

Note 51, p. 70-71. — D'Alembert distingue les érudits, les philosophes et les beaux esprits, et après avoir rappelé qu'ils font assez peu de cas les uns des autres, il leur conseille à tous de reconnaître le besoin réciproque qu'ils ont de leurs travaux et les secours qu'ils en tirent. — C'est une idée sur laquelle d'Alembert revient sans cesse dans ses *Éloges* et à laquelle il a consacré l'*Essai sur la société des gens de lettres et des grands, sur la réputation, sur les Mécènes et sur les récompenses littéraires*. Il faut remarquer que d'Alembert réhabilite les érudits. Ailleurs (p. 70), il constate que le xviiie siècle ne pense pas fort avantageusement de ces hommes autrefois si célèbres : il trouve que c'est une injustice et qu'il faut plutôt jouir avec reconnaissance du travail de ces hommes laborieux. Puis (p. 112) il indique que le mépris que nos pères avaient eu pour la philosophie est retombé sur l'érudition. « C'est, dit-il, être ignorant ou présomptueux de croire que nous n'ayons plus aucun avantage à tirer de l'étude et de la lecture des anciens. » Et dans les pages qui suivent, il réclame l'usage du latin dans les ouvrages de philosophie, dont la clarté et la précision doivent faire tout le mérite et qui n'ont besoin que d'une langue universelle et de convention. Dans l'*Apologie de l'étude*, d'Alembert qualifie de même ce mépris injuste pour l'érudition « qui nourrit et fait vivre toutes les autres parties de la littérature, depuis le bel esprit jusqu'au philosophe » : il y compare les érudits aux cultivateurs d'un État policé. Dans l'*Harmonie des langues*, il insiste encore pour qu'on écrive en latin les ouvrages de science, géométrie, physique, médecine, érudition même.

Note 52, p. 73, l. 6. « *Les raisons qui ont fait préférer l'ordre alphabétique.* » — Elles sont indiquées dans le *Prospectus*, p. 133 sqq.

Note 53, p. 75, l. 26. « *L'histoire des sciences est naturellement liée à celle du petit nombre de grands génies dont les ouvrages ont contribué à répandre la lumière parmi les hommes.* » — Le *Prospectus* explique cette liaison naturelle : l'histoire des sciences et des arts excite le génie à s'ouvrir des routes ignorées (p. 139-140). On voit pourquoi l'histoire condamnée par les Cartésiens rentre dans le domaine scientifique, cf. note 36.

Note 54, p. 76, l. 7. « *La renaissance des lettres* » : — l. 20 et 27, « *l'intervalle de douze siècles d'ignorance* ». — D'Alembert semble considérer comme incontestable que les anciens ont créé des chefs-d'œuvre dans les arts et travaillé utilement à l'avancement des sciences ; puis que, pendant douze siècles, il y a eu une ignorance presque complète ; enfin que le moyen âge a été suivi d'une renaissance par laquelle la lumière a reparu. Sur les anciens, d'Alembert juge assez exactement ; sur le moyen âge, il se trompe du tout au tout et partant aussi sur la Renaissance (cf. notes 55, 56, 57, 58, 71).

Note 55, p. 77, l. 17. « *Gerbert.* » — Dans les *Éléments de philosophie*, d'Alembert fait mention de « quelques génies supérieurs qui, abandonnant cette méthode vague et obscure de philosopher, laissaient les mots pour les choses, et cherchaient dans leur sagacité et dans l'étude de la nature des connaissances plus réelles. Le moine Bacon, trop peu connu et trop peu lu aujourd'hui, doit être mis au nombre de ces esprits du premier ordre : dans le sein de la plus profonde ignorance, il sut par la force de son génie, s'élever au-dessus de son siècle et le laisser bien loin derrière lui ; aussi fut-il persécuté par ses confrères et regardé par le peuple comme un magicien, à peu près comme Gerbert l'avait été près de trois siècles auparavant pour ses inventions mécaniques, avec cette différence que Gerbert devint pape et que Bacon resta moine et malheureux. » D'Alembert ne connaît guère, on le voit, que les noms de Roger Bacon et de Gerbert ; sur le premier, on peut consulter le travail de M. Émile Charles; sur le second, *Olleris*, Œuvres de Gerbert; *Julien Havet*, Lettres de Gerbert et *Revue internationale de l'Enseignement supérieur*, 15 avril 1893. Sur les hommes de génie, cf. note 47.

Note 56. p. 78, l. 24. — Sur les questions soulevées pendant la première période de la scolastique, cf. *Revue internationale de l'enseignement*, 15 avril 1893. On verra que toutes ne portaient pas sur des êtres abstraits et métaphysiques, mais qu'elles touchaient aux conditions d'existence des hommes de cette époque.

Note 57, p. 78, l. 16. « *Une de ces Révolutions qui font prendre à la terre une face nouvelle.* » — Sur les assertions incomplètes et parfois inexactes de d'Alembert, cf. notre *Introduction*. Il faut remarquer que d'Alembert mentionne la prise de Constantinople, l'invention de l'imprimerie, les Médicis et François Ier. Au début des *Eléments de philosophie*, il donne comme cause de cette révolution, la prise de Constantinople et la Réforme. Dans l'Éloge de Louis Cousin, le traducteur des historiens byzantins, d'Alembert ne semble voir dans l'empire grec que superstitions, crimes, atrocité, ineptie. Mais l'*Essai sur les gens de lettres* donne quelques indications nouvelles : « Charles V... fit quelques efforts pour ranimer dans ses États le goût des sciences... Le mouvement imprimé subsista, quoique faiblement jusqu'à François Ier, qui donna aux esprits engourdis et languissants une nouvelle impulsion... Le penchant naturel des courtisans pour l'ignorance se trouva plus à l'aise sous les rois qui suivirent... Enfin Louis XIV parut et l'estime qu'il témoigna pour les gens de lettres donna bientôt le ton à une nation accoutumée à le recevoir de ses maîtres. » Sur cette question, comme pour l'histoire littéraire, d'Alembert semble avoir acquis, par ses études ultérieures, des idées moins inexactes et plus compréhensives (cf. notes 68, 84).

Note 58, p. 79, l. 15. « *Cette foule d'érudits.* » — Pétrarque et Boccace ont fait naître l'humanisme à Florence. L'Académie établie en cette ville compte, parmi ses membres, Marsile Ficin et les platoniciens qui entrent en lutte avec les disciples d'Aristote, Poggio et Valla, se distinguent parmi les latinistes (cf. *Burckhart*, Die Cultur der Renaissance in Italien, traduction française par Schmitt; *Gebhart*, Esquisse d'une histoire de la Renaissance en Italie; de l'Italie, Essais de critique de l'histoire: la Renaissance italienne et la philosophie de l'histoire; *Perrens*, Histoire de Florence depuis la domination des Médicis jusqu'à la chute de la République). Sur la façon dont d'Alembert juge les érudits, cf. note 51.

Note 59, p. 79, l. 29. « *Le pays de la raison et des découvertes est d'une assez petite étendue.* » — Les limites en sont indiquées, p. 25 sqq., note 25. A la fin des *Éléments de philosophie*, d'Alembert écrit : « Il n'y a proprement que trois groupes de connaissances où les découvertes n'aient pas lieu : l'érudition, parce que les faits ne se devinent et ne s'inventent pas; la métaphysique, parce que les faits se trouvent au dedans de nous-mêmes; la théologie, parce que le dépôt de la foi est inaltérable et qu'il ne saurait y avoir de révélation nouvelle. »

Note 60, p. 81-82. « *L'usage servile de la langue des anciens.* » — On a reproché à d'Alembert d'avoir mal parlé des écrivains latins modernes (p. 5). Tout en souhaitant que le latin reste la langue universelle des savants et en ne l'employant d'ailleurs pas lui-même, il condamne les compositions latines (art. *Collège*), et maltraite fort la latinité des modernes dans son opuscule, *Sur l'harmonie des langues et en particulier sur celle qu'on croit sentir dans les langues mortes et à cette occasion sur la latinité des modernes.*

Note 61, p. 83. Ronsard. — D'Alembert juge Ronsard comme Boileau, moins exactement que La Bruyère (n. 63). Pour réformer ce jugement, qui n'est à peu près exact que pour une partie de son œuvre et qui néglige le continuateur de Marot, l'orateur en vers et le rénovateur de la poésie française; pour apprécier le XVIe siècle, méconnu, si l'on en excepte Montaigne, jusqu'à notre époque, on consultera surtout A. Darmesteter et A. Hatzfeld, *Le XVIe siècle en France, Tableau de la littérature et de la langue, suivi de morceaux en prose et en vers, choisis dans les principaux écrivains de cette époque*, Paris, Delagrave. Le *Précis historique et critique de la littérature française* de E. Lintilhac, des origines au XVIIe siècle (Paris, André-Guédon, 1890), contient une excellente bibliographie, à laquelle nous nous contentons de renvoyer ceux qui désireraient des indications plus nombreuses et plus précises. On sait que la réhabilitation de Ronsard remonte au romantisme et spécialement à Sainte-Beuve, dont le beau sonnet est une appréciation aussi poétique qu'exacte du chef de la Pléiade.

Note 62, p. 83. Malherbe. — D'Alembert suit Boileau. Voltaire dit : « *Quelques vers* de Malherbe faisaient sentir seulement que la langue française était capable de grandeur et de force... On savait par cœur *le peu* de belles stances que laissa Malherbe.* » Dans l'Eloge de Jean Segrais, d'Alembert écrit : « Le vrai mérite de Malherbe est d'avoir mis le premier dans les vers français, de l'harmonie et de l'élégance, comme l'a dit le législateur Boileau... Malherbe méritait bien une statue (au

lieu d'un médaillon), comme créateur de notre poésie lyrique. »
— Pour Malherbe comme pour J.-B. Rousseau (n. 92), il faut se rappeler, si l'on veut comprendre les jugements des critiques antérieurs au xix⁰ siècle, qu'ils n'ont pas vu la magnifique éclosion de poésie lyrique, à laquelle ont assisté nos contemporains. et qu'ils n'avaient pas, des lyriques grecs, la connaissance précise ou la compréhension plus vive que nous en avons acquise.

Sur Malherbe, on a institué récemment des discussions et publié quelques documents qu'il faut consulter avant d'accepter ou de réformer le jugement traditionnel. Cf. F. Brunetière, *l'Évolution des genres dans l'histoire de la littérature*, I, 2⁰ leçon. Hachette, 1890; A. Gasté, *la Jeunesse de Malherbe*, Caen, 1890; G. Allais, *Malherbe*; Brunot, *la Doctrine de Malherbe*; Louis Arnould, *Anecdotes inédites sur Malherbe*; M. Souriau, *la Versification de Malherbe*, Poitiers, 1892 ; *G. Allais* (Rev. de l'Enseignement secondaire et supérieur, 1892, n° 24; 1893, n° 16); *Ch. Dejob* (Revue int. de l'Enseignement, 15 mai 1892).

NOTE 63, p. 84. BALZAC. — Selon La Bruyère, Ronsard et Balzac ont eu, chacun dans leur genre, assez de bon et de mauvais pour former après eux de très grands hommes en vers et en prose. C'est à peu près ce que dit Voltaire, dans le *Siècle de Louis XIV* : « Balzac en ce temps-là donnait du nombre et de l'harmonie à la prose. Il est vrai que ses lettres étaient des harangues ampoulées... Avec tous ces défauts, il charmait l'oreille. L'éloquence a tant de pouvoir sur les hommes, qu'on admira Balzac pour avoir trouvé cette petite partie de l'art, ignorée et nécessaire, qui consiste dans le choix harmonieux des paroles et même pour l'avoir employée souvent hors de sa place. » — M. Gazier (*Petite histoire de la littérature française*, Colin) rappelle que Bossuet lui reprochait d'avoir peu de pensées et le compare à Malherbe : « Tous deux, dit-il, aspiraient à la perfection, mais le génie leur a fait défaut ». Il convient pourtant de mentionner une lettre de Balzac (VI et CX), où il témoigne pour la « campagne » une admiration assez rare au xvii⁰ siècle, qui permet de le rapprocher de La Fontaine et de Mme de Sévigné, et les belles pages où il parle des conquérants en termes qui font songer à Bossuet.

NOTE 64, p. 84-106. PORT-ROYAL, PASCAL. — D'Alembert élevé par des jansénistes, a des premiers fait l'éloge littéraire du Port-Royal, dont Voltaire ne parlait pas à ce point de vue dans le *Siècle de Louis XIV*. Dans la *Destruction des jésuites*, où il est pourtant fort occupé de frapper sur les jansénistes, il écrit, en regrettant que les solitaires aient perdu tant d'esprit et de temps « à des controverses ridicules sur le libre arbitre et la grâce, sur les cinq propositions », que la Grammaire générale et raisonnée, l'excellente Logique, les Racines grecques, de savantes Grammaires pour les langues grecque, latine, italienne et espagnole... par le style mâle et correct dans lequel ils étaient écrits, ont le plus contribué, après les *Provinciales*, à la perfection de la langue. Port-Royal a été jugé de même par Destutt de Tracy, dans la remarquable Introduction à sa *Logique*. Sur Port-Royal, il faut surtout consulter Sainte-Beuve.

D'Alembert est grand admirateur des Provinciales : « Pascal, dit-il, a deviné la langue et la plaisanterie... Ce livre, écrit il y a plus de cent ans, semble avoir été écrit d'hier... Elles seront éternellement regardées comme un modèle de goût et de style. » — Il estime moins les *Pensées* : « Bien inférieures aux Provinciales, elles vivront peut-être plus longtemps, parce qu'il y a tout lieu de croire, quoi qu'en dise l'humble société, que le christianisme durera plus longtemps qu'elle. » (Destruction des jésuites, II, 1, p. 35.) — On sait que, depuis le *Génie du Christianisme*, les Pensées ont été mises au premier plan dans l'œuvre littéraire de Pascal. On remplirait une bibliothèque avec les travaux qui ont été consacrés en notre siècle à l'apologiste du christianisme. Voyez *Havet*, Pensées de Pascal, et *Droz*, le Scepticisme de Pascal. D'Alembert juge, comme Voltaire, des Provinciales et des Pensées. L'un et l'autre d'ailleurs firent plus grand cas des réflexions ou des réfutations que Condorcet joignit aux Pensées, que des Pensées elles-mêmes. Occupés à lutter contre le catholicisme, ils n'étaient guère disposés à parler impartialement de son apologiste. Ajoutons qu'avant Cousin, Feugère et Havet, on ne pouvait apprécier toute la hardiesse et la valeur littéraire des Pensées. Pour le savant, d'Alembert est peut-être trop libéral : il faudrait reporter à Descartes, en ce qui concerne la pesanteur, une partie des éloges donnés à Pascal.

Note 65, p. 84. Corneille et Racine. — Sur Corneille et Racine, d'Alembert adopte à peu près l'opinion de Voltaire, qui faisait de son *Commentaire*, une critique presque continue de Corneille et se refusait à commenter Racine, parce qu'il faudrait, disait-il, mettre au bas de toutes les pages : « beau, admirable, sublime ». D'Alembert ne tarit pas sur l'éloge de Racine : « Racine, Despréaux, mais aussi Voltaire, sont nos trois grands maîtres en poésie » (*Éloge de Despréaux*). Ailleurs il l'appelle « le dieu de l'art des vers ». Mais quelquefois il préfère Voltaire à Racine lui-même : « Vos pièces seules ont du mouvement et de l'intérêt, et ce qui vaut bien cela, de la philosophie, non pas de la philosophie froide et parlière, mais de la philosophie en action... Corneille disserte, Racine converse et vous nous remuerez »

(31 octobre 1761). Ailleurs il juge à la façon d'un de nos contemporains : « Il n'y a presque personne aux pièces de Corneille et médiocrement à celles de Racine » (10 octobre 1761). « Voltaire, dit-il encore dans l'*Éloge de Crébillon*, est plus souvent représenté et l'est avec plus de succès ». La vue de la « salle de spectacle » suffit pour se prononcer sur la valeur des pièces. On aime mieux l'entendre dire, dans l'*Apologie de l'étude* : « Tant pis pour vous si Corneille et Bossuet ne vous ont pas élevé l'âme, si Racine ne vous a pas arraché des larmes, si Molière ne vous a pas paru le plus grand peintre du cœur humain, si vous ne savez pas Quinault et La Fontaine par cœur. »

NOTE 66, p. 84. DESPRÉAUX. — D'Alembert a écrit un *Éloge de Boileau*, pour lequel il a utilisé des anecdotes que lui avait contées Falconet. C'est un homme de génie, le fondateur et le chef de l'école poétique française, à qui un disciple tel que Racine eût suffi pour être immortel ; notre grand maître en poésie avec Racine et Voltaire. Toutefois il lui manquait la « sensibilité », et c'est ce qui fait qu'il méconnut La Fontaine et Quinault. Voltaire, dans le Siècle de Louis XIV, voit surtout aussi dans Boileau l'auteur des *Épîtres* et de l'*Art poétique*.

NOTE 67, p. 84. MOLIÈRE. — Voltaire parlait de Molière « législateur des bienséances du monde ». D'Alembert en vint à admirer plus et mieux Molière comme La Fontaine (note 68). C'est le plus grand peintre du cœur humain (note 65). Par sa connaissance des hommes et du cœur humain, comme Corneille, par la force du raisonnement, il était grand philosophe ou fait pour l'être (*Dialogue entre la poésie et la philosophie*). Il hésite entre le *Misanthrope*, ce chef-d'œuvre de notre théâtre comique, et le *Tartufe* qui lui est peut-être supérieur par la vivacité de l'action, par les situations théâtrales, par la variété et la vérité des caractères (Lettre à Jean-Jacques Rousseau). Même il se met en désaccord avec la Bruyère et Fénelon ; il l'estime « beaucoup plus correct qu'on ne le pense communément » (*Sur l'harmonie des langues*). Il l'étudie de près et trouve « sa prose toute pleine de vers d'une plus petite mesure, entremêlés et sans rime » (*Réflexions sur l'élocution oratoire*).

NOTE 68, p. 84. LA FONTAINE. — On s'étonne du « presque ». Il semble que d'Alembert suit Voltaire : « La Fontaine, bien moins châtié dans son style, bien moins correct dans son langage, mais unique dans sa naïveté et dans les grâces qui lui sont propres, se mit, par les choses les plus simples, *presque* à côté de ces hommes sublimes. » Par la suite, d'Alembert juge tout autrement. « Les *Fables* de La Fontaine, dit-il dans les *Observations sur l'art de traduire* (IV, 32), sont l'ouvrage peut-être le plus original que la langue française a produit. » — « Racine et La Fontaine, écrit-il dans les *Réflexions sur la poésie*, plairont toujours dans tous les temps et dans tous les âges. L'un est le poète du cœur, l'autre est celui de l'esprit et de la raison. » — « La Fontaine (*Dialogue entre la poésie et la philosophie*) a donné à la langue un tour naïf et original. » — « C'est parce que Boileau manquait de sensibilité (*Éloge de Despréaux*) qu'il méconnut Quinault... et La Fontaine, sinon le plus grand, au moins le plus singulièrement original.... celui que la nature aura le plus de peine à refaire. » D'Alembert, on le voit, admire la Fontaine comme les critiques du xix° siècle, plutôt qu'à la façon de ses contemporains (cf. note 67).

NOTE 69, p. 84. BOSSUET. — D'Alembert a écrit l'*Éloge de Bossuet*. Il apprécie avec bonheur les sermons : « Ce sont plutôt les esquisses d'un grand maître que des tableaux terminés ; ils n'en sont que plus précieux pour ceux qui aiment à voir, dans ces dessins heurtés et rapides, les traits hardis d'une touche libre et fière et la première sève de l'enthousiasme créateur ». Le *Discours sur l'histoire universelle* est la « grande esquisse d'un génie aussi vaste que profond ». Mais quoiqu'il l'appelle « un prélat citoyen », il affirme que les ouvrages de Fénelon, remplis et comme pénétrés à chaque page de ces principes de bienfaisance, de tolérance et de charité qui intéressent tous les hommes, toutes les nations et tous les âges, resteront plus longtemps que ceux de Bossuet (*Éloge de Fénelon*, *Discours* du 25 août 1771 à l'Académie française). Toutefois Bossuet est assuré de l'immortalité : « C'est Homère, dit d'Alembert dans l'*Éloge de Jean Terrasson*, qu'il faut comparer à Milton, Démosthène à Bossuet, Tacite à Guichardin ou peut-être à personne, Sénèque à Montaigne, Archimède à Newton, Aristote à Descartes, Platon et Lucrèce au chancelier Bacon, et pour lors le procès des anciens et des modernes ne sera plus si facile à juger ». — Sur Bossuet et Fénelon, que le xviii° siècle considérait volontiers comme un allié (cf. l'*Éloge* du dernier par la Harpe), on trouvera d'utiles indications dans le *Fénelon* de M. Paul Janet (les Grands Écrivains de la France, Paris, Hachette).

NOTE 70, p. 84-85. POUSSIN, PUGET, LE SUEUR, LE BRUN, QUINAULT, LULLI, RAPHAEL, MICHEL-ANGE. — Voltaire cite, dans le *Siècle de Louis XIV*, Lulli, le Poussin, Le Sueur, qui n'eut d'autre maître que lui-même, Le Brun, qui égala les Italiens dans le dessin et dans la composition, Santerre, Lemoine ; il parle des élèves qui vont à Rome « dessiner les antiques et étudier Raphaël et Michel-Ange ». C'est, dit-il, principalement dans la

13.

sculpture que nous avons excellé : mais on n'a pas moins réussi dans les médailles et l'art de graver les pierres précieuses. On remarquera que d'Alembert ne cite ni Claude Lorrain, ni les Champaigne, ni Simon Vouet, ni Mansart, ni Girardon, ni Claude Perrault. Il semble ignorer l'art flamand de Rubens et de Téniers, espagnol de Velasquez et de Murillo, hollandais de Rembrandt, de Gerard Dow, de Hobbéma. On ne considère encore guère au xviii° siècle, en dehors de Diderot, que les artistes dont la manière *classique* concorde avec les tendances littéraires. (Cf. *Introduction*.) — Quant à Quinault, on sait que c'est par Voltaire qu'on est revenu à l'admirer, malgré les critiques qu'en avait faites Boileau.

Note **71**, p. 87, l. 2. « *Ce que nous devons à l'Italie.* » — Il faudrait distinguer à ce point de vue les lettres, les arts et les sciences, et ne pas dire de l'ensemble ce qui est vrai surtout de l'humanisme (cf. notes 57, 58, 75).

Note **72**, p. 88. « *La scolastique nuisait encore aux progrès de la vraie philosophie.* » — Sur la scolastique, d'Alembert, qui d'ailleurs ignore le moyen âge ou plutôt n'y voit que la superstition, l'ignorance et l'esclavage, ne varie pas (cf., p. 14, l'axiome des scolastiques, les formes substantielles, notes 8 et 10 ; p. 76-77, les douze siècles d'ignorance, note 54 ; p. 94, Bacon l'a trop ménagée ; p. 99, Descartes a montré aux bons esprits à secouer le joug de la scolastique, etc.). Dans la *Destruction des jésuites en France*, il la considère comme la lie et le rebut de la vraie philosophie ; il parle de « l'atrocité scolastique » et de tous « les théologiens de parti qui ne crient à la persécution que quand elle s'exerce sur eux ».

Dans les *Éléments de philosophie*, il se montre aussi sévère et aussi injuste : toutefois il fait exception, non plus seulement pour Gerbert (n. 55), mais pour Roger Bacon et un « petit nombre de grands génies » qui laissaient les mots pour les choses. D'Alembert a toutefois raison de dire qu'on ne connaissait pas dans toute sa pureté la philosophie d'Aristote. La première période de la scolastique avait fait entrer, dans les cadres d'une logique péripatéticienne, une métaphysique néo-platonicienne ; la seconde modifia Aristote pour l'adapter au christianisme, le compléta souvent encore par ses commentateurs néo-platoniciens et lui attribua des ouvrages de l'école d'Alexandrie, comme la Théologie, le Livre des Causes, etc. Pomponace put faire échec à la scolastique en présentant dans toute son exactitude les théories péripatéticiennes.

Note **73**, p. 91. « *Un tribunal devenu puissant.* » — Voltaire écrit : « L'inquisition d'Italie, d'Espagne, de Portugal, avait lié les erreurs philosophiques aux dogmes de la religion ». Sur l'Inquisition cf. *Llorente*, Histoire critique de l'Inquisition d'Espagne depuis son établissement jusqu'au règne de Ferdinand VII, traduct. Pellier, 4 vol., Paris, 1817-1818 ; *Lea*, A history of the inquisition of the middle ages, New-York, 1888, in-8 ; voyez en outre les travaux récents de Douais, de Molinier, de Tanon. — D'Alembert rapproche de la condamnation de Galilée (cf. *Th.-H. Martin*, Galilée) celle de Virgile par le pape Zacharie (cf. p. 6, l. 1-3). On peut voir, dans la *Revue des questions scientifiques* (octobre 1882, p. 478), un article de *Gilbert*, le pape Zacharie et les antipodes. Virgile était un moine bénédictin et irlandais qui plus tard devint évêque de Salzbourg. Saint Augustin (*de Civit. Dei*, lib. XVI, cap. ix) avait écrit que, quand même la terre serait ronde, il ne suit pas qu'il y ait des hommes de l'autre côté. On trouvera dans Migne (*Patrologie latine*, t. 89, col. 946-947) une lettre de Zacharie à Boniface : Virgile, en raison de la doctrine « perverse et inique » par laquelle il affirme qu'il y a sous terre « un autre monde et d'autres hommes », a été interdit (*sacerdotii honore privatum*). Il n'était pas encore évêque : de là l'objection rapportée (p. 6).

Note 74, p. 92-96. Bacon. — Quand on lit l'éloge que d'Alembert fait de Bacon, on est disposé à croire qu'il n'a pas dû s'écarter d'un maître par lui si haut placé. Selon l'Avertissement (p. 7), on avait insinué que le plan de son ouvrage lui avait été fourni par ceux de Bacon (cf. n. 2). Contre cette assertion du P. Berthier, d'Alembert proteste avec énergie (p. 7 et 8) après Diderot. Partout il reconnaît qu'il doit quelque chose à Bacon, p. 62, p. 94-96 ; mais partout aussi il maintient son originalité, p. 62, 95. Diderot (p. 130, 170 sqq.) parle comme d'Alembert. C'est au lecteur, disent-ils, à comparer les deux classifications. Les grands progrès réalisés dans les sciences sont une des raisons qui leur semblent surtout provoquer les changements. Ce que dit en outre d'Alembert de Bacon : « *Il recommande l'étude de la nature... il expose ses conjectures et ses pensées... il fait un emploi fréquent des termes... des principes scolastiques... retenu encore par quelques chaînes...* » montre qu'il a modifié Bacon, pour marquer les progrès des sciences et s'éloigner de la scolastique. D'abord d'Alembert justifie, à la façon de Locke et de Condillac, la classification en histoire, philosophie, beaux-arts (p. 63-64). Puis il place la raison avant l'imagination, en homme qui appartient au siècle des *lumières* (p. 64, 95). En outre, la philosophie, en un siècle où *elle domine tout* (p. 112), remplace la science que Bacon plaçait la première et divisait en *philosophie* et en *théologie inspirée* ; elle comprend, avec l'*ontologie*, la science de Dieu, celle de l'homme et celle de la nature (p. 67) : « Séparer la théologie de la philosophie, ce serait arracher du tronc un rejeton qui de lui-même y est uni ». Ce seul passage expliquerait pourquoi les théologiens furent hostiles à l'Encyclopédie et quelle distance il y a entre d'Alembert et Bacon.

D'Alembert place ensuite l'histoire civile avant l'histoire naturelle (p. 66); il passe rapidement sur l'histoire sacrée et l'histoire civile, pour faire une part plus large à l'histoire de la nature, surtout à celle des métiers : l'énumération de ceux-ci, comme la façon dont il en est parlé (n. 40), prouve que l'étude de la nature prend pour les savants comme pour les littérateurs une importance de plus en plus grande (n. 38). En parcourant ce qui concerne l'imagination, placée à la suite de la philosophie, on songe qu'une science nouvelle est en train de naître, l'esthétique, à laquelle Diderot donnera, par ses *Salons*, une impulsion puissante. Mais c'est surtout pour les mathématiques et la physique particulière que d'Alembert a poussé plus loin les divisions (p. 171). La science de la nature, placée sur le même plan que celle de Dieu et celle de l'homme, est divisée en mathématiques, physique générale et physique particulière. Les mathématiques sont pures, mixtes ou physico-mathématiques. Ces trois séries comprennent à leur tour : 1° géométrie élémentaire et transcendante ; arithmétique numérique et algèbre, élémentaire ou infinitésimale, différentielle et intégrale ; 2° mécanique, statique et dynamique, astronomie géométrique, cosmographie, etc. (cf. le *Système figuré*). Quant à la physique particulière, elle renferme la zoologie (anatomie simple ou comparée, physiologie, médecine avec les divisions de Boerhaave, n. 82 et p. 177, etc.), l'astronomie physique, la météorologie, la cosmologie, la botanique, la minéralogie, la chimie, etc., etc. Ne suffit-il pas de citer ou de rappeler ces passages pour montrer que d'Alembert est bien plus notre contemporain que celui de Bacon?

Si l'on consulte les autres ouvrages de d'Alembert, on voit qu'avant 1751, il ne connaissait pas Bacon. Diderot (p. 176), qui avait fait de Bacon un grand éloge dans le *Prospectus* et qui l'a loué si souvent dans ses articles, semble l'avoir fait admirer à d'Alembert. C'est ce qu'indiquent les expressions « *plus estimés qu'ils ne sont connus* », fort inexactes si l'on songe que Bacon a été cité par Descartes, Gassendi, Spinoza, Bayle, Malebranche, Voltaire, Condillac, etc., et qu'il a été traduit au XVII° siècle. Voltaire dit plus exactement : « *Bacon avait montré de loin la route qu'on pouvait tenir* ». Condorcet fait remarquer avec raison que Bacon « ne possédait point le génie des sciences...; qu'il ne donne point d'exemple d'emploi de la méthode...; et que ces méthodes ne changèrent point la marche des sciences ». On sait quelles discussions ont été soulevées à propos de Bacon : Joseph de Maistre l'a rendu responsable de la Révolution; Liebig l'a jugé sévèrement au nom de la science. Il a été étudié plus récemment par MM. Lévêque (*Revue ph.*, 1877), Pierre Janet (thèse latine, *Bacon et les Alchimistes*), Adam, Barthélemy Saint-Hilaire, Fowler, Ellis, Brochard (*Revue ph.*, avril 1891), etc.

Note 75, p. 97. Viète. — François Viète, né en 1540 à Fontenay en Poitou, mort à Paris en 1603, fut conseiller au parlement de Rennes, maître des requêtes à Paris. Il suivit à Tours le Parlement (1589) et partagea son temps entre sa charge et l'étude des mathématiques. Nous nous bornerons à rappeler qu'il déchiffra, pour Henri IV, des dépêches espagnoles dont la lecture supposait, selon Philippe II et ses conseillers, l'emploi de la sorcellerie; qu'il résolut en quelques instants une équation proposée par Adrien Romain à tous les mathématiciens du monde; qu'il réfuta avec raison la prétendue quadrature du cercle de Scaliger, mais qu'il fut moins heureux en attaquant le calendrier préparé pour Grégoire XIII par Clavius et Lilius. C'est surtout comme fondateur de l'algèbre que Viète appartient à l'histoire des sciences : comme Copernic et comme Galilée, il s'appuya sur les anciens pour aller plus loin qu'ils n'avaient été eux-mêmes. Jusque-là l'inconnue était seule représentée par des signes ①, ②, ③ (1re, 2e ou 3e puissance), R (de *res*, chose). Viète représenta toutes les quantités par des lettres et les soumit, sous cette forme, à toutes les opérations qu'on exécute sur les nombres : c'est ce dont traitent l'Introduction à l'analyse (*Isagoge in artem analyticam*) et les Notes (*Ad logisticen speciosam notæ priores*), qui firent donner à l'algèbre le nom de *logistique spécieuse*. Puis dans deux traités sur les équations (*de Æquationum recognitione et emendatione*), il montre comment on peut les transformer et faire sur leurs racines les quatre opérations. Enfin il essaya de donner (*de Numerosa potestatum ad exegesim resolutione*) une méthode générale pour résoudre les équations de tous les degrés : en extrayant la racine des équations, considérées comme des puissances incomplètes, on a une valeur approximative de l'inconnue. D'après Montucla, Viète aurait découvert la loi selon laquelle croissent ou décroissent les sinus ou les cordes des arcs multiples ou sous-multiples. Ainsi il a remarqué que la suite des termes d'un binôme, $a \pm b$, élevé à une puissance quelconque, est celle de toutes les proportionnelles continues depuis la puissance semblable de a, jusqu'à celle de b; il n'y avait qu'un pas à faire pour arriver au célèbre binôme de Newton. Selon Montucla encore, il aurait le premier exprimé l'aire d'une courbe par une suite infinie de termes. En résumé, la géométrie analytique se trouve en germe chez Viète, qui a contribué ainsi à fournir à Descartes les éléments de sa méthode.

L'algèbre a-t-elle été créée en quelque manière par les Italiens (p. 97, l. 1)? On doit chercher les premiers linéaments de l'algèbre chez Diophante (Arithmétique). Les Arabes ont développé et continué les recherches de Diophante: Alkhowarezmi, au ixe siècle, écrit des Éléments d'algèbre: Thébit ben Korrah, à peu près à la même époque, et d'autres auteurs comme Alkhàyyàmi, ont peut-être, selon Montucla et Chasles, Sédillot et Woepke, eu l'idée d'appliquer l'algèbre à la géométrie. C'est Léonard de Pise qui introduisit, au début du xiiie siècle, l'arithmétique et l'algèbre des Arabes en Occident. Puis Luca di Borgo, l'ami de Léonard de Vinci, traite de l'algèbre comme de la géométrie et de l'arithmétique. Toutefois les Allemands Purbach et Regiomontanus ont précédé les Italiens Cartaglia, Cardan et Maurolycus. Avant Viète, on peut encore citer, en France, Jean Butéon, Oronce Finé, Jacques Peletier et le célèbre Pierre Ramus. L'assertion de d'Alembert est donc inexacte en partie (cf. sur l'Italie, n. 58).

Note 76, p. 96. La Philosophie. — Sur le sens du mot cf. p. 112 à 117, p. 47, p. 67. On remarquera que la définition de d'Alembert, « la science de Dieu, de l'homme et de la nature », reproduite dans le *Dictionnaire philosophique* de Franck, a été critiquée par M. Ribot (Préface de la *Psychologie anglaise*) qui, à bien d'autres égards, est un continuateur de d'Alembert et des philosophes du xviiie siècle.

Note 77, p. 96-100. Descartes. — D'Alembert fait un très grand cas de Descartes. Ce qui l'attire surtout, c'est le géomètre incomparable qui a rendu possibles, par ses découvertes, les « plus profondes recherches » dans les sciences physico-mathématiques, comme dans la géométrie sublime. C'est que d'Alembert est, comme Descartes, partisan de la déduction et du calcul dans les sciences de la nature : il n'a recours à l'expérience qu'autant qu'il le faut pour alimenter la déduction. Sans doute il la recommande et sait gré à Bacon d'avoir montré la nécessité de la physique expérimentale. Mais il a soin de placer, avant la physique expérimentale (p. 32), les sciences physico-mathématiques, qui « déduisent quelquefois d'une seule et unique observation, un grand nombre de conséquences qui tiennent de bien près, par leur certitude, aux vérités géométriques ». Et plus loin il montre que si l'esprit de système, éclairé par l'observation de la nature, peut entrevoir les causes des phénomènes, c'est au calcul à assurer pour ainsi dire l'existence de ces causes (p. 117).

Il faut remarquer encore que d'Alembert estime beaucoup le philosophe, c'est-à-dire le physicien, peut-être aussi grand, sinon aussi heureux que le géomètre; qu'il trouve l'hypothèse des tourbillons, « une des plus belles et des plus ingénieuses » que l'on ait jamais imaginées. Il ne faut pas s'en étonner : d'Alembert est un continuateur de Descartes, mais du Descartes qui réduit au mécanisme le monde de la matière. Et plus loin il ne verra dans Newton lui-même (p. 105) qu'un continuateur de Descartes, plus heureux, mais non plus grand. Rappelons enfin qu'en métaphysique, d'Alembert suit encore Descartes, sans se montrer aussi assuré des résultats qu'il obtient (note 18). Aussi d'Alembert n'a-t-il pas eu besoin qu'on lui révélât le mérite de Descartes. Dans les *Recherches sur la précession des équinoxes* (1749), il écrivait : « Le système de Descartes.... est un feu qui a brillé dans la nuit la plus profonde, et à cet égard il doit être regardé comme un monument du génie de son inventeur. Les sciences et l'esprit humain ont les plus grandes obligations à ce philosophe; ses erreurs mêmes étaient au-dessus de son siècle et n'ont été que trop longtemps au-dessus du nôtre. » De même on lit dans le *Discours préliminaire ou Analyse des recherches sur différents points importants du système du monde* : « Descartes est proprement le premier qui ait traité du système du monde avec quelque soin et quelque étendue. Ce grand philosophe, dans un temps où les observations astronomiques, la mécanique et la géométrie étaient encore très imparfaites, imagina, pour expliquer les mouvements des planètes, l'ingénieuse et célèbre hypothèse des tourbillons. » Enfin dans les *Éléments de philosophie*, d'Alembert répète ce qu'il a dit dans ses œuvres antérieures : « Descartes, ce philosophe à qui les sciences et l'esprit humain ont tant d'obligation, dont les erreurs mêmes étaient au-dessus de son siècle et n'ont été que trop longtemps au-dessus du nôtre, est proprement le premier qui ait traité du système du monde avec quelque soin et quelque étendue. Dans un temps où les observations astronomiques, la mécanique et la géométrie étaient encore très imparfaites, il imagina pour expliquer les mouvements des planètes, l'ingénieux et célèbre système des tourbillons... La philosophie ancienne et moderne n'a peut-être rien imaginé de plus simple en apparence et de plus naturel que cette hypothèse. »

Dans la philosophie de Descartes, il y a deux parties : l'une qui reproduit sur l'âme et Dieu des théories qui rappellent saint Anselme. C'est la partie caduque du système, ou si l'on veut, celle qui n'est pas réellement originale. L'autre est sa théorie du mécanisme, qui, débarrassée des tourbillons, développée par Newton, d'Alembert, Laplace, semble prendre une place de plus en plus grande dans la science moderne. Mais il ne faut pas oublier, comme M. Fouillée (*Descartes*, Collect. des Grands Écrivains de la France, Paris, Hachette), qu'il y a dans Descartes des doctrines qui n'ont rien à voir avec la science moderne : ce sont celles-là que combat d'Alembert.

Sur l'application de l'algèbre à la géométrie, qui est tout aussi bien une application de la géométrie à l'algèbre ou plutôt même une mathématique universelle, on peut consulter : *A. Comte*, Cours de philosophie positive, 12ᵉ leçon; *Mouchot*, la Réforme cartésienne; *Liard*, Descartes, etc.

Note 78. Newton, p. 100 à 103; le Newtonianisme, p. 108 à 111. — D'Alembert a toujours manifesté pour Newton l'admiration la plus vive. Dans l'*Introduction au Traité de dynamique* (1743), utilisée pour une autre partie du Discours (note 27), on voit déjà un lecteur assidu de Newton. L'*Exposition du Traité de l'équilibre et du mouvement des fluides* (1744), reproduite aussi en partie dans le Discours, le donne comme ayant été incontestablement le plus grand physicien de son siècle et comme le modèle qu'il faut se proposer pour faire des progrès dans cette science. Aussi d'Alembert y expose la méthode de Newton pour ne rien omettre de ce qui peut rendre sa théorie plus intéressante et plus générale. De même il y examine le système des tourbillons cartésiens, qui n'a « presque plus de sectateurs parmi les physiciens ». L'*Introduction et Analyse des trois parties composant les réflexions sur la cause générale des vents* (1746) contient encore l'éloge de Newton, qui a découvert la nature de la force que le soleil et la lune exercent tant sur la mer que sur l'atmosphère. L'*Introduction aux Recherches sur la précession des équinoxes* (1749), dont la première page est entrée mot pour mot dans le Discours (n. 88), présente quelques objections aux résultats obtenus par Newton, mais avec combien de précaution! *J'oserais... si je ne savais avec quelle retenue et pour ainsi dire avec quelle superstition on doit juger les grands hommes* (cf. p. 94, l. 13-15).... *Est-il surprenant qu'un philosophe, à qui nous devons tant de découvertes, ait laissé quelques pas à faire dans la carrière immense où il a tant avancé*, etc. Par contre, Descartes y est loué à peu près comme il le sera dans le Discours (n. 77). Enfin le *Système du monde* met en regard Descartes (n. 77) et Newton « entre les mains de qui la gravitation universelle a cessé d'être une hypothèse, par son accord admirable avec les observations astronomiques les plus délicates et les plus singulières ». Il explique la genèse du système de l'attraction : « Newton ne s'est élevé si haut que par l'usage heureux qu'il a su faire de quelques principes trouvés avant lui... Il n'y avait qu'un pas de la méthode de Barrow pour les tangentes, au calcul des fluxions; la théorie des forces centrifuges dans le cercle, trouvée par Huyghens et rapprochée de la théorie des développées du même auteur, qui réduit toutes les courbes à des portions d'arc de cercle, conduit immédiatement et comme nécessairement à la théorie générale des forces centrales sur lesquelles le système du monde est appuyé... Newton a fait le premier ces deux pas importants. » Dans son Discours de réception à l'Académie française, Descartes et Newton sont associés comme « les deux législateurs de l'art de penser, éloquents lorsqu'ils parlent de Dieu, du temps, de l'espace. » Les *Eléments de philosophie* présentent Newton comme montrant le premier ce que ses prédécesseurs n'avaient fait qu'entrevoir, l'art d'introduire la géométrie dans la physique, et de former, en réunissant l'expérience au calcul, une science exacte, profonde, lumineuse et nouvelle,... aussi grand par ses expériences d'optique que par son système du monde..., ouvrant de tous côtés une carrière immense et sûre. »

On sait qu'on doit à Newton : 1° le calcul des fluxions, devenu plus tard le calcul différentiel, que Leibnitz trouva aussi par une méthode différente; 2° la gravitation universelle; 3° la décomposition du spectre solaire en ses couleurs élémentaires et fondamentales.

Sur le premier point, Newton continue Descartes et l'applica-

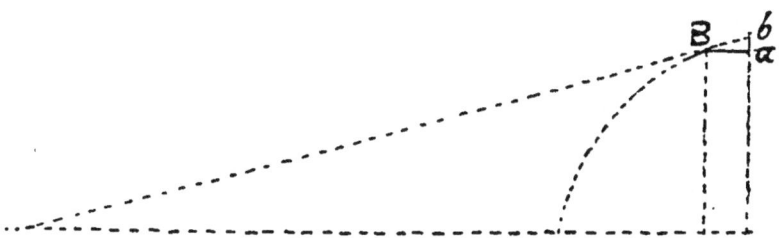

tion de l'algèbre à la géométrie, Fermat, le véritable précurseur de la découverte du calcul différentiel et intégral, par sa méthode *de maximis et minimis*, même Pascal, Wallis et son *Arithmétique des infinis* (1656), enfin Barrow (p. 105, l. 23). Celui-ci (1630-1677) fut le maître de Newton. Il simplifia la méthode de Fermat en considérant un petit triangle formé par la différence de deux ordonnées infiniment proches, par leur distance et le côté infiniment petit de la courbe (B *ba*).

Pour la gravitation universelle, Newton s'est inspiré des travaux de Descartes, de Copernic et de Képler, de Galilée et de Huyghens; enfin il n'est arrivé à l'établir par le calcul, qu'avec la mesure, par Picard, de la distance comprise entre les parallèles d'Amiens et de Malvoisine. Pour Descartes et Huyghens, d'Alembert s'est montré assez juste. Pour Képler (p. 100, l. 24) et pour Galilée (p. 106, l. 4), d'Alembert n'a pas fait suffisamment apprécier leurs découvertes : c'est que le premier était un mystique et un observateur; le second était plus observateur que mathématicien.

Képler (1571-1630), professeur de mathématiques et aide de Tycho-Brahé, puis astronome de l'empereur et obligé pour vivre de faire des almanachs et de tirer des horoscopes, tient au passé par ses conceptions théologiques et métaphysiques. Avant la création du monde, il n'y avait d'autre nombre que la Trinité ou Dieu lui-même. Le monde est double, mobile et immobile. Dans le monde immobile, il y a trois éléments, les étoiles fixes et l'éther intermédiaire, qui correspondent au Père, au Fils et au Saint-Esprit. Le monde mobile comprend six planètes, parce qu'il n'y a, comme l'a montré Platon dans le Timée, que six solides réguliers; elles tournent autour du Soleil qui distribue le mouvement comme le Père répand l'Esprit. Par leurs intervalles, elles rappellent les dimensions des cinq polyèdres réguliers, c'est-à-dire composés de figures égales formant entre elles des angles égaux. Ces hypothèses, qui n'ont rien de scientifique, l'ont conduit à des affirmations que la science s'est appropriées. Ainsi ce qu'il dit de la pesanteur est presque identique à ce que Newton dira de la gravitation : Si deux pierres étaient voisines l'une de l'autre et en dehors de la sphère d'attraction d'un troisième corps de même nature, elles s'attireraient l'une et l'autre en raison directe de leurs masses. Si la lune et la terre n'étaient pas retenues dans leurs orbites respectives par une force vitale ou par quelque autre force équipollente, la terre monterait vers la lune, la lune descendrait vers la terre et elles se réuniraient, en supposant que leur matière soit homogène. Si la terre cessait d'attirer les eaux, tout l'Océan s'élèverait vers la lune pour faire corps avec elle. La sphère d'attraction de la lune s'étend jusqu'à la terre et entraine les eaux vers la zone torride. La puissante action de la marée, qui produit les dunes et les syrtes, les érosions des continents, d'où naissent d'innombrables îles comme celles du golfe du Mexique, et d'une façon générale la configuration de la surface terrestre, fait mieux ressortir la force d'attraction de la lune, à plus forte raison celle de la terre à laquelle n'échappe rien de ce qui est substance matérielle. Il y a parenté entre les phénomènes célestes et les phénomènes terrestres : les variations de distance des planètes au Soleil, l'accélération de leur mouvement révolutif à mesure qu'elles approchent de l'astre central et leur ralentissement à mesure qu'elles s'en éloignent, sont des conséquences de la force d'attraction. Les vitesses, dont on observe les plus grands écarts au périgée et à l'apogée, sont à peu près en raison inverse du carré des distances.

La gloire véritable de Képler, c'est d'avoir découvert par l'observation de Mars les lois célèbres qui portent son nom : 1° toutes les planètes décrivent des ellipses dont le soleil occupe un des foyers; 2° les rayons vecteurs décrivent dans le même temps des aires égales; 3° les carrés des temps des révolutions des planètes sont proportionnels aux cubes des grands axes de leurs orbites.

Quant à GALILÉE, Condorcet le plaçait déjà à côté de Bacon et de Descartes, en montrant qu'il avait enseigné, par son exemple, à connaître la nature avec une méthode sûre et féconde. On ne saurait lui faire une place trop grande dans l'histoire des sciences et de la philosophie scientifique. Descartes avait mêlé les hypothèses injustifiées aux résultats les plus incontestables, en donnant une égale adhésion aux uns et aux autres. Bacon avait recommandé l'expérience sans la pratiquer. Galilée fit, en observant, des découvertes d'une importance capitale et apprit à ses contemporains que c'était à l'observation de décider sans appel entre les systèmes. En 1609 il applique la lunette astronomique à l'observation des corps célestes. Successivement il découvre les montagnes de la lune; il trouve des étoiles nouvelles et voit dans la voie lactée « une poussière d'étoiles »; puis il aperçoit 4 satellites de Jupiter (1610) et entrevoit confusément l'anneau de Saturne; ensuite il constate que Vénus a des phases comme la lune (1610) et enfin il découvre les taches du soleil (1611). Ainsi se trouvait confirmée l'hypothèse de Copernic où étaient ruinés les systèmes qui faisaient de la terre le centre de l'univers et considéraient les cieux comme incorruptibles; ainsi reculaient à l'infini les limites de l'univers où la terre n'apparaissait plus que comme un point.

En mathématiques, il imagine le calcul des indivisibles et s'occupe du calcul des probabilités. En mécanique, il découvre les lois de la chute des corps, qui sont le fondement de la dynamique et celles du mouvement pendulaire : il ouvre ainsi, comme le dit Lagrange, une carrière immense à ses successeurs. Peut-être enfin a-t-il le premier songé à remplacer, par la pesanteur atmosphérique, l'horreur du vide pour expliquer l'ascension des liquides dans les tubes.

Sur la gravitation des planètes (p. 101, l. 20) attribuée aux anciens (cf. *Éléments de philosophie*, I, p. 320), d'Alembert parle d'Empédocle et renvoie aux *Mémoires de l'Académie des belles-lettres*, t. 18, p. 97. Il a grand'raison de distinguer une hypothèse gratuite d'une démonstration.

En optique, Newton a été précédé par Gilbert, Maurolycus, J.-B. Porta, Descartes, Grimaldi et Vossius, par Hooke qui avait développé la théorie des ondulations de la lumière, en germe chez Descartes, de manière à entrevoir la théorie des interférences, par Huyghens qui avait surtout étudié la double réfraction. « L'optique de Newton, dit Fontenelle, fournit un excellent modèle de l'art de se conduire dans la philosophie expérimentale. » On sait qu'il se refusait à faire une place aux hypothèses — comprises comme celles que condamne d'Alembert — dans la philosophie expérimentale et qu'il recommandait encore, en ce sens, à la physique, de le préserver de la métaphysique.

Newton, président de la Société royale pendant vingt-trois ans, garde, puis maître de la Monnaie, avec un traitement considérable, siégea au Parlement comme représentant de l'université de Cambridge et fut fait chevalier par la reine; il fut enterré à Westminster (p. 109, l. 1 sqq.). Très attaché à l'église anglicane, il lisait assidûment la Bible, comme Locke d'ailleurs (voyez *Marion*, Locke, sa vie et ses œuvres); même il commenta l'Apocalypse et n'eut pas besoin de demander à la métaphysique des solutions que la religion lui fournissait (p. 103, l. 1 à 23). Son disciple Clarke a soutenu, contre Leibnitz, l'argument célèbre par lequel il concluait Dieu des idées de temps et d'espace.

Pour l'introduction du newtonianisme en France, d'Alembert cite MAUPERTUIS (p. 103). C'est en 1732 que parut le *Discours* sur la figure des astres. En 1736, Maupertuis partait pour la Suède et vérifiait, dans son expédition scientifique, la conjecture de Newton. Pendant quelques semaines, les salons ne s'occupèrent que de Maupertuis; mais on y parla bientôt d'autre chose et Maupertuis, qui se crut méconnu, se rendit à Cirey; puis il accepta en 1740 la présidence de l'Académie de Berlin. Reçu à l'Académie française, il se fixa à Berlin, où il retrouva des admirateurs enthousiastes : on le comparait à Leibnitz pour l'invention, à Fontenelle pour le style. En 1749, il publia son *Essai de philosophie morale*, où il affirme, avant Schopenhauer et même avant Voltaire et *Candide*, que la somme des maux surpasse celle des biens. Son *Système de la Nature* (1751) fut combattu par Diderot : les éléments ont été doués par Dieu, selon Maupertuis, d'une propriété analogue à ce que nous appelons en nous désir, aversion, mémoire, en un mot intelligence, et s'unissent, s'arrangent pour remplir les vues du Créateur. L'*Essai de cosmologie* (1752) brouilla Maupertuis avec Voltaire : le principe de la moindre action, que Koenig revendiquait pour Leibnitz, résume, selon Maupertuis, la façon dont se produisent les changements dans la nature. Les *Lettres* parurent peu de temps avant la *Diatribe du docteur Akakia*, qui fit rire toute l'Europe aux dépens de Maupertuis; une doctrine idéaliste y était exposée, qui n'était pas sans originalité. Maupertuis a en outre laissé un *Éloge de Montesquieu*, un *Discours sur la manière d'écrire et de lire la vie des grands hommes*, etc.; il a semé dans son œuvre des vues ingénieuses et profondes, qui ont inspiré Voltaire, Robinet, Buffon et Helvétius, Kant et Bentham, Biran et Schopenhauer.

Voltaire a publié en 1741 des *Éléments de la philosophie de Newton* : « C'est le premier, dit-il dans le *Siècle de Louis XIV*, qui ait démontré la grande loi de la nature par laquelle tous les éléments de la matière s'attirent réciproquement... c'est le premier qui ait vu la lumière; avant lui on ne la connaissait pas. »

NOTE 79, LOCKE, p. 103, 104, 112. — On voit que d'Alembert ne connaît guère Locke. L'éloge qu'il en fait est toutefois moins hyperbolique que celui de Voltaire : « Depuis Platon jusqu'à lui, il n'y a rien... Il a seul développé l'entendement humain dans un livre où il n'y a que des vérités et, ce qui rend l'ouvrage parfait, toutes ces vérités sont claires. » L'influence de Locke s'est exercée par l'Essai sur l'entendement (origine et génération de nos idées, p. 13, Voltaire, Condillac, après Buffier, Dumarsais, etc.), par les Essais sur le gouvernement civil (Voltaire, Montesquieu, Rousseau), par les idées sur la tolérance (Voltaire, Turgot, etc.), par les *Pensées sur l'éducation* (Rousseau), etc. On lira avec profit le *Locke* de M. Marion. Quant à ce que dit d'Alembert « il réduisit la métaphysique à n'être que la physique expérimentale de l'âme » (104, l. 11), que Locke fut oublié longtemps pour Rohault et Régis (112, l. 2), on voit qu'il ne l'avait pas lu comme il avait lu Descartes et Newton.

Note 80, p. 105, l. 8. « *Le vrai qui est toujours simple.* » — On reconnaît un admirateur de Descartes et un mathématicien. La vérité est rarement simple dans les sciences qui ont pour objet la connaissance de la nature. Auguste Comte a fait reposer sa classification des sciences, sur la *complexité* croissante des phénomènes étudiés.

Note 81, p. 105, l. 16,17. « *L'Angleterre nous doit la naissance de cette philosophie.* » — D'Alembert ne l'a montré que pour Newton, par rapport à Descartes. Il eût pu rendre sa démonstration plus convaincante, en insistant sur ce que Bacon doit à Montaigne et à Rabelais, sur ce que Locke doit à Montaigne, à Gassendi, à Bayle, voire à Descartes. D'Alembert s'oppose à Voltaire : « C'est surtout en philosophie que les Anglais ont été les maîtres des autres nations ». Il répète ce que Voltaire disait lui-même après La Bruyère : « Les Anglais se sont enrichis plus d'une fois à nos dépens ». En réalité la science n'est le patrimoine d'aucun pays : la France, l'Italie, l'Allemagne, l'Angleterre, la Suède, le Danemark, ont tour à tour contribué à ses progrès.

Note 82, p. 106. Galilée (n. 78), Harvey, Huyghens, Pascal (n. 64), Malebranche, Boyle, Vesale, Sydenham, Boerhaave, Leibnitz.

Harvey (1578-1657) étudia cinq ans à Padoue sous Fabrice d'Aquapendente, qui avait découvert les valvules des veines. Ses expériences commencèrent en 1619; le résultat en fut publié en 1628, dans un livre qui traitait du mouvement du cœur et du sang chez les animaux. Descartes exposa les découvertes de Harvey dans le Discours de la méthode en 1637. *Le Malade imaginaire* et *l'Arrêt burlesque* prouvent que la circulation du sang eut longtemps des adversaires. Harvey détruisit les anciens systèmes sur la génération en affirmant, après de nombreuses expériences, que tout vivant vient d'un œuf.

Huyghens, né à la Haye en 1629, eut parmi ses maîtres Schooten, qui lui fit étudier avec soin la *Géométrie* de Descartes, dont il avait donné, en 1649, une édition avec un commentaire étendu. Le nom de H. appartient à l'histoire des mathématiques, de l'astronomie, de la physique. Dès 1655, avec un télescope de sa fabrication, il découvre que Saturne est entouré d'une bande lumineuse et affirme que c'est un anneau mince, plan, n'adhérant nulle part et incliné sur l'écliptique. Galilée avait cru d'abord que Saturne était formé de deux satellites et avait renoncé à s'en occuper dès 1612. Hévélius, Roberval, Cassini et bien d'autres avaient cherché à fixer le *Protée céleste*. Du premier coup, H. se plaçait au rang des maîtres. La même année, il aperçoit un satellite de Saturne (Titan). S'il laisse à Cassini la gloire de découvrir les autres, ce n'est pas pour avoir cru que le nombre des planètes secondaires ne saurait être inférieur à celui des planètes principales, c'est qu'avec ses instruments, il ne lui était pas possible de les apercevoir.

En 1656 il publie un mémoire sur le calcul des probabilités, qui continue les recherches de Pascal et de Fermat. La même année il invente les horloges à pendule et demande aux États généraux de Hollande un brevet pour son invention (1657). Appelé par Colbert à l'Académie des sciences (1666), il dédie à Louis XIV son *Horologium oscillatorium* (1673), qui n'a que dix pages et mérite d'être placé entre la *Méthode* de Descartes et les *Principes* de Newton : « Il est, dit M. Chasles, l'introduction indispensable (de ce dernier ouvrage), que Newton eût dû créer si le génie de Huyghens ne l'avait prévenu ». Dans un premier chapitre, il décrit les horloges à pendule qui, pour la première fois, donnaient une mesure exacte du temps. Après que Galilée eut démontré l'isochronisme des oscillations du pendule, les astronomes renoncèrent aux clepsydres et aux sabliers : un aide comptait les oscillations d'une chaînette portant un poids et mise en mouvement par la main. Huyghens prit une tige de fer au bas de laquelle un poids était suspendu et qui, par le haut, communiquait un mouvement à un régulateur, c'est-à-dire à un essieu portant deux palettes qui laissent passer, à chaque oscillation, une dent de la roue avec laquelle elles s'engrènent. Les roues se meuvent comme le pendule, et les dents de la première, pressant les palettes, rendent au pendule à peu près autant de mouvement qu'il en perd à cause du frottement et de la résistance de l'air. Il n'y a plus besoin d'aide, ni pour compter les vibrations, ni pour mettre le pendule en mouvement. Ainsi H. donnait aux physiciens et aux chimistes, comme aux astronomes, un instrument d'une importance capitale.

Dans le second chapitre, *De la descente des graves*, H. complète la découverte de Galilée sur l'accélération des corps par la pesanteur, et montre que la cycloïde, étudiée par Pascal, est la courbe tautochrone dans le vide. Le troisième contient la *théorie des développées*, où il établit que l'ellipse, la cycloïde, la parabole et une infinité d'autres courbes sont rectifiables. Le quatrième donne la solution complète du problème des *centres d'oscillation* qui, proposé par le P. Mersenne, avait occupé les géomètres les plus habiles. Enfin dans le cinquième, H. présente une théorie générale de la force centrifuge dans le mouvement circulaire : c'est en appliquant cette théorie au mouvement de la terre et à celui de la lune, que Newton découvrit la gravitation de l'une et de l'autre. De même, en la rapprochant de celle des *développées*, il aurait pu avant Newton démontrer *à priori* les lois de Képler (cf. n. 78).

Malebranche n'est guère, pour d'Alembert, qu'un brillant écrivain qui a donné l'exemple de la manière dont on doit traiter des matières philosophiques. Il faut voir en lui le métaphysicien qui a reproduit bon nombre de théories néo-platoniciennes, en se réclamant bien souvent de Descartes; le savant dont, comme géomètre et physicien, Fontenelle écrivit l'Éloge; le physiologiste dont on a souvent signalé l'originalité (*Henry* et *Léchalas, Revue ph.*). Cf. *Rech. de la vérité*, I, ch. 6; VI, ch. 4; *Entretiens sur la métaphysique*, X, 2, 3, 4, 6; XI, 6 et 9.

Boyle (n. 97). — « Boyle, dit Voltaire, passa sa vie à faire des expériences. » — « Tout le monde, dit Locke (Essai, I, 65), ne peut pas espérer d'être un Boyle ou un Sydenham. » — C'est lui qui fonda la réunion d'où sortit la *Société royale* de Londres : il faut, disait-il, mettre tous ses soins à faire des expériences, à recueillir des observations, sans chercher à établir aucune théorie. Ses recherches ont porté sur l'élasticité de l'air et le vide. Le premier il trouve le moyen d'engendrer et de recueillir un gaz; en distillant le bois, il recueille du vinaigre et de l'esprit de bois; il prépare des acides minéraux; en étudiant le froid et la chaleur, il découvre les mélanges frigorifiques. Il examine les phénomènes de la vie animale et établit que l'air est nécessaire pour la respiration : « Il faudrait un volume, a-t-on dit avec raison, pour résumer tout ce qu'il y a de nouveau et d'intéressant dans ses nombreux *Mémoires*, où paraît constamment l'industrie la plus ingénieuse et la plus heureuse. »

Vesale fut le créateur de l'anatomie humaine. Son livre, *De corporis humani fabrica,* parut en même temps que l'ouvrage célèbre de Copernic (*De revolutionibus orbium cœlestium*) en 1543, quelques années après le Pantagruel et le Gargantua de Rabelais.

Sydenham fut l'ami de Locke, qui écrivit la préface d'un de ses ouvrages. Il recommande l'emploi de l'expérience en médecine et tient grand compte des rapports des maladies avec les états de l'atmosphère et les saisons : le tableau fidèle de la succession des symptômes des constitutions épidémiques, aux diverses époques, et des traitements qui ont réussi est la meilleure école du médecin, une école bien préférable aux doctrines qui prétendent connaître les causes des maladies elles-mêmes. « La pratique de Sydenham, dit Cabanis, fit une

véritable révolution dans la médecine. Ce fut le triomphe...
d'un observateur qui pénètre avec sagacité, fouille avec sagesse
et s'appuie toujours sur une méthode sûre... Aucun médecin
ne mérita mieux, à cet égard, le titre de régénérateur. » (Cf.
Marion, Locke.)

BOERHAAVE (cf. n. 24). — C'est la classification de Boerhaave
qui a été suivie pour la médecine (p. 177). Fontenelle a fait
son *Éloge* : Les *Institutions de médecine* et les *Aphorismes* de
Boerhaave, dit-il, ont été traduits même en arabe.

LEIBNITZ (cf. p. 128). — Les premières lignes que d'Alembert
consacre à Leibnitz montrent que le mathématicien ne saurait
« passer sous silence » celui qui a inventé le calcul différentiel
(n. 78). Ce qu'il dit de sa métaphysique rappelle le scepticisme dont il a été question (n. 25). Leibnitz s'est occupé
de droit, de mathématiques et de théologie, de philosophie
et de politique, d'histoire et de philologie, même de chimie.
Le jugement de d'Alembert eût été inexact s'il n'y avait
pas ajouté la dernière phrase, qui ne figure pas dans l'Encyclopédie. Peut-être faut-il tenir compte, ici encore comme pour
Bacon, de l'influence de Diderot (p. 128), dont l'art. *Leibnitz*
témoigne de l'admiration la plus vive : « Il fait à lui seul autant
d'honneur à l'Allemagne que Platon, Aristote et Archimède
ensemble à la Grèce ». On peut consulter, parmi les nombreuses
études qui ont été consacrées à Leibnitz, son éloge par Fontenelle, une notice sur sa vie par M. Marion en tête des *Essais
de Théodicée*, Paris, Belin, et les éditions de la *Monadologie* et
des *Nouveaux Essais* (avant-propos et livre premier, par M. Boutroux).

NOTE 83, p. 113. « *Les jeunes gens, les jeunes géomètres.* »
— Cf. Taine, *Les philosophes classiques au xix*ᵉ *siècle en France*,
p. IV : « Ce livre n'est point fait pour les personnages établis.
Je souhaiterais persuader mon lecteur, et mon lecteur ne doit pas
avoir trente ans. Passé cet âge, les opinions sont faites ;... de
vingt à vingt-huit ans, beaucoup de jeunes gens pensent ; leur
esprit, neuf et libre encore, peut s'éprendre des idées générales. N'ayant ni métier ni ménage, ni soucis d'argent, ni souci
des places, ils se livrent à la logique et ne s'inquiètent que de
la vérité. C'est la démonstration qui les touche, non l'agrément
ou la convenance ; pour admettre une opinion il suffit qu'elle
soit prouvée. »

NOTE 84, p. 112, l. 2. « ROHAULT ET REGIS. » — Rohault était
l'ami et le gendre de Clerselier. Il fit dans sa maison des conférences publiques qui eurent un grand succès. Son *Traité de
physique* en eut plus encore. Nos libraires, dit Clerselier,

tâchent partout de le contrefaire; dans les pays étrangers, il s'imprime publiquement et déjà on l'a traduit en plusieurs langues. Annoté par Antoine Legrand, traduit en latin et en anglais par S. Clarke, il resta classique dans plusieurs universités jusqu'au temps de Newton (Bouillier, Histoire de la philosophie cartésienne, I, ch. 24). Boileau le fait figurer parmi les novateurs dans son *Arrêt burlesque*; Leibnitz lui fait une place à part parmi les disciples de Descartes. Ses *Entretiens de philosophie* ont surtout pour objet de défendre le cartésianisme, en désarmant les scolastiques, les péripatéticiens et les théologiens auxquels il présente une explication particulière de l'eucharistie. La lecture de son œuvre ne pouvait donc guère remplacer celle de Locke. Son disciple Sylvain Régis, dont Fontenelle a écrit l'*Eloge*, enseigna, sur l'avis de Rohault et de la société cartésienne de Paris, la philosophie de Descartes à Toulouse, puis à Montpellier, enfin à Paris. Son *Système de philosophie* est une explication universelle, dont sont exceptées seulement, comme chez Descartes, la religion et la politique. Sur la question des idées innées, il semble, comme le dit M. Bouillier, s'écarter de Descartes pour se rapprocher de Gassendi. « C'est sans fondement, dit-il, que les philosophes modernes assurent qu'il y a des choses dans l'entendement qui n'ont pas passé par les sens, puisqu'il n'y a rien, non seulement dans l'entendement, mais même dans l'âme, qui n'ait passé par les sens, médiatement ou immédiatement. » L'empirisme de Regis fut combattu par des malebranchistes, entre autres par le P. André. Regis n'est donc pas, lui non plus, un auteur qu'on s'attendrait à voir opposer à Locke.

NOTE 85, p. 115. « UN ÉCRIVAIN RESPECTABLE... QUI ONT CRU POUVOIR L'IMITER. » — Dans l'éloge de la Motte, d'Alembert lui compare Fontenelle : « Fontenelle, dit-il, a solidement assuré sa gloire par son immortelle *Histoire de l'Académie des sciences*, et surtout par ses *Éloges* si intéressants, pleins d'une raison si fine et si profonde, qui font aimer et respecter les lettres, qui inspirent aux génies naissants la plus noble émulation et qui feront passer le nom de l'auteur à la postérité, avec celui de la compagnie célèbre dont il a été le digne organe, et des grands hommes dont il s'est rendu l'égal en devenant leur panégyriste ». — Il le critique d'ailleurs avec infiniment de raison : « Les termes familiers qu'il emploie avec affectation n'ont pas la même excuse que dans Bossuet ou Racine. Il semble que ce philosophe, en préférant l'expression familière à l'expression noble pour exprimer une grande idée, se propose d'égaler, en quelque manière, ce qui est petit à ce qui est grand et de mettre, pour

ainsi dire, sur la même ligne, ce que les hommes admirent et
ce qu'ils dédaignent. » — Fontenelle est encore loué à propos
de l'abbé de Choisy (III, 1,35). Dans les *Réflexions sur les Éloges
académiques*, d'Alembert soutient que « les réflexions philosophiques sont l'âme et la substance de ce genre d'écrits », et il
ajoute que c'est en cela que Fontenelle a surtout excellé et que
c'est par là qu'il fera principalement époque dans l'histoire de
la philosophie. Si l'on peut lui reprocher de légers défauts,
ajoute-t-il, c'est quelquefois trop de familiarité dans le style,
quelquefois trop de recherche et de raffinement dans les
idées; ici une sorte d'affectation à montrer en petit les grandes
choses, là quelques détails puérils, peu dignes de la gravité
d'un ouvrage philosophique. Voilà en quoi nos faiseurs
d'éloges ont cherché à lui ressembler,... sans en imiter la précision, la lumière et l'élégance... » Fontenelle (1657-1757) avait été,
de son vivant, placé par Voltaire à côté des grands hommes du
siècle de Louis XIV. En 1752 il publiait encore une *Théorie des
tourbillons cartésiens* où il combattait Newton. Ses œuvres
principales sont un *Parallèle des anciens et des modernes*, des
Dialogues des morts, des *Entretiens sur la pluralité des mondes*,
une *Histoire des oracles*, des *Poésies pastorales*, enfin une *Histoire de l'Académie des sciences*, dans laquelle entrent les *Extraits*
des mémoires lus dans les assemblées de l'Académie et les
Éloges des académiciens morts dans l'année.

NOTE 86, p. 115, 116. BUFFON. — Buffon avait déjà publié
(p. 151) trois volumes (1749) de son *Histoire naturelle*, qui
avaient eu trois éditions rapides. Il avait donné auparavant
une traduction du *Calcul des fluxions* de Newton et de la *Statique des végétaux* de Hales. Le 4ᵉ volume parut en 1753; en
1767 paraissait le dernier des 15 volumes de l'*Histoire des
quadrupèdes*; puis de 1778 à 1783, l'*Histoire naturelle* des oiseaux
en 9 volumes, avec Guéneau de Montbeillard, Bexon et Sonnini
de Manoncourt pour collaborateurs; de 1783 à 1787, l'*Histoire
des minéraux*; enfin, à partir de 1777, des *Suppléments* dans
lesquels se trouvent les *Époques de la nature*, son chef-d'œuvre,
disait-il. Reçu à l'Académie française le 25 août 1753, il traita
du Style dans son discours de réception. Sainte-Beuve a bien
vu (Port-Royal, III, p. 332) que le plus grand réfutateur de
Pascal au XVIIIᵉ siècle, c'est Buffon. Il aurait donc dû compter
parmi les collaborateurs de l'Encyclopédie. De fait, dans l'Avertissement du second volume, les éditeurs écrivaient : « Nous
ne pouvons trop nous hâter de publier que M. de Buffon nous
a donné, pour un des volumes qui suivront celui-ci, l'article
Nature; article d'autant plus important qu'il a pour objet un

terme assez vague, souvent employé, mais bien peu défini, dont les philosophes mêmes n'abusent que trop, et qui demande, pour être développé et présenté sous ses différentes faces, toute la sagacité, la justesse et l'élévation que M. de Buffon fait paraître dans les sujets qu'il traite ». Mais l'article *Nature*, imprimé au tome XI (1765), n'est pas de Buffon et a peu d'importance. On comprend que ceux qui n'ont consulté que le tome II aient présenté Buffon comme un collaborateur de Diderot et de d'Alembert; tandis que ceux qui ont examiné les articles imprimés ont nié qu'il en eût fait aucun. Pourquoi Buffon ne donna-t-il pas l'article promis? On sait que l'Encyclopédie devint bien vite suspecte au pouvoir : Turgot cessa d'y collaborer, tout en restant l'ami de d'Alembert; Buffon, intendant du Jardin du Roi, ne pouvait pas plus que lui, écrire dans un ouvrage accusé de « vouloir détruire la religion et la morale », surtout quand il avait lui-même été censuré par la Sorbonne en 1750. Ajoutez à cela qu'il se brouillait avec Voltaire, qu'il arrivait même à entrer en lutte ouverte avec d'Alembert pour l'élection de Condorcet, et qu'enfin il « affectait de respecter tout ce qui est respectable... et observait régulièrement à Montbard les pratiques du culte ». Cf. *Flourens*, Buffon, sa vie et ses œuvres; *Sainte-Beuve*, Lundis, IV. (On verra, avec ce dernier, ce qui justifie l'admiration de d'Alembert et les termes dont il se sert.) En fait, Buffon est pour les Encyclopédistes un allié qui ne se compromet pas, mais d'autant plus utile qu'il apparaît quelquefois comme leur adversaire.

Note 87, p. 116. *L'abbé de Condillac* (cf. n. 6, 11, 23, 28). — Condillac avait déjà donné l'*Essai sur l'origine des connaissances humaines* (1746), pour lequel Diderot lui avait trouvé un éditeur, le *Traité des Systèmes* (1749), qui eut un succès considérable, et que Diderot et d'Alembert mirent à profit pour le *Discours préliminaire* et l'Encyclopédie. Il travaillait alors au *Traité des Sensations* (1754), pour lequel on l'accusa d'avoir plagié Buffon et Diderot. (Cf. notre édition du Traité des Sensations, Delagrave.) Dans le *Traité des animaux*, il attaqua Buffon avec vivacité. Puis il fut précepteur du prince de Parme (1758-1768), entra à l'Académie française, fit imprimer *le Commerce et le gouvernement considérés relativement l'un à l'autre* (1775) et son *Cours d'Etudes*, une *Logique*, et mourut en laissant inachevée la *Langue des calculs* (1780). On peut consulter sur Condillac notre *Philosophie de Condillac* (édit. du Traité des Sensations) et nos *Idéologues*. M. Dewaule (*Condillac*, Paris, Alcan) l'a rapproché récemment des philosophes contemporains d'Angleterre.

Note 88, p. 116, 117. « *L'esprit de système est dans la phy-*

sique..... *et de n'en faire jamais.* » — Reproduction littérale de la première page de l'*Introduction aux Recherches sur la précession des équinoxes* (1749).

Note 89, p. 118. *L'esprit philosophique... est nuisible aux Belles-Lettres.* — Il faut lire sur ce sujet la Harpe. Il rapporte les « hérésies littéraires » de Fontenelle, de la Motte, de Trublet, de Duclos, de Condillac, de Buffon, de Montesquieu, etc., qui, condamnant la poésie au profit de la prose, furent combattus par J.-B. Roussseau et Voltaire (*Cours de littérature*, Dijon, 1821, t. XIV, p. 310 à 409). D'Alembert écrit lui-même dans ses *Réflexions sur la poésie* : « Voici, ce me semble, la loi rigoureuse mais juste, que notre siècle impose aux poètes, il ne reconnait plus pour bon en vers que ce qu'il trouverait excellent en prose ». — Dans les *Réflexions sur l'usage et l'abus de la philosophie en matière de goût*, il revendique pour la philosophie tout ce qui appartient à notre manière de sentir, comme à notre manière de concevoir, mais il veut que « la raison donne au génie une liberté entière ».

Note 90, p. 118, l. 29 sqq. *Je ne sais quelle métaphysique du cœur qui s'est emparée de nos théâtres.* — C'est à Marivaux que songe d'Alembert. Il en a fait un Éloge plus long que ceux de Despréaux, Massillon, Bossuet et de plusieurs autres académiciens qui lui furent très supérieurs. Il distingue en lui l'auteur dramatique et l'auteur de romans. « Cette éternelle surprise de l'amour, sujet unique de ses comédies, est la principale critique qu'il ait essuyée sur le fond de ses pièces... Le style, peu naturel et affecté, a essuyé plus de critiques encore... Ses romans, supérieurs à ses comédies, par l'intérêt, par les situations, par le but moral... ont surtout le mérite... d'offrir des peintures plus variées, plus générales, plus dignes du pinceau d'un philosophe... Il ne se croyait pas inférieur à Molière... Il lisait ses ouvrages avec une perfection peu commune... non devant des auditeurs que sa *métaphysique* trouvait déjà peu favorables... Toute sa *métaphysique* ne paraissait alors qu'une vapeur imperceptible. » D'Alembert juge encore à peu près comme Voltaire. Sur Marivaux, on consultera le travail si complet de M. Larroumet.

Note 91, p. 119. *L'infériorité du XVIIIe siècle en littérature.* — C'est ce qu'ont soutenu Chateaubriand, dans le *Génie du Christianisme*, et Nisard, dans l'*Histoire de la littérature française*. Mais d'Alembert écrivait en 1750; il eût parlé tout différemment et on pourrait aujourd'hui, quoi qu'en disent bon nombre de nos critiques contemporains, soutenir la même thèse.

Note 92, p. 120. *Un poète célèbre.* — Sur J.-B. Rousseau, d'Alembert pense à peu près comme Voltaire. « Il fit des odes plus belles (que la Motte), plus variées, plus remplies d'images... Ses épigrammes sont mieux travaillées que celles de Marot. Il réussit moins bien dans... les épitres morales... Il pouvait compter parmi ses malheurs celui de n'avoir plus de critiques sévères. » — Dans l'Éloge de la Motte, d'Alembert est plus dur : « Ses anciennes productions... sont certainement d'un grand poète, mais on y trouve plus de correction que de grâce, plus d'harmonie que de pensées, plus d'énergie que de sentiment, elles sont le contraire de celles de la Motte, c'est-à-dire fortes de style et faibles de choses. L'ode et l'épigramme, tant satiriques qu'ordurières... sont les genres où il a le mieux réussi. Et voilà l'auteur que la basse littérature de nos jours... ne rougit pas de mettre au-dessus de la *Henriade*, de 20 tragédies ou comédies restées au théâtre et dignes rivales de celles de Corneille et de Racine, de cent pièces fugitives charmantes, pleines de philosophie, de grâce et de gaieté, en un mot d'un poète dans lequel on trouve toutes les beautés, tous les genres et tous les tons... Le nom du grand Rousseau, dit très bien la Harpe, fut donné par l'envie, souvent aussi bête que la vanité. » (Cf. n. 62.) Voyez encore l'*Éloge* de Trublet.

Note 93, p. 120. *Deux hommes illustres.* — Voltaire et Crébillon. Dans l'Éloge de Crébillon, d'Alembert nous explique pourquoi il laisse ici à la postérité le soin de décider entre lui et Voltaire : « La cabale imagina et fit passer cette formule, Corneille grand, Racine tendre, Crébillon tragique... Il ne restait plus de place pour un quatrième. Tel écrivain qui eût osé, nous ne dirons pas préférer l'auteur de Mahomet à celui d'Atrée, mais seulement les placer sur la même ligne, eût été sûr de se voir décrié par cette faction redoutable et par les échos qu'elle avait à ses ordres. » Tout cet Éloge est à lire, ainsi que le *Théâtre de Crébillon* par la Harpe (t. XII du Cours de littérature). L'admiration de d'Alembert pour Voltaire va sans cesse grandissant, comme on peut le voir dans ses œuvres et dans sa correspondance. A cette époque Voltaire avait publié Œdipe (1718), la Henriade (1723 et 1728), Marianne (1724), Brutus (1730), Histoire de Charles XII et le Temple du goût (1731), Zaïre (1732), Adélaïde Duguesclin et les Lettres philosophiques (1734), la Mort de César (1735), Alzire et l'Enfant prodigue (1736), Mahomet et les Éléments de la philosophie de Newton (1741), Mérope (1743), Sémiramis (1748), Nanine (1749), le Siècle de Louis XIV, etc. On peut dire qu'il n'avait encore fait connaître à ses contemporains qu'une partie de ce qui pour nous constitue son originalité.

Note 94, p. 121. « *Un écrivain judicieux.* » — L'épithète paraît un peu maigre pour Montesquieu. L'addition signalée par notre note 1 a été faite « parce qu'il le mérite et parce qu'il est persécuté » (Lettre du 4 sept. 1752). D'Alembert a écrit un *Éloge de Montesquieu*, qu'il a fait suivre d'une analyse de *l'Esprit des Lois*. Sur Montesquieu, on consultera M. Paul Janet, *Histoire de la science politique*, et la bibliographie qu'il y a jointe; Albert Sorel, *Montesquieu* (Les Grands Écrivains de la France), et Sainte-Beuve dont il convient de recommander plus que jamais la lecture.

Sur l'histoire (p. 121, l, 21 sqq.), on consultera la Correspondance de d'Alembert (22 sept. 1752, 11 oct. 1753). Il y parle de *l'Abrégé chronologique* du président Hénault, qui n'a pas véritablement contribué aux progrès des lettres et des sciences et qui est inférieur à celui de Macquer, inférieur lui-même à celui de deux bénédictins qu'il se contente de nommer. Il faut citer encore Vertot et son *Histoire des révolutions romaines* (1719), et les ouvrages de Voltaire et de Montesquieu.

Note 95, p. 121. « *La comédie a acquis un nouveau genre.* » — S'agit-il de Marivaux? dont il a été question plus haut (n. 90). Il ne le semble pas. Il est plus vraisemblable que d'Alembert veut parler de la comédie larmoyante et de Nivelle de la Chaussée, l'auteur de *la Fausse antipathie*, du *Préjugé à la mode*, de *Mélanide* et de *l'École des Mères* (1744); cf. Gazier, *Histoire de la littérature française*, Paris, Colin. *Le Fils naturel* (1757), *le Père de Famille* (1758), par lesquels Diderot inaugura la tragédie bourgeoise, sont postérieurs au *Discours préliminaire*, comme *le Philosophe sans le savoir* de Sedaine (1765).

Note 96, p. 122. « *Les beaux-arts... Rameau... la base fondamentale.* » — D'Alembert est plus bref encore pour le xviiiᵉ siècle que pour le xviiᵉ (n. 70), en ce qui concerne les beaux-arts. Watteau, dès la Régence, montre la révolution qui s'est faite dans les mœurs et les croyances; Boucher est le peintre des amours. On aura bientôt Chardin et Greuze, sur qui Diderot écrira tant de belles pages supérieures peut-être aux œuvres qui les ont provoquées. La musique (n. 38) est en progrès. Rameau (1683-1764) donna successivement *Hippolyte et Aricie* (1733), *les Indes galantes* (1735), *Castor et Pollux* (1737), *Dardanus* (1739), *le Temple de la Gloire* (1745), *Zoroastre* (1749), *Acanthe et Céphise* (1751). Dans le ballet de *Platée* (1749), il introduisit un chœur de grenouilles. Il donna à l'harmonie la couleur et la profondeur, il développa les forces expressives de l'orchestre et créa l'ouverture. Glück subit son influence, et on a pu le placer à côté de Bach et de Hændel. Dans son ouvrage sur la génération harmonique, il établit qu'on ne peut apprécier un son, qu'autant qu'il est assez soutenu pour faire entendre ses harmoniques; que la voix ne peut entonner plusieurs sons de suite, faisant entre eux des intervalles déterminés, si elle n'est guidée par une base fondamentale; qu'il n'y a point de base fondamentale qui puisse donner une succession par quart de tons. D'Alembert, quoi qu'on ait dit (*René de Récy*, Rameau et les Encyclopédistes, Revue des Deux Mondes, juillet 1886), n'a jamais varié dans son admiration pour Rameau : il va même, dans les *Eléments de philosophie*, jusqu'à l'appeler le Descartes de la musique.

NOTE 97, p. 124. « *L'Obscurité se terminera par un nouveau siècle de lumière.* » — D'Alembert a vu juste : la Révolution française a été suivie d'une période où les lettres, les sciences et les arts ont pris un merveilleux essor. A remarquer les mots « *révolution si redoutable* » et « *anarchie très funeste par elle-même* ».

NOTE 98, p. 124-125. « *Rousseau.* » — Cf. notes 40, 41 et p. 155. Rousseau attaqua d'Alembert dans la *Lettre sur les spectacles*, à propos de l'article GENÈVE. La *Lettre à J.-J. Rousseau* est une réponse spirituelle et pleine de sens. D'Alembert a jugé de même avec une grande impartialité *la Nouvelle Héloïse* et *l'Émile*. La façon dont il se conduisit avec Rousseau, aigri et malade, lui fait honneur (cf. *Introduction*).

NOTE 99, p. 129. « *Les auteurs célèbres en tout genre dont nous avons parlé dans ce discours et leurs illustres disciples ...* » — Le Prospectus, rédigé par Diderot, porte : Descartes, Boyle, Huyghens, Newton, Leibnitz, les Bernouilli, Locke, Bayle, Pascal, Corneille, Racine, Bourdaloue, Bossuet, etc., ou n'existaient pas, ou n'avaient pas écrit. — Il faut remarquer le nom de *Bayle*, qui ne figure pas dans le *Discours préliminaire*, et auquel s'applique certainement la phrase qui précède : « les lois de la saine critique étaient entièrement ignorées ». — Pourquoi le nom de Bayle ne figure-t-il pas dans le Discours? D'Alembert l'admire beaucoup : « Les Journaux de Bayle, écrit-il dans l'*Éloge de Louis Cousin*, se lisent encore au bout de cent ans ». Il le rapproche, dans l'*Apologie de l'étude*, de Newton, dans la *Destruction des Jésuites*, de Descartes, de Viète, de Newton, et l'appelle un grand homme (IV, 27, et II, 1, 104). Mais dans une lettre à Frédéric II du 3 novembre 1764, il met Bayle et Gassendi au-dessous de Leibnitz et de Descartes, parce que « ni Gassendi ni Bayle n'ont fait dans les sciences de ces découvertes qui caractérisent l'homme de génie, au lieu que Descartes a inventé l'application de l'algèbre à la géométrie et Leibnitz le calcul différentiel. Ces deux grands hommes ont moins bien raisonné que Bayle et Gassendi... comme métaphysiciens... C'étaient des esprits créateurs, Bayle et Gassendi sont des esprits excellents. » Toutefois il les place l'un et l'autre au-dessus de Malebranche, qu'il mentionne parmi les philosophes illustres (p. 106). Après Malebranche, d'Alembert cite *Boyle*, le père de la physique expérimentale. Un éditeur (1821, Belin) a mis *Bayle* au lieu de *Boyle* que portent toutes les éditions; un autre (Delagrave, 1893) a relevé « l'erreur singulière » de d'Alembert. D'Alembert ne s'est pas trompé (note 82), mais il a oublié Bayle, vraisemblablement parce qu'il n'était pas mathématicien (cf. art. BAYLE de la *Grande Encyclopédie* et Brunetière, *Rev. des Deux Mondes*, 1er août 1892).

NOTE 100, p. 130. « *La traduction entière du Chambers nous a passé sous les yeux.* » — Chambers Ephraïm, Cyclopædia or an universal Dictionary of arts and sciences, 2 vol. in-fol., Dublin, 1742. La traduction en avait été entreprise par l'Anglais Mills (*Journal de Trévoux*, mai 1745), aidé d'un Allemand, Sellius. Le libraire Le Breton s'adressa ensuite à l'abbé Gua de Malves, puis à Diderot qui avait traduit le Dictionnaire universel de médecine.

NOTE 101, p. 131. « *Les éloges qui furent donnés il y a 6 ans.* » — Il s'agit du journal de Trévoux (mai 1745), reproduit en partie par d'Alembert dans la Préface au 3e volume de l'Encyclopédie.

NOTE 102, p. 141. FORMEY (1711-1797). — Secrétaire perpétuel de l'Académie de Berlin, pasteur, professeur de rhétorique, puis de philosophie, Formey a écrit sur tous les sujets. Collaborateur de la *Bibliothèque germanique* de Beausobre, il rédigea une *Nouvelle Bibliothèque germanique* et une *Bibliothèque impartiale*. En laissant de côté ses *Sermons* et ses *Traductions*, il faut citer ses *Éloges des Académiciens de Berlin*, sa *France littéraire ou Dictionnaire des auteurs français vivants*, un *Recueil de pièces sur les affaires de l'élection du roi de Pologne*, une *Histoire de la succession de Berg et Juliers*, des *Elementa philosophiæ, seu Medulla Wolfiana*, et *la Belle Wolfienne, avec deux lettres philosophiques, l'une sur l'immortalité de l'âme, l'autre sur l'harmonie préétablie*, un *Abrégé du droit de la nature et des gens*. Adversaire des philosophes dès 1762, Formey écrit l'*Anti-Émile* et l'*Émile chrétien*, où il reproduisait, tronquait et combattait Rousseau, les *Souvenirs d'un citoyen*, où il maltraite en outre Voltaire et d'Alembert. Dans ses *Mélanges philoso-*

phiques, il traite du sommeil et des songes, de la conscience, de la perfection, du système du vrai bonheur, des compensations. Enfin son *Histoire abrégée de la philosophie*, où il résume Brucker, et sa *Logique des vraisemblances* complètent la liste, non de tous les ouvrages de Formey, mais de ceux dont le contenu ou le titre présente encore quelque intérêt.

Note **103**, p. 144 sqq. « *On n'a presque rien écrit sur les arts mécaniques.* » — L'Encyclopédie ne fournit d'indications sur les auteurs dont parle Diderot, ni à l'art. *Art* (Section des arts mécaniques), ni au mot *Mécanique*. Le *Manuel du libraire* de Brunet ne relève pas les livres sur les arts mécaniques antérieurs à 1750. La Bibliothèque Nationale possède le Dictionnaire des arts et des sciences de M. D. C., de l'Académie française, nouvelle édition, Paris, 1732, 2 vol. in-fol., et Description des arts et métiers par l'Académie des sciences, Paris, 1761, 113 cahiers in-folio.

Système figuré des connaissances humaines.

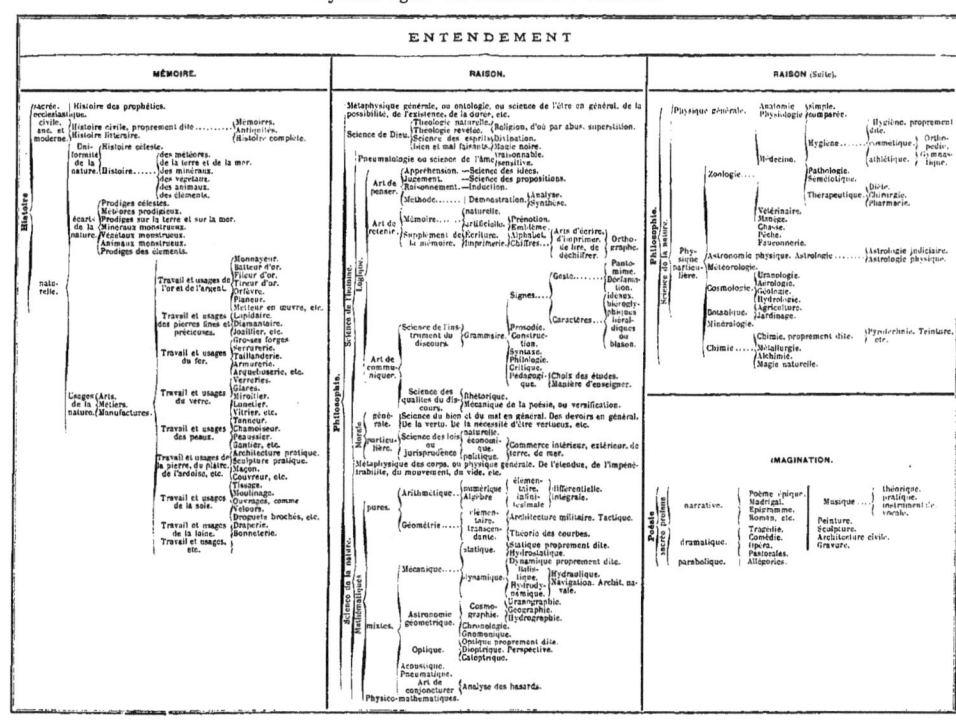

TABLE DES MATIÈRES

Introduction	v
I. — La vie de d'Alembert	v
II. — L'homme	x
III. — L'œuvre	xx
IV. — Le Discours préliminaire de l'Encyclopédie	xliii
Avertissement de 1763	1
Avertissement de 1759	5
Avertissement de 1752	5
Dédicace de Diderot et d'Alembert à *Monseigneur le comte d'Argenson*	9
Discours préliminaire de l'*Encyclopédie*	11
Explication détaillée du système des connaissances humaines	163
Observations sur la division des sciences du chancelier Bacon	176
Système général de la connaissance humaine, suivant le chancelier Bacon	177
Analyse du Discours préliminaire	183
Analyse du Prospectus	189
Notes historiques, scientifiques, littéraires et philosophiques	191
Tableau du système figuré des connaissances humaines (*hors texte à la fin du volume*).	

www.ingramcontent.com/pod-product-compliance
Lightning Source LLC
Chambersburg PA
CBHW071512160426
43196CB00010B/1497